拼图经济学

锤炼经济学思维的115块拼图

蔡天娇　周广也　张永元◎编著

中国经济出版社
CHINA ECONOMIC PUBLISHING HOUSE
北　京

图书在版编目（CIP）数据

拼图经济学：锤炼经济学思维的 115 块拼图 / 蔡天娇，周广也，张永元 编著 . -- 北京：中国经济出版社，2022. 3

ISBN 978 - 7 - 5136 - 6826 - 2

Ⅰ. ①拼… Ⅱ. ①蔡… ②周… ③张… Ⅲ. ①经济学 - 基本知识 Ⅳ. ①F0

中国版本图书馆 CIP 数据核字（2022）第 029954 号

选题策划 汪 京
责任编辑 高 旭 李 强
责任印制 马小宾
封面设计 华子设计
插 图 岑思琦 岑悦琳 范碧瑶

出版发行 中国经济出版社
印 刷 者 北京力信诚印刷有限公司
经 销 者 各地新华书店
开 本 710mm × 1000mm 1/16
印 张 17. 5
字 数 279 千字
版 次 2022 年 3 月第 1 版
印 次 2022 年 3 月第 1 次
定 价 88. 00 元
广告经营许可证 京西工商广字第 8179 号

中国经济出版社 **网址** www. economyph. com **社址** 北京市东城区安定门外大街 58 号 **邮编** 100011
本版图书如存在印装质量问题，请与本社销售中心联系调换（联系电话：010 - 57512564）

序言

三个年轻人用业余时间鼓捣出一本书，请我作序。我是个画画的，与经济学风马牛不相及，推托再三，但终拗不过他们，只好答应了。不过细细想来，我来写这个“序”倒也有些道理。其一，从知识融通的角度来说，经济是科学，绘画是艺术，科学认识事物，艺术传播事物，我也有义务为传播科学知识出点力。其二，年轻人的冲劲和韧劲让我备受感染，他们都不算科班出身，工作也都很忙，能够积累爬梳，弄出这么个本子，这种心气就很值得肯定。作为长辈，我理应鼓励和嘉许。

既然答应写几句话，就不好发无根之言，于是就捧着书稿恶补了一下经济学。出乎意料的是，我虽是个门外汉，但竟也被书稿内容吸引，囫囵阅毕。掩卷之余，觉得这本书还有几个不俗的特点。一是通俗易懂。即使不具备专业知识，读起来也毫不费力，作为经济学的普及读物，应该对广大青年十分有益。二是系统全面。全书涉及产业、货币、财政、税收、人口、就业、国际贸易、国际金融等方方面面，介绍了亚当·斯密、阿尔弗雷德·马歇尔、让·巴蒂斯特·萨伊、约翰·梅纳德·凯恩斯、米尔顿·弗里德曼等上百位经济学领域大咖，并解读他们的经典理论，应该说，本书作为经济学的参考书，具有一定价值。三是生动鲜活。为了说明问题，书中举了大量生动鲜活的例子，引用了大量的数据，特别是紧密结合全国的实际、黑龙江的实际，提出了一些有价值的观点，让人信服。

习近平总书记在庆祝中国共产党成立100周年大会上发表重要讲话时再次强调：未来属于青年，希望寄予青年。在建党百年之际，通过这本书稿，我感受到了年轻人那种不负时代、不负韶华的志气、骨气和底气。一百载风雨兼程，九万里风鹏正举。这样一个崭新的时代，正是他们实现“中国梦”的舞台！我要为他们这些“后浪”点一个大大的赞，也期待他们用更多更好的成绩，为这个伟大的时代献礼。

是为序。

中国国家画院院长　**卢禹舜**

2022年2月

目录

第一章

01

经济学的起源与市场经济的发展

经济学的起源与市场经济的发展是一个十分宏大的命题。按照一般的理解，经济学发轫于古希腊时期，**色诺芬**（Xenophon，前440年左右—前355年）写了《经济论》，而18世纪的英国人**亚当·斯密**（Adam Smith，1723—1790）则被公认为现代经济学的开山鼻祖，其后的200年来，新的经济学流派不断涌现，不同领域的经济学家各领风骚；市场与政府互为博弈，自由与垄断争论不停；成果与经验层出不穷，论文与著作汗牛充栋。若想清晰梳理市场经济的发展脉络，并非易事。因此，只能从市场与政府、自由与垄断等视角择取只鳞片爪，简略介绍几位代表性人物及其代表性学说，大致勾勒一个轮廓，带领读者走进经济学的世界。

拼图001　色诺芬

色诺芬

大约2400多年前，在古希腊的广场上，有一位光着脚丫的伟大哲人、西方哲学的奠基者**苏格拉底**（Socrates，前469—前399年）站在那里讲经说道。当时大家可能并没有注意，苏格拉底有个弟子叫色诺芬，跟在他身后偷偷记录。他把从苏格拉底那里听来的一些有关奴隶主如何增加财产的思想片段记录下来，结合自己管理庄园事务时积累的经验，在参加贵族叛乱失败后，编写了世界上第一部**《经济论》**（Oeconomicus or Economics，前355年）。该书由两大部分构成：家庭和管理。可见，最初的经济学所要解决的问题，实则是有关家庭财产管理这门学问的。到亚里士多德的《政治学》中，继续沿用了色诺芬的词意，至于有关商业、货币流通、国家财政等涉及整个国家的经济问题，通常是被放在政治学或伦理学中的。中国古代“经济”一词也是从“济世经邦”演化而来的，也属于政治学范畴。

色诺芬的《经济论》很简单，只写了四部分：①财富是一个人能够从中得到利益的东西；②农业是其他技艺的母亲和保姆；③怎样训练妻子、管家和奴隶；④关于农艺的全套方法和秘诀。《经济论》虽然是一本“小书”，但其影响是巨大的。一方面，它为人们了解公元前5世纪至公元前4世纪希腊的经济情况提供了珍贵的史料；另一方面，作为古希腊的第一部专门研究经济问题的著作，对欧洲经济思想的产生和发展产生过重大而深远的影响。

拼图002　“看不见的手”

一直到15世纪末期，西方封建社会自然经济瓦解，商品货币关系建立，统一市场形成，中央的君主政体出现，才使得整个国家的致富问题、政府的税收财政问题日益重要起来。这以后几代人里，以**威廉·配第（William Petty，1623—1687）**、**亚当·斯密（Adam Smith 1723—1790）**、**大卫·李嘉图（David Ricardo，1772—1823）**等为代表，无数人致力于专门研究这项冠以政治经济学以区别于家庭财富管理的经济学。

其中最不容忽视的就是亚当·斯密。1723年6月5日，斯密出生在苏格兰一座名为柯科迪的小镇上，他是个遗腹子，父亲在他出生五个月前就离开了人世，这是一件十分不幸的事情。然而，就是这个不幸的婴儿，日后与同时代的休谟、卢梭、伏尔泰、狄德罗、康德、富兰克林、埃德蒙·伯克等伟大的思想家们一起掀起了近代思想启蒙的巨浪，他和他的《国富论》，成就斐然，成为启蒙时代的一部分，被永远铭记于史册。

1776年3月9日，斯密经历了“十年辛苦不寻常”的创作，近千页的大部头《国富论》正式出版。该书创作和出版期间，欧美大陆正发生着历史性巨变。在创作期间，北美洲爆发了著名的“波士顿倾茶事件”，成为反抗英国殖民统治独立战争的导火索。在这一问题上，斯密观点十分鲜明，他认为是英国东印度公司的贸易垄断引发了倾茶事件，同时他还批判蓄奴政策和黑奴贸易，指责英国政府限制性的殖民地政策阻碍了财富增加，带来了巨大的财政赤字。斯密这一系列主张，都体现在《国富论》的自由市场理论中。自由主义是《国富论》的灵魂所在，它是苏格兰启蒙运动的典型产物，带着强烈的启蒙精神。《国富论》出版4个月之后，北美发布了《独立宣言》，宣告美利坚合众国诞生。据称，《独立宣言》的起草人之一、美利坚开国元勋之一的富兰克林于1775年在伦敦与斯密有过会面，并看过《国富论》的部分手稿，《独立宣言》的基本精神是否受到了《国富论》的影响，也是一个值得探究的问题。

斯密在回答“财富是如何增长的”这一问题的时候，给出了四个字的答案：自由市场。因此，一般将斯密的学说称之为“自由市场学说”。斯密反对贸易限制，在《国富论》中，他提出了一个“自由国度”的设想：“英国无论如何都应该成为一个自由港……来自所有国家的所有商品都在这里实现自由贸易、自由交换。”这个自由市场的运行，主要依靠一只“看不见的手”在推动。他描述道：“每个使用资本和劳动的个人，既不打算促进公共利益，也不知道他自己是在什么程度上促进公共利益。他受一只‘看不见的手’的指导，去尽力达到一个并非他本意想要达到的目的。”后人一般认为斯密用“看不见的手”来隐喻市场规律。

“看不见的手”的描述为我们打开了探索市场规律之门。真正推动市场运行的原动力是人的自利之心。斯密在《国富论》中非常经典地写道：“我们每天所需的食物和饮料，不是出自屠户、酿酒商或面包师的恩惠，而是出于他们自利的打算……通过追逐自己的利益，他们经常促进了社会的利益。”斯密认为，利己和利他在自由市场中其实是可以统一的。不过，每个人的自利行为最终促使公共利益最大化。这个市场法则一直备受争议，它也是反对者攻击斯密自由市场学说的关键点。不过，此后百年，经济学家不但没能突破斯密的瓶颈，反而误入了斯密开创的均衡范式的“完美”陷阱。**约瑟夫·熊彼特（Joseph Alois Schumpeter，1883—1950）**在《经济分析史》中全盘否认了斯密的贡献，认为斯密将经济学引入了歧途。奥地利学派的传人罗斯巴德甚至在《亚当·斯密前的经济学》中将斯密蔑称为“一个剽窃成瘾的学者”。这种评价对斯密来说当然有失公允。

斯密是一位杰出的学术综合者，同时也是一位伟大的学科开创者。斯密的《国富论》固然有缺陷，但他的自由市场学说启蒙了世人。他给人类的新时代指明了一条道路——自由市场将给我们带来无尽的财富、真正的自由与永久的和平。

拼图003　萨伊定律

1788年，有一位名叫**让·巴蒂斯特·萨伊**（Jean-Baptiste Say，1767—1832）的法国商人读到了斯密的著作。萨伊是一个纺织商人，在1803年他出版了自己的著作《政治经济学概论》，这本书在许多方面把斯密在26年前所写的问题作了概括与澄清，但在结构与认证上更加清晰了。此外，他还提出了一些新的观点，其中就有著名的“萨伊定律”。

萨伊在自己经商生涯中发现了这样一个现象：在商业活动中，最简单的是把商品生产出来，而比较困难的是销售商品。萨伊认为一种商品在生产出来以后，就会为其他的商品创造市场，因为当商品生产出来以后，生产者就急着要把商品卖出去，唯恐商品在自己的手里贬值。而当商品被出售以后，商人就急着把自己手里的钱花出去，因为他又唯恐货币在自己手里贬值。这种想法虽然听起来没有问题，但并不能解释为什么销售是如此困难。

萨伊给出了这样的解释：当太多的生产手段被用来生产某一种产品，而其他产品的生产却不足时，就会发生供给过剩的问题。说得再清楚一些，这意味着货币本身并不是问题，货币在交易中不过是瞬时的媒介，说到底，市场交易的实质还是产品与产品的交换。至少，他所见的情况就是如此。“供给自动创造需求”——这就是萨伊定律的核心理论。

萨伊定律具有非常重要的意义，它解释了刺激供给能够促进长期的经济增长，并且也说明了为什么用缩短每周工作时间来解决失业的办法从长远来看是行不通的。比较神奇的是，这个理论从正反两面来看似乎都是可行的，你可以说通过发放货币来刺激供给，也可以说通过刺激需求来增加供给。但是，萨伊定律在解释经济的不稳定性方面则不怎么准确，因为它在剔除一些长期的潜在未知因素的同时，又完全忽略了许多短期的复杂因素。

纵观整个经济学史，争议最大的经济学家莫过于萨伊了。李嘉图称他为“大陆著作家中首先正确认识并运用斯密原理的人”，他的功绩“大于所有其他大陆著作家的全部功绩”。马克思则认为，他是法国庸俗经济学的创始人。在现代，凯恩斯经济学的建立是从批判萨伊定律开始的，而20世纪80年代的美国供给学派又把萨伊定律奉为真理。

拼图004　政府的“臭脚”

这就不得不提到另一位经济学巨擘——英国人**约翰·梅纳德·凯恩斯**（John Maynard Keynes，1883—1946），他是近代最具影响力的经济学家之一，他创立的宏观经济学与弗洛伊德所创立的精神分析法和爱因斯坦发现的相对论一起并称为20世纪人类知识界的三大革命。凯恩斯的学说之所以备受追捧，出于两个方面的原因：一个是他的学说拯救了20世纪30年代的资本主义经济危机，另一个是他的观点充分迎合了政府随时对经济“插上一脚”的内在冲动。

先说第一个方面，1929—1933年世界经济大危机，是资本主义社会有史以来最严重的一次危机，与以往的历次危机相比，它有以下新特点：首先，持续时间长达5年，实际上造成了长期萧条的局面；而以往的危机，生产下降的持续时间不过几个月、十几个月，如何解释长期萧条局面的形成，便成为经济学面临的一大课题。其次，这次危机造成的生产下降、失业增加，都是以往的危机所难以比拟的。1932年，世界的工业生产比1920年下降1/3以上。在5年的时间里，世界总失业人数由1 000万增加到3 000万，加上半失业人数共计4 000万～5 000万人。其中美国失业人数由150万增加到1 300多万，失业率接近25%。这次危机使世界的工业生产倒退到1900—1908年的水平，英国甚至倒退到1897年的水平。而以往的经济危机，生产水平通常只倒退一两年。最后，这场危机不仅仅是一场生产危机，同时也是一场金融危机。它的开端便是纽约股票市场于1929年10月爆发的行情暴跌，事后不少国家的股票交易宣告破产。美国的股票价格平均下跌了79%。许多银行由于猛烈而持续地爆发挤提存款、抢购黄金的风潮而破产倒闭。更为严重的是，在以往的危机中时常采用的旨在摆脱危机的金融货币政策完全失灵。

凯恩斯

资本主义的固有矛盾是产能大于有效需求，一旦有效需求不足的缺口暴露出来，就会出现经济危机或大萧条。在自由竞争资本主义时代，是不需要凯恩斯主义经济政策刺激经济的。经济繁荣期，一群中小企业一哄而上，纷纷采购原料，雇佣工人，支付工资。工资是立即支付的，产品生产则需要一个周期，于是社会上供需两旺。如果没有继续追加投资的话，这些产能达产以后，能提供的商品总量必然高于工人工资总量，中间的差额就是利润。如果没有第三方，比如经济殖民地、比如封建地主提供利润，那么就会出现大规模的产品滞销。最终，就会导致经济危机、工人失业、工厂倒闭。

所以，资本主义国家有巨大的动力向外扩张，寻找新的市场。世界没有全部被征服以前，资本主义国家出现危机就向其他国家倾销商品，也不需要凯恩斯主义。可惜好景不长，每次危机都会有一批小资本破产，一部分资本兼并同行以后幸存，这些兼并同行的资本开始掀起新一轮投资高潮。金融介入以后，这种兼并的速度进一步加快，到了19世纪末，主要资本主义国家都已经积累了高度垄断的经济基础。

垄断以后，就不存在从竞争对手那里抢市场份额的可能了。垄断企业对市场有效需求知道得一清二楚。由于竞争导致的经济复苏不见了，取而代之的是长期的停滞。地球是有边界的，资本的扩张是有极限的。截至19世纪末，落后国家基本都成为了经济殖民地。在这种条件下，资本主义进入垄断阶段，很容易出现长期的停滞。这时，就需要政府出钱把多余的产品消费掉，维持一个虚假的繁荣。

虽然凯恩斯主义红极一时，但到了20世纪70年代世界经济的普遍滞涨出现，也显得有些失灵了。于是凡勃伦效应、加尔布雷思二元体系等纷纷探索出新，尤其值得一提的是瑞典经济学家阿瑟·林德贝克，他提出：传统的西方市场经济制度和社会主义计划经济制度都不理想，理想的社会经济制度应该是计划和市场有机结合的“混合经济”制度。该制度的实质，就是为了寻求集权和分权的最佳组合。

拼图005 “合脚的鞋子”

中国有一句老话，鞋子合不合脚只有自己知道。我国是一个发展中大国，发展不平衡不充分问题仍然突出，经济发展面临自己的实际问题，在不同发展阶段也要解决不同的问题。立足自身国情和发展实际，发展自己的政治经济学，才能有效指导我国社会主义建设实践，同时为构建人类命运共同体贡献中国智慧、中国方案。

新中国成立以来，社会主义建设在摸索中前进，经济学也经历了逐步发展成熟的过程。从早期借鉴苏联，实行纯粹的计划经济，再到改革开放，逐步引入市场经济。但是，要“计划”还是要“市场”的问题，还是引起了针锋相对的争论，并且与姓“资”还是姓“社”的问题挂上了钩。在这个考验当政者智慧的历史关头，邓小平同志鲜明地提出：计划多一点，还是市场多一点，不是资本主义与社会主义的本质区别，计划和市场都是经济手段，市场经济也可以为社会主义服务。小平同志的讲话，如同一股强劲的东风，驱散了思想的迷雾，中国改革开放迎来了明媚的春天。

习近平总书记强调，在市场作用和政府作用问题上，要讲辩证法、两点论，“看不见的手”和“看得见的手”都要用好，努力形成市场作用和政府作用有机统一、相互补充、相互协调、相互促进的格局。改革开放以来，我国经济建设取得举世瞩目的成就，一个重要原因就在于正确处理政府和市场的关系，充分发挥政府和市场两方面的作用。这段重要论述堪称经典，可以为要“政府”还是要“市场”的争论作出历史性的结论。

从上述的脉络可以看出，中华人民共和国成立以来，对于政府和市场这“两只手”的关系，党经历了一个不断深化，从量变到质变的认识过程。实践证明，市场和政府单纯哪一方面都不可能解决一切问题。建立社会主义市场经济体制，使市场在社会主义国家的宏观调控下对资源配置起决定性作用，并更好地发挥政府作用，才是最优的中国方案。

习近平总书记曾指出：“学习领会马克思主义政治经济学基本原理和方法论，有利于我们掌握科学的经济分析方法，认识经济运动过程，把握经济发展规律，提高驾驭社会主义市场经济能力。”随着党对于经济发展规律的不断探索，社会主义市场经济再次实现新的飞跃——提出供给侧结构性改革理论。

2015 年，习近平总书记在中央财经领导小组第十一次会议上，第一次提出“研究经济结构性改革和城市工作”。2016 年，在第十二次会议上，总书记强调，供给侧结构性改革的根本目的是提高社会生产力水平，落实好以人民为中心的发展思想。2017 年，总书记在党的十九大报告中指出，深化供给侧结构性改革，建设现代化经济体系，必须把发展经济的着力点放在实体经济上，把提高供给体系质量作为主攻方向，显著增强我国经济质量优势。供给侧结构性改革的提出，继承了马克思主义政治经济学原理，又批判了萨伊“供给自行创造需求”的实物主义经济学派，吸取了“拉弗曲线”等人类历史文明的成果，接受了格林斯潘的“扩大有效需求”建议，在供给侧结构性改革中，更多运用市场化、法治化的手段，在巩固、增强、提升、畅通上下功夫，推动经济高质量发展。

第二章

02

产业——人类经济社会发展进步的阶梯

2400年前的古希腊贵族色诺芬在他的《经济论》中说“对人们有用的东西叫财富”，这个财富所生产出的产品，一旦形成批量，也就是所谓的产业了。还有其中“农业是其他技艺的母亲和保姆”及“农艺的全套方法和秘诀”等论断，隐约就看到了第一次产业的一点点“影子”。

拼图006　配第—费希尔—克拉克定理

到了17世纪，英国的著名经济学家也是马克思主义政治经济学的三大来源之一的威廉·配第，在他的名著《政治算术》（但这不是威廉·配第的代表作，其最负盛名的代表作为1662年写的《赋税论》）中描述：制造业比农业，进而商业比制造业能够得到更多的收入。那时候，英格兰的农民每周只能赚4个先令，而海员的工资加上伙食费和其他形式的收入，每周实际要达到12个先令，也就是说一个海员的收入抵得过三个农民。他还指出当时的英格兰大部分人口从事制造业和商业，人均国民收入要比当时的欧洲其他国家高得多。这种不同产业间的相对收入的差异，会促使劳动力向收入高的部门转移，这是配第的发现。

到了1935年，英国经济学家、新西兰奥塔哥大学教授**罗纳德·费希尔（Ronald Fisher，1890—1962）**在《安全与进步的冲突》一书中首先提出第三次产业的概念，是他提出所谓的三次产业分类法，就是把全部的经济活动划分为第一次产业、第二次产业和第三次产业。其中第一次产业主要是农林牧渔业，其劳动对象直接取自于自然；第二次产业包括制造业、建筑业等工业部门，是对自然界生产物的再加工。他鉴于第一、第二次产业并没有涵盖所有的经济活动，把二次产业之外的经济活动统称为第三次产业。第一次产业和第二次产业都是有形的物质财富生产部门，第三次产业则被解释为繁衍于有形财富生产之上的无形财富生产部门，即广义上的服务业。他还把三次产业的关系形象地比喻成一棵大树，第一次产业如同树根，第二次产业如同树干，第三次产业则好比树叶一样茂密。

再到1940年，美国经济学家**科林·克拉克（Colin G·Clark，1905—**

1989）出版了《经济进步的条件》一书，其在配第和费希尔研究的基础上，根据三次产业分类法，搜索和整理了若干国家的经济资料，进一步总结了产业结构的演化：随着经济的发展和人均国民收入水平的提高，劳动力将首先由第一产业向第二产业转移，再由第二产业向第三产业转移。也就是说，发达的经济必然带来服务业的繁荣，第一产业劳动力的比重会逐步下降，第二产业和第三产业的比重则会逐步上升。克拉克把这一规律性认识称作“配第定理”，后人又称之为“配第—克拉克定理”，然而，这里落下了一个最重要的人物，就是费希尔，是他把三次产业界定明确的，因此我们认为，应该称为“**配第—费希尔—克拉克定理**”才更完整。

拼图 007 库兹涅茨—农工服及三部门学说

此后，著名的美籍俄罗斯经济学家，1971 年诺贝尔奖获得者**西蒙·史密斯·库兹涅茨**（Simon Smith Kuznets，1901—1985）从劳动力和国民收入两个方面，对产业结构的演化进一步调研，并深化完善之。他将三次产业分别称为“农业部门”“工业部门”“服务部门”，认为三次产业呈一降、二略升、三大升之趋势：人们对必需品需求的增长速度，要越来越落后于收入的速度。对“服务”的需求差距将越来越大，消费需求逐渐趋“物质化”，三次产业必然上升，增加大量的就业机会。

回顾我国产业结构发展变化的历史脉络，2000—2018 年，全国尤其深圳、广州等东部发达地区，无论是国内生产总值还是人均国内生产总值都呈现了持续增长趋势，与之相对应的，三次产业增加值比重呈现出第一、第二产业增加值比重逐渐下降，第三产业增加值比重上升的态势，这与配第—克拉克的描述是一致的，证实了这一演进规律的适用性，说明配第—费希尔—克拉克定理不但适用于资本主义发达国家和地区，也适用于社会主义市场经济的中国。

配第—费希尔—克拉克定理作为经济发展的普遍规律，已越来越被人们所熟知。但是，在具体经济工作实践中，由于对这一规律的理解不够透彻，常常出现不该有的误区，值得人们关注。现在，很多地方政府把第三产业比重提高作为经济结构优化的重要指标，这是对配第—费希尔—克拉克定理的曲解。经济发展使得第三产业增加值比重提高，但反之未必成立。如深圳2018年第三产业增加值比重为58.8%，广州的第三产业增加值比重为71.75%，但深圳的人均国内生产总值比广州高3.4万元。再如，海口市2018年的第三产业增加值比重达到77.5%，比全国平均水平高25.3个百分点，但人均国内生产总值仅为6.6万元，与全国平均水平基本持平。因此，对于正处于工业化阶段的大多数地方而言，第二产业增加值比重提高比第三产业增加值比重提高更为重要。

库兹涅茨的研究说明，在工业化后期和后工业化时期，第三产业比重上升、第二产业比重下降是不可逆转的趋势。根据2012年的数据，美国、日本、德国、欧洲等发达国家的第二产业比重在20%～30%，第三产业比重均在70%以上。由此想到三次产业大树的模型，与黄金分割线或“世界犹太大法”倒有一拼。后工业化国家的第三产业都在70%，如果定在72.5%，那就和“世界犹太大法”一致了，第一、第二产业应占27.5%；而在这27.5%中再次分割，第二产业应占72.5%，为总数的20%左右；第一产业应占27.5%的27.5%，总数应占7.6%左右。这个比例是接近后工业时代发达国家三次产业占比的。我国还达不到这个比例，尤其黑龙江省三次产业占比在18:28:54上下浮动。

拼图008　先进制造业

再从全国看，我国要想稳定发展，也得在不断巩固第一产业的基础上，不断转换方式、调整结构，将原来支持国民经济的能源、传统制造业、房地产业三大支柱产业，调整到新的先进制造业、战略新兴产业和现代服务业上来。习近平总书记在《习近平谈治国理政》三卷中对此已经说得很明确了。先进制造业是与传统制造业相对而言的，传统制造业生产的更多的是私人产品，当前已经严重过剩，吃穿用的都过剩。而先进制造业生产的更多的是公共产品，目前公共产品是我们的短板，所以大力发展先进制造业，这很可能成为未来我们的一个支柱产业。比如航空器和航天器的制造，一个是飞机、一个是卫星。现在大飞机每年我们要从波音和空客进口，占其产量的20%～30%，如果我们不买它们的飞机，自己生产会节省70%的成本，可惜我们的C919大飞机现在还没实现商业运营。同时我国也是直升机的需求大国，像直-20战术通用直升机怎样尽快形成规模，成为大产业，都是需要我们加快推进的。当然，航天器方面我们有技术优势，但怎样变成产业优势、经济优势，还都应很好地研究。

还有高铁装备制造，我们有优良的性价比，国内市场需求巨大，国外的需求也是巨大的，印尼、泰国、俄罗斯等国都与我国签订了合同，有巨大的需求空间。而且高铁装备制造涉及30多个行业，像钢铁、建材等行业都会在供应链中获得更大的发展。

再有核电装备制造，我们已经突破第三代和第四代技术，现在不仅出口到发展中国家，而且还要进军发达国家，我国与英国已经签订了合同，未来市场需求巨大。

拼图009 战略性新兴产业

再来说说战略性新兴产业。什么是战略性新兴产业呢？一个是有市场需求或者需求巨大，市场需求小了就没有战略性；另一个是技术上短期内能够突破，技术上突破不了就不存在新兴了。简而言之就是有需求、能突破的产业。按照这个标准，对我国产业进行搜寻，在未来的十到二十年，至少有这样一些产业可以称得上是战略性新兴产业。

第一个是新能源。一是新能源属于战略性新兴产业，所谓新能源就是相对传统能源而言的，传统能源就是化石燃料，即地球表面的植物埋到地底下，凡是挖出来有燃烧功能的叫化石燃料，如煤炭、石油等。而新能源是非化石燃料，如风能、水能、太阳能和核能等。二是可再生能源，主要还是风能和太阳能，水能有限，环保主义者认为不能列入可再生能源。三是清洁能源，范围更大一些，包括所有新能源加上一部分传统能源，像页岩气、天然气等，虽是传统能源，但清洁性很好，也归类为清洁能源，这些产业还有待技术突破和解决成本过高问题。

第二个是新材料。应属于我国新兴产业，因为好多产业的提升是靠新材料来实现的。习近平主席访问英国，除了签订了核电站的合同外，还专门看了石墨烯的实验室，看了对高强度的新材料、纳米材料的研究。这种材料一旦实现技术突破，将来可能制造出用于消防灭火的薄膜材料、3D打印心脏等人体移植器官等，投资的空间和发展的方向不言而喻。

第三个是信息及新一代信息技术。目前中国投资的热点有三个：一是芯片，我国每年进口芯片的钱相当于进口石油的钱，一旦突破这个领域，市场前景自不必说。二是无线传输技术，这是未来的方向，这个热点的投资不会小。三是终端应用，这一点我们现在做得不错，诸如互联网+医疗、互联网+教育、互联网+养老等，应用的空间很大，成了非常大的投资热点。当然这里还有个安全性的问题需要解决。

第四个是节能环保。在中国未来市场具有成为新兴产业的潜力。我国是资源消费大国，同时也是碳排放总量大国，解决资源节约和污染最终还是要靠技术，技术一旦突破了，它就成为一个产业。

第五个是生命生物工程。涉及农业、医疗、健康等，市场需求巨大，技术突破也比较快，成为未来我国新兴产业的一个支点完全没有问题。

第六个是新能源技术。它的核心是用电力驱动取代内燃机驱动，现在的问题主要还是建好充电站等基础配套设施，在北方高寒地区存在一些技术困难，但也是一个好的发展方向。

第七个是智能机器人。实际上就是工业互联网，其不仅在生产领域使用，在非生产领域也可以使用，像无人机、无人驾驶汽车等，现在正在进行技术上的突破。

第八个是高端装备制造。对我国应属稀缺资源，如核磁、CT、伽玛刀和质子刀等高端医疗设备等，短期内我们虽然技术能力上相对落后，但市场供不应求，实现国产化后会大大节约进口成本。

拼图 010　现代服务业

现代服务业必然会成为中国未来的一大支柱型产业，因为这是后工业化时代的必然要求，也是解决就业、节约资源、优化经济结构和提升发展水平的必然选择，前面我们已经说过了这个道理。那么，现代服务业有哪些呢?

第一个是生产性服务，这是一个非常宽泛的产业概念，不仅包括调整一下工艺流程，实现节能环保，在装备上喷涂一层材料，延长设备使用寿命，还包括服装设计、工业产品设计、建筑设计等。目前我们在产能过剩的形势下，要想办法提升生产的效率和功能，重要的是靠生产性服务，这个产业有巨大的发展空间。

第二个是商务性服务，即为人们商务活动提供服务的行业，也很宽泛。一是金融综合服务，例如商业银行服务，投资融资、证券、基金、保险等隶属于金融的综合服务；二是会计师事务所、审计师事务所等；三是投资咨询类的服务；四是园区管理类的服务。

第三个是消费性服务，指为人们消费生活提供的服务，包括六个部分：一是餐饮与商贸；二是医疗与健康；三是养老服务；四是育幼和教育；五是家政服务；六是信息服务。这六个部分统称为消费性服务。

第四个是精神服务业，指为人们提供精神生活服务的行业，也就是物质享受之外的精神享受。精神服务也是个很宽泛的产业概念，包括影视、旅游、文化、体育等都属于精神服务，同样有着巨大的投资空间，如一部电影投资回报可能达到十几亿元，只要你看准了人们当下的精神需求，获得巨大的票房价值是没有问题的。

拼图 011　马克西—西尔伯斯通曲线

马克西—西尔伯斯通曲线，从产业经济理论角度揭示了大规模的生产带来的好处，充分享有规模经济，对于提高一个企业乃至一个国家的经济实力具有十分重要的意义。

马克西—西尔伯斯通曲线

这个曲线出现在1959年，英国学者马克西和西尔伯斯通共同出版的《汽车工业》一书中，依据当时的生产技术和工艺水平，他们研究了汽车生产线的平均费用和产量之间的关系，指出汽车由1 000辆增加至5万辆时，单位成本下降40%，从5万辆增加至10万辆时，单位成本再下降15%，从10万辆增加至20万辆时，再下降10%，从20万辆增加至40万辆时，再下降50%。根据这个变化的趋势，两人描绘了一条成本下降的曲线。技术、工艺、标准化、专业化、简单化、分工、合并、联合等，一个人一天能制造一根针，规模协作后可生产4 800根针，是4 800倍。

钢铁产业常常被作为规模经济的一个典型的产业代表。中国钢铁产业发展十分迅速，1996年，中国钢产量突破1亿吨，成为世界产钢第一大国，2003年突破2亿吨，连续成为全球最大的钢铁生产国和消费国，成为名副其实的钢铁大国。尽管中国钢铁产业的产量和出口都发展迅速，但就企业规模而言，中国的钢铁产业企业规模明显偏小，2005年，中国钢铁全产业企业多达6 686家，企业规模小且分散，其中消耗高、污染严重、工艺装备落后的产能占总产能的30%左右。这就代表着，由于竞争程度高、集中度低，企业之间会由于产品和市场相似而产生相当大的竞争和摩擦，资源配置损失和浪费现象严重，因此，规模经济难以产生。

规模经济的一个成功案例就是格兰仕。面临着越来越广阔的市场，每个企业都有两种战略选择：一是多产业，小规模，低市场占有率；二是少产业，大规模，高市场占有率。格兰仕选择的是后者。格兰仕的微波炉在国内已达到70%的市场占有率，在国外已达到35%的市场占有率。格兰仕的成功正是源于运用规模经济的理论。微波炉生产的最小经济规模为100万台。早在1996—1997年，格兰仕就达到了这一规模。随后，规模每上一个台阶，生产成本就下降一个台阶，这就为企业的产品降价提供了条件。格兰仕的做法是，当生产规模达到100万台时，将出厂价定在规模80万台企业的成本价以下；当规模达到400万台时，将出厂价又调到规模为200万台的企业的成本价以下；而现在规模达到1 000万台以上时，又把出厂价降到规模为500万台企业的成本价以下。这种在成本下降的基础上所进行的降价，是一种合理的降价。降价的结果是将价格平衡点以下的企业一次又一次大规模淘汰，使行业的集中度不断提高，行业的规模经济水平不断提高，由此带动整个行业社会必要劳动时间不断下降，进而带来整个行业的成本不断下降。

拼图012　收入弹性—筱原的基准

有了规模也就有了效益，但如果需求萎缩了，经济还是无法正常发展。就像我们当前的房地产市场一样，进入21世纪以来，它的规模化发展达到了极致，成为我国经济快速发展的一大支柱产业。但需求已经饱和不再挣钱。这使我们想到20世纪50年代，日本有个著名的经济学家叫筱原三代平的，他提出了“收入弹性”的标准，就是在价格不变的前提下，某一产业产品的需求增长率与国民人均收入增长率之比。比如，当人均收入增长10%时，饮食费用增长了35%，耐用消费品的支出增长了10%，而用于学习和娱乐的费用增长了15%，那么根据收入弹性的定义，食品的收入弹性是0.5，耐用消费品的收入弹性是1，学习和娱乐开支的收入弹性是1.5。筱原三代平指出，那些产品收入弹性较高的产业，随着经济的发展，其产品的需求将会快速增长，因而它就可能在未来的产业结构中占据更加重要的地位。如果说收入弹性这个指标是从产品的需求角度来衡量我国产业发展的，那么生产率上升率这个指标则是突出我国产业供给方面的特点。一般来说，在国民经济的各个产业部门之中，生产率上升的速度是不同的，那些生产率上升较快的产业，其生产费用的降低也较快。这样资源就会向这个产业流动，该产业就会在国民经济中占据越来越大的优势。影响生产率上升的因素很多，其中具有决定意义的是科学技术进步。因此所谓的生产率上升率主要是技术进步率，人们通常用剩余计算法来测定，即在总的经济增长率中，扣除劳动增长的贡献和资本增长的贡献，剩余的部分就是技术进步率。比如，一国某一时期的经济增长率是6%，其中有1%是劳动增长的结果，2%是资本增长的贡献，那么技术进步率就是3%。应该指出的是，收入弹性和生产率上升率是相互联系的，对于我国产业的确定两个指标缺一不可。从供给方面看，仅有较高的生产率上升率，而没有较好的销售为基础，那么生产率的上升最终将受到抑制。反过来从需求的方面看，如果一个产业的产品具有较高的收入弹性，但受到技术条件的制约，生产很难随着需求增长而扩大，那么该产业也将无法成为未来的主导产业。所以后人将这两条定义为“筱原的基准”，它具有普遍的指导意义，曾对日本战后的产业结构调整起到过重要的指导作用，成功地推动日本的产业发展，也的确收到了令人瞩目的成效。

拼图013　霍夫曼的产业演化理论

产业的分析再往下走，就应该谈到**霍夫曼的产业演化理论**了。德国经济学家霍夫曼在1931年出版了他的《工业化阶段和类型》一书，分析20多个国家的资料，提出了“霍夫曼比例”。该比例揭示一个国家或区域的工业化进程中工业结构演变的规律，重点分析制造业中消费资料工业和资本资料工业的比例关系，认为在工业化的进程中，这个比例是不断下降的，这个比例被称之为“霍夫曼比例”或“霍夫曼系数”，即：霍夫曼比例＝消费资料工业的净产值/资本资料工业的净产值。

参照这个比例，工业化分四个阶段：第一阶段消费资料工业的生产在制造业中占统治地位，生产资料工业不发达，霍夫曼比例为5；第二阶段的霍夫曼比例为2.5；第三阶段霍夫曼比例为1；第四阶段生产资料的生产超出消费资料，霍夫曼比例小于1。在那个时代，消费资料工业基本上是轻工业的代名词，而生产资料工业则是重工业的同义语。时至今日，已发生了很大变化，机械工业也包含了汽车、家电等消费品。而且轻、重工业发生了相互依托、互为原料和成品的转换，意味着工业结构日趋高级化了。

与重工业化一样，高加工度化是工业结构演化过程中的一个阶段，表现出了“技术集约化”趋势体现出的技术密集为特征的尖端工业兴起（如新材料工业、信息技术、生物工程、航天航空、海洋开发）。工业组装向技术集约转化，依赖资金向依靠技术转变，长期困扰人们的环境、能源等问题有望逐步解决，完成这个阶段，就从“工业化社会”进入“后工业化社会”。

20世纪90年代末开始，中国居民家庭中传统的耐用消费品增长明显放慢，但以电子计算机、现代通信为主导的新一代的耐用消费品进入加速增长状态。如电子及通信产品制造业，居民消费需求的比重已经达到10%，比90年代中期提高2倍以上。居民固定电话和移动电话普及率提高了近1倍，家用电脑用户增长近5倍，空调、热水器、彩色电视机等都有较大幅度的增长。根据2000年投入产出表的直接消耗系数粗略估算，居民消费结构升级带来的需求增长对该产业群增长的贡献率达到20%以上。而与此同时，处于这些产业链中上游的中间需求产业却受下游最终产品产业竞争压力的影响，非但没有持续扩张，反而开始关注未来可能形成的过剩风险而削减投资规模，从而形成了“比例数值波动起伏，但总趋势是不断上升”的局面。

技术进步提高了生产资源的利用率，生产资源利用率越高，相同产出的最终产品对中间产品消费需求就会减少，从而导致在最终产品净产值增加的情况下中间产品净产值相对不变甚至下降。以我国食品加工产业为例，2005年，全国国有及中等规模以上非国有食品工业企业实现总产值20 344.8亿元，比2000年增长97.2%，年均增长19.4%；工业增加值6 300亿元，比2000年增长87.8%，年均增长17.6%；销售收入19 900亿元，比2000年增长101.3%，年均增长20.3%；利税总额3 365亿元，比2000年增长91.9%，年均增长11.4%。其中，粮油加工、肉类加工、乳制品加工等行业的工业增加值和利润年均增长率均超过20%。

2020年，面对新冠肺炎疫情的严重冲击和严峻复杂的国内外环境，我国坚持统筹疫情防控和经济社会发展工作，加大宏观政策的对冲力度，在全球主要经济体中率先控制住疫情，率先复工复产，率先实现经济正增长。国家统计局数据显示，我国2020年全年经济增长2.3%，经济总量迈上百万亿元新的大台阶，成为2020年全球唯一实现经济正增长的主要经济体。“2000年，我国经济总量迈上10万亿元的台阶，2012年突破了50万亿元，2020年又突破100万亿元。20年内，经济总量规模扩大至10倍，成就举世瞩目。”国家统计局局长宁吉喆说，“这意味着我国经济实力、科技实力、综合国力又跃上一个新的大台阶”。作为拉动经济的“三驾马车”，投资、消费、进出口在2020年都有不俗表现。进出口总值在2020年逆势增长1.9%，成为全球唯一实现货物贸易正增长的主要经济体。投资发挥了关键性作用，2020年全年的固定资产投资、三次产业投资、社会领域投资、基础设施投资都实现了正增长。消费仍然是经济稳定运行的压舱石，尽管受到新冠肺炎疫情的冲击，但最终消费支出占GDP的比重仍然达到54.3%。

由于一系列宏观调控举措成效显著，我国2020年第四季度的经济增长指标恢复至疫情前的常态水平。第四季度GDP同比增长6.5%，比上年同期提高0.7个百分点；规模以上工业增加值增长7.1%，比上年同期提高1.1个百分点。这为中国经济进一步摆脱疫情阴霾、保持稳定恢复发展态势，打下了良好基础。

拼图014　马歇尔冲突

最后谈谈**马歇尔冲突**。马歇尔是系统地把经济学作为独立学科的英国著名经济学家，剑桥学派掌门人。在他的名著《经济学原理》中揭示：规模经济和竞争活力对经济的发展都至关重要，但它们之间存在着顾此失彼的矛盾，这就是所谓的“马歇尔冲突”。有限的市场规模和企业追求规模经济的行动不同步时，生产会越来越集中，企业减少，导致垄断寡头，从而操纵价格，失去竞争。换句话说，就是大规模生产的好处令人垂涎，但追求规模经济的结果往往导致垄断的形成。它将使价格机制失去作用，资源的市场配置机制遭到扭曲，自由竞争这一经济发展的原动力被人为扼杀，整个经济活动失去了活力。

长期以来，经济学家对于如何克服“马歇尔冲突”进行了不懈的探索。1940 年，英国经济学家克拉克提出了有效竞争的概念。在他看来，所谓有效竞争就是一种将规模经济和市场竞争活力有效地协调，从而形成一种有利于长期均衡的竞争格局。但克拉克没有论述实现有效竞争的客观条件和衡量标准。我国学者王俊豪在总结前人的研究成果的基础上，提出了有效竞争的三个标准：第一，有效竞争是竞争收益大于竞争成本的竞争；第二，有效竞争是适度竞争，即介于竞争不足和竞争过度之间的竞争；第三，有效竞争满足规模经济的要求，竞争企业生产规模处于适度规模的范围，即处于最小经济规模和最大经济规模之间。综上所述，有效竞争就是要兼顾规模经济和市场竞争活力，是适度规模和适度竞争的结合，是克服“马歇尔冲突”的有效途径。近年来，美国不断加大对互联网科技巨头的反垄断调查力度，调查重点指向科技巨头滥用市场支配地位、打压竞争者、阻碍创新、损害消费者利益等。谷歌、苹果、脸书、亚马逊等科技巨头在全球范围内遭到反垄断调查，其中欧盟自 2017 年至 2019 年连续三年对谷歌进行反垄断处罚，累计金额超过 90 亿美元。

我国 2008 年 8 月 1 日才颁布实施《中华人民共和国反垄断法》，但产生了非常重要的作用。首先，被垄断行为破坏的竞争秩序得以恢复，产生了查办一个案子规范一个行业的效果；其次，消费者利益得到保护，体现了以人民为中心的发展思想；最后，创新受到有效保护。通过大量的反垄断执法，一些行业树立了应有的反垄断合规意识。

但随着我国线上经济蓬勃发展，线上经济凭借数据、技术、资本优势也呈现市场集中度越来越高的趋势，市场资源加速向头部平台集中，关于平台垄断问题的反映和举报日益增加，显示出线上经济发展中存在一些风险和隐患。

因此2020年底，中央经济工作会议把强化反垄断和防止资本无序扩张作为2021年经济工作的重点任务之一，提出“国家支持平台企业创新发展、增强国际竞争力”，“同时要依法规范发展，健全数字规则”，指出反垄断、反不正当竞争，是完善社会主义市场经济体制、推动高质量发展的内在要求。高质量发展需要创新，竞争机制有效的环境才有可能创新；只有推动创新，才能提高竞争层次和水平；只有提高竞争层次和水平，才能推动经济高质量发展。同一时间，国家市场监管总局对阿里巴巴集团控股有限公司进行“二选一”等涉嫌垄断行为立案调查，这是我国在互联网领域加强反垄断监管的一项重要举措。我国是公认的全球数字经济发展较快的国家之一，更需要通过反垄断促进行业健康发展，健全数字规则，为构建新发展格局打下坚实基础。通过加强反垄断监管，能够消除影响平台经济健康发展的障碍，平台经济也将迎来更好的发展环境。至此，中国又一次加大了零工经济领域反垄断力度。所谓“零工经济”被认为是一个需要加强监管的领域，并被纳入一套旨在建设“高标准”市场体系的广泛指导方针。该行业通常包括以滴滴出行为首的叫车软件、美团所属的餐饮外卖服务或是像途家网这样的民宿经营平台。中共中央办公厅、国务院办公厅公布了一项行动方案，将加强平台经济等新业态领域反垄断和反不正当竞争规则。有关部门将推动完善平台企业垄断认定和数据收集使用管理等方面的法律规范，政府还将出台并实施企业境外反垄断合规指引。如财政部和市场监管总局制定了一套管理办法，对地方相关反垄断执法予以补助；又如行动方案将统筹规划银行间与交易所、债券市场对外开放，稳步推进股票发行注册制改革，坚持对违法违规行为零容忍等列入其中。该行动方案还包括：加强资本市场监管并严格实施退市制度；提高各类养老金、保险资金等长期资金的权益投资比例；进一步缩减外商投资准入负面清单；加强对大宗商品、资本等重点市场交易的监测预测预警，研究制定重大市场风险冲击应对预案等共51条具体行动举措，都是针对市场体系最突出、市场监管最薄弱领域的。新华通讯社在2021年1月31日的一篇评论文章中说，在中国制定下一个五年经济计划之际，该行动方案为推动“有效市场和有为政府”更好结合列出了路线图。正是因为这样，我国的市场经济体制才得以推动产业和经济不断迈上新的阶梯。

谈到此，我们连线一下国家统计局2020年1月18日公布的数据：

初步核算，2020年我国国内生产总值（GDP）首次突破100万亿元，达1 015 986亿元，按可比价格计算，比上年增长2.3%。

一、GDP突破100万亿元，来之不易、弥足珍贵，这彰显了党中央的判断力、决策力、行动力。

2020年，百年不遇的新冠肺炎疫情突然暴发，世界经济陷入第二次世界大战结束以来最严重的衰退。猝不及防的冲击，使我国第一季度GDP同比下降6.8%，出现有季度统计数据以来的首次负增长。

“把我国发展的巨大潜力和强大动能充分释放出来，就能够实现今年经济社会发展目标任务。”危急时刻，重要关头，以习近平同志为核心的党中央保持战略定力，准确判断形势，精心谋划部署，果断采取行动，统筹疫情防控和经济社会发展：在打响疫情防控人民战争、总体战、阻击战的同时，增加1万亿元财政赤字，发行1万亿元抗疫特别国债，推动金融系统向实体经济让利1.5万亿元，新增减税降费2.5万亿元……

政策组合拳招招精准、合力十足。中国率先控制住疫情，率先复工复产，率先实现经济增长由负转正。纵观2020年全年，中国经济季度增速实现了－6.8%、3.2%、4.9%、6.5%的逆势上扬，成为了全球唯一实现经济正增长的主要经济体，在世界经济中的份额也由2019年的16.3%上升到17%左右，创下历史新高。在新中国历史上极不平凡的这一年，交出了一份人民满意、世界瞩目、可以载入史册的答卷。

二、GDP突破100万亿元，凝聚着共同奋斗、共享发展，人人都有获得感。

云南报告：傈僳族、独龙族、怒族和普米族整族脱贫，88个贫困县脱贫出列！

广西报告：融水苗族自治县等8个贫困县摘帽，54个贫困县脱贫出列！

…………

2020年，喜讯频传。11月23日，贵州省宣布全省剩余的9个贫困县退出贫困县序列。至此，我国832个贫困县全部摘帽。经过8年持续奋斗，我们如期完成了新时代脱贫攻坚目标任务，决战脱贫攻坚取得决定性胜利。

发展为了人民、发展依靠人民、发展成果由人民共享。跃上100万亿元大台阶的GDP是全体人民共同奋斗出来的，全面小康路上一个不能少，脱贫致富一个不能落下。2020年，我国消除了绝对贫困和区域性整体贫困，提前10年实现《联合国2030年可持续发展议程》减贫目标，且贫困人口较多的广西、四川、贵州、云南、甘肃、宁夏、新疆等七省区，农村居民人均可支配收入名义增速均高于全国农村居民增速0.2至1.7个百分点。

如此震撼的成就，使中国精准扶贫理念被写入联合国大会文件，联合国秘书长古特雷斯将中国誉为“减贫领域的世界纪录保持者”。

三、GDP突破100万亿元，意味着创新引领、结构优化，发展更有含金量。

“嫦娥五号”成功登月并采样返回，奋斗者号成功坐底10 909米深海并胜利返航，“天问一号”火星探测器成功发射，“北斗三号”全球卫星导航系统正式开通，量子计算机“九章”成功研制……

虽有疫情冲击，中国的创新发展依然坚毅前行。“我们坚定不移地贯彻新发展理念，推动高质量发展，经济增长的质量和效益稳步提升。”国家统计局局长宁吉喆说，“我国的社会生产力已经达到一个新的水平”。

GDP 突破 100 万亿元的背后，是综合国力的持续提升。2020 年，我国粮食总产量创历史新高，连续 6 年保持在 1.3 万亿斤以上，稳居世界第一；制造业增加值预计连续 11 年居世界第一；高速铁路营运总里程达到 3.8 万公里，高速公路里程超过 15.5 万公里，5G 终端连接数已超过 2 亿，均居世界第一。

GDP 突破 100 万亿元的背后，是结构优化特征明显。2020 年，我国第三产业增加值占 GDP 的比重为 54.5%，比上年提高 0.2 个百分点；最终消费支出占 GDP 的比重达 54.3%，高于资本形成总额 11.2 个百分点。

GDP 突破 100 万亿元的背后，是绿色发展底色亮丽。2020 年，我国单位 GDP 能耗下降，清洁能源消费量占能源消费总量的比重比上年提高了 1 个百分点；全国 337 个地级及以上城市 PM2.5 浓度同比下降 8.3%；水质优良（Ⅰ—Ⅲ类）断面比例提高了 8.5 个百分点。

四、GDP 突破 100 万亿元，体现着立己达人、兼济天下，为世界经济发展注入更多正能量。

2020 年 11 月 15 日，历经 8 年谈判，《区域全面经济伙伴关系协定》正式签署。该协定覆盖了 15 个成员国，人口规模、经济总量和贸易份额均占全球约 30%，这意味着全球最大自贸区正式起航。

疫情突袭之下，经济全球化遭遇逆流之时，中国不追求一枝独秀，不搞你输我赢，也没有关起门来封闭运行，而是加快构建以国内大循环为主体、国内国际双循环相互促进的新发展格局，更好贡献世界。

中国商品跨境物流越来越稳。2020 年中欧班列共开行 1.24 万列，逆势增长 50%，综合重箱率 98.4%，通达欧洲 21 个国家、97 个城市，保障当地生产“不断链”、生活“不断供”。

中国投资门槛越来越低。2020 年版外商投资准入负面清单，提高了服务业、制造业、农业开放水平，全国和自贸试验区负面清单压减比例分别达 17.5%、18.9%。

中国开放大门越开越大。从首次整体“上线”的广交会，到99项创新类成果首发的服贸会，再到意向成交超726亿美元的进博会……2020年，在全球贸易大幅萎缩的情况下，我国货物进出口总额创历史新高，比上年增长1.9%，为全球经济复苏注入更为强劲的动能。

站在“两个一百年”的历史交汇点上远眺，只要我们紧密团结在以习近平同志为核心的党中央周围，准确把握新发展阶段，深入贯彻新发展理念，加快构建新发展格局，“中国号”经济巨轮必将无惧风雨、劈波斩浪，在新征程上勇往直前！

第三章

03

货币——市场经济肌体流动的血液

整个宏观经济学研究的其实是协调的问题，而协调的核心手段，就是货币。换言之，宏观经济学的关注点，就是整个社会是如何通过货币来达成合作和协调的。

拼图015　“钱为什么有用”

奥地利学派鼻祖——卡尔·门格尔在他的《论货币的起源》一书中首先提出了钱为什么有用：一是避免交易中双重偶然性的要求；二是降低了质量检验的成本；三是增加市场交易量。

钱到底有没有用？当时的人们都不觉得有用，早期哲学家反思钱的作用时，得出了一个结论——钱没有什么用。亚里士多德说钱是无用的，是贫瘠的，没有价值的。

在门格尔的文章里，货币是非常有用的，人人都愿意接受它。货币的起源和形态，跟语言非常相似。一句话，一个词能不能流行开来，不仅在于说的人喜欢怎么说，也在于听的人是否接受，还在于别人是否也愿意这么说。这叫做“自发秩序”，它们的意思是，我们今天在社会上看到的秩序，不是由哪一个人或者哪一个权威机构一厢情愿地设计出来的，它是由无数人的行动汇合而成的。我们日常使用的语言是一种自发秩序，货币也是一种自发秩序。

格雷欣现象

商业银行创造了货币；劣币驱逐良币，符合经济效率，但商业银行固有机制催生流动性风险。这种情况在经济学中称作“格雷欣现象”，泛指一般的逆淘汰（即劣胜优汰）现象。因信息不对称是这种现象存在的基础，后来被美国加州大学经济学教授**乔治·阿克洛夫**研究，写出了一篇开创性论文《“柠檬”市场》（编者注：在英文中，次品俗称“柠檬”）。由于他开创了信息不对称理论，2001 年他获得了诺贝尔经济学奖。

自萨伊开始，有不少西方经济学家都曾一度把人类社会看成是以物物交换为主的经济世界。在他们眼里，货币在交换中，只不过是一种润滑油，它不是机器中的一部分，也不是原动力。一部灵巧的机器，只需要涂一点机油就可以了。对货币作用的这种估价使他们得出荒谬的结论：商品供给恒等于生产者的货币收入；生产者的货币收入恒等于他们的货币支出；货币支出必然引出商品的需求。这样，供给“自创需求”，国民经济会自动实现均衡。

这种“两张皮”的理论，认为货币的多少并不影响价格体系。从萨伊到马歇尔都是这样。这个时期，有一位从不被人瞩目的瑞典学者**克尼特·威克塞尔**，提出了与以往不同的关于货币的新学说：非中性货币论。他认为，必须对货币的作用进行再认识。在静态分析中，货币只有交换职能，货币可以称为“中性的”。但在现实的商品交换中，它除作为媒介外，还有贮藏手段和支付手段的职能，这样一来它就是“非中性的”了。

这样，威克塞尔第一次将经济学的价值分析和货币分析联系在一起，并把时间因素引入经济理论，使经济学的分析不再停留在如斯密或瓦尔拉斯的静态分析上，而是转向了宏观动态分析。仅此一点，威克塞尔的名字就足以永载经济学的史册。熊彼特称他为“瑞典的马歇尔”“第一流的权威”，是“北欧经济学派的顶峰”。由于货币是非中性的，因此购买过程和销售过程被分隔成两个独立的阶段，大多不在同时进行；这样，供求的均衡便很难自动实现。那么，怎样才能实现经济的均衡呢？维克塞尔主张用利率来调节商品的价格，使不能自动均衡的经济恢复均衡。他从庞巴维克的资本利息理论中搬来了两个概念——自然利率和实际利率，以说明利息率是怎样影响商品的价格的。

“自然利率”是在不涨不跌的利率情况下，以实物借贷和支付，一切按照事先的约定。它实际上是新形成的资本的预期收益率。

在说明了自然利率之后，威克塞尔根据庞巴维克关于金融市场上的借贷利率即“实际利率”与自然利率有差别的想法进行扩展，形成了以下观点：当实际利率低于自然利率时，企业主认为有利可图，于是增加贷款、扩大投资，积极购买原料、劳动力和土地等，促使了生产资料价格的一系列上涨；反之，则一切向相反的方向进行，一路下降，经济活动走向衰退的累积过程。

威克塞尔由此得出结论，利率和物价之间有一种必然的因果关系。即在市场其他条件不变的情况下，银行降低利率，哪怕是十分微小，也会使物价持续地、无限制地上涨；相反，若将利率稍稍提高，则一切商品和劳务的价格都将持续地、无限制地下落。这一经济变动的理论就叫“威克塞尔累积过程”，即非中性货币论。

那么，怎样才能遏制物价上涨呢？威克塞尔认为，只有银行持续大幅度提高利率，使其超过自然利率，才能阻止物价的上涨。在这一基础上，威克塞尔形成了他著名的“货币均衡原理”。他是继门格尔之后又一深入研究货币理论的大家。

拼图016　弗里德曼的三大理论体系

经济学皇冠上的明珠，怎么也少不了这个世界上最伟大的现代货币主义领袖——**米尔顿·弗里德曼**。1912年弗里德曼出生在纽约市一个工人阶级的犹太家庭，16岁完成高中学业，20岁取得了文学学士学位。毕业后他曾为罗斯福新政工作以求糊口，批准了许多早期的新政措施，尤其是新政的许多公共建设计划。随后他到哥伦比亚大学继续修读经济学，研究计量、制度及实践经济学。1941—1943年，他出任美国财政部顾问，研究战时税务政策，曾一度支持凯恩斯主义的赋税政策，并且协助推广预扣所得税制度。1945年，他到明尼苏达大学任职，1946年获得哥伦比亚大学博士学位，随后回到芝加哥大学教授经济学理论。这期间，他在美国经济研究局研究美国货币史，也是通过对该专题的深入研究，弗里德曼逐步认识到货币理论和货币的重要性的。

第二次世界大战结束后，政府过度干预经济带来不断恶化的通货膨胀，促使弗里德曼开始对凯恩斯主义进行反思。20 世纪 50—60 年代，他以芝加哥大学为营垒，开创了新的货币数量学说。尤其是他 1956 年发表的文章《货币数量论——一种重新表述》被看作现代货币主义兴起的主要标志。他本人也被视作货币学派的主要代表人物，并针对凯恩斯主义观点展开批驳。但在那个凯恩斯主义鼎盛的年代，人们对弗里德曼的观点往往是持嘲弄或忽视的态度。直到 20 世纪 70 年代，凯恩斯主义政策带来的高通货膨胀、高财政赤字、高失业率等问题越发棘手，弗里德曼等才等到了大展宏图的历史机遇。尤其是英国撒切尔夫人和美国里根总统的货币政策，使得货币学派一时声名鹊起。弗里德曼本人也在 1976 年获得诺贝尔经济学奖。更为重要的是，他在芝加哥大学执教的这 30 年里，将芝加哥大学经济系打造成紧密而完整的经济学派，力倡自由经济，这一学派被称为芝加哥经济学派。之后，芝加哥大学诞生了多位诺贝尔经济学奖得主。在对凯恩斯主义的挑战中，弗里德曼建立了著名的三大理论体系：

持久收入假说。货币需求主要取决于持久收入，由于从长期趋势来看，持久性收入是稳定增加的，因而人们对货币的需求也就会是稳定增加的。

经济学家在分析、解释某个经济现象时，通常都需要作出一些必要的假定，然后以此为前提，进行符合逻辑的推理，提出自己新的理论主张和政策建议。弗里德曼的“持久收入假说”就是其中一个极具代表性的例子。

他把一时性的收入与持久性收入分开来：一时性收入指瞬间的、非连续性的、带有偶然性的现期收入，如工资、资金、遗产、馈赠、意外所得等；而持久性收入是与一时的或现期的收入相对应的，消费者可以预期到的长期性收入，它实际上是每个家庭或个人长期收入的一个平均值，是消费者使其消费行为与之相一致的稳定性收入。至于这个持久期限究竟到何种程度，弗里德曼认为最少应是三年。

一时收入与一时消费之间是没有固定的比例关系的。但如果从长期来看，人们消费支出的平均值却与他们总收入的平均值大体一致，即持久收入与持久消费之间有固定的比例关系。这是“持久收入假说”的理论基石。

按照持久收入假说，凯恩斯提出的边际消费倾向递减的“规律性”便不存在，因为人们一旦愿意预支未来收入作为现期消费支出，消费倾向就会发生不规则的变化，而不一定是递减的。所以，政府如果以此“规律”为根据，用刺激需求的办法来刺激消费则很可能会带来滞胀的恶果。

一时性的减税可能变为储蓄，一时性的增税不可能影响人的持久收入。这引出了他的“单一规则”的货币政策。

“单一规则”的货币政策。20 世纪 50 年代后期，一股反对“权变”（即相机抉择）理论的旋风从美国东部刮起，高举这面反旗的领袖就是弗里德曼。他指出，权变政策不仅事实上很难收到预期的效果，甚至会适得其反，造成经济活动的大起大落。据此，弗里德曼力主政府放弃传统的“权变”货币政策，而建议用一种预先制定的对货币投放有约束力的“规则”取而代之，比如，把货币供应的年增长率长期固定在与经济增长速度以及劳动力增长率大体一致的水平上。

在“宁要单一规则，不要相机抉择”的双方打斗中，他搬出了第一个有力的“武器”，用铁证如山的历史事实说明，“相机抉择”的货币政策往往会使经济更不稳定。他通过大量的历史统计资料的考察和实证分析，指出货币政策只有在经历一个易变的、长期的“时滞期”后才能够作用于经济。货币增长率的变化平均需在 6 个月到 9 个月后才能引起名义收入增长率的变化；名义收入和产量受到影响后，平均要再过 6 个月到 9 个月价格才会受到影响，即货币政策生效的时间往往存在 12 个月到 18 个月的滞后效应。因此弗里德曼说，“相机抉择”的货币政策无法把握未来的走向，更无法把握现实社会对货币政策冲击反应的时间和程度，存在“过头”和“不到位”的波动和不稳定性。

这一阐述击中了“权变”的要害。但还不够，弗里德曼还未等凯恩斯主义者回过神来，紧接着又使出另外一个撒手锏，批驳“权变”的货币政策只能在很有限的时期内控制利息率和失业率，而这一短暂的时间一过，利息率和失业率便会迅速反弹，货币政策非但难以收到预期的效果，反而会引发物价上涨和失业增加的恶性循环。因为政府通过调整贴现率、变动法定准备金率，或者在公开市场上买进政府债券来增加货币供应量，虽然能够在短期内压低利息率、刺激投资和扩大就业，但经过一年半载，至多两年，随着厂商和居民户开支的扩大，人们的收入也相应增加，从而不仅使人们对保存在手边的货币量的需求增加，而且使人们对商品的需求也大大增加；随着需求大于供给，物价水平必然上涨，结果又会使原来下降的利息率重新上升，特别是人们预期物价将继续上涨时，贷款人会要求借款人愿意付给较高利息率，于是利息率将回升，甚至超过原来的水平。这样，通货膨胀愈发严重，利息率上升趋势就愈强，厂商的投资热情将下降，失业率上升，经济发生萧条。政府只得又以增加货币供应来压低利息率，刺激投资和缓解失业。结果又会在奏效一时之后回到老路上，形成货币供应量扩大—利息率下降—收入增加—物价上涨—利息率反弹—投资收缩—失业增加—货币供应量再扩大等一连串的恶性循环。

政府要当好守闸人并非易事，不要手忙脚乱，要以静制动，练静功。以美国为例，弗里德曼估算每年增加货币 1% ~2% 配合人口和就业的增长，再考虑 GDP 的增长 2% ~3%，美国的货币增长可控制在 3% ~4% 这一幅度之内。只要当局始终遵循这条航线，经济可持续增长，波动也可避免，有利于市场发挥作用的货币环境才得以建立。

收入指数化方案。为了降低通货膨胀的副作用，弗里德曼认为有必要定期地根据通货膨胀率来调整工资、债券等各种收入的名义价值，以使其实际价值保持不变，这就是“收入指数化方案”。

当通货膨胀率高至不可忍受的程度时，如果采取紧缩性的财政和货币政策，大幅度压低社会总需求，虽然可以立竿见影地达到遏制“经济高烧”的目的，但我们却必须承受生产滑坡和失业的痛苦；而如果欲把失业水平降低到自然失业率之下，那么我们的经济只能冒着螺旋式上升的通货膨胀的危险来运行。

此为经济的“通病”，是宏观经济学最为关注的总量之一。“福利国家”“收入政策”“控制工资”……各种政策难以奏效。战争时期可以采用法律手段“强制”“冻结”等一些极端手段，再不行就要换发货币，以度过危机。德国、俄罗斯都这样做过。

那怎样与通货膨胀和失业在互不危害的情况下共存呢？弗里德曼发明了一种对付通货膨胀的新技术——“收入指数化”。该方法指出：由于通货膨胀会引起收入分配的变动，使一些人受害而另一些人受益，因而会对经济产生十分不利的影响。为了降低通货膨胀的副作用，他认为有必要定期地根据通货膨胀率来调整工资、债券等各种收入的名义价值，以使其实际价值保持不变，这就是“收入指数化方案”。这种方案事实上是一种对工资收益以及各种合约由于一般价格水平的变化而遭受的损失予以部分的或是逐步的补偿机制。这种机制发生作用的典型形式是：如果不发生通货膨胀，企业在下一年将给工人增加2%工资，但假若在今后的12个月内物价上涨了10%，那企业就会在增加2%工资的基础上，再增加10%的工资，作为生活费支出的调整。政府要求企业与职工签订“自动调整条款”。

与工资指数化相类似，“税收指数化”是指用通货膨胀率的指数来调整税收的起征点和税率等级。当发生通货膨胀时，通常是实际收入不变动，名义收入增加了。这样，纳税的起征点实际上是降低了。在累进税制下，纳税人名义收入的提高使原来的实际收入更高的税率等级更高了，即使交纳的税金增加了。如果这里不实行税收指数化，就会使收入分配发生不利于公众而有利于政府的变动，成为政府加剧通货膨胀的动力。为此，就应该根据通货膨胀率来调整税收，即提高起征点并调整税率等级，才能避免上述弊端。此外，利率、租金、债券、长期产业合同等都有必要指数化，以抵消物价波动对收入的影响，消除通货膨胀带来的收入不平等现象，杜绝一切加剧通货膨胀的动机。

拼图 017　通货膨胀

通货膨胀就像一个惯偷，时时刻刻觊觎人们的腰包，并神不知鬼不觉地掠走他们好不容易才积攒起来的财富。各国政府及经济学家对它都做了大量的研究，通货膨胀的危害大家再清楚不过了。究竟为什么会发生通货膨胀？

凯恩斯首先提出了“需求拉动的通货膨胀论”，他认为，由于总需求超过了总供给，拉开了“膨胀性缺口”以致造成了物价水平的普遍而持续的上涨，形成了通货膨胀。

凯恩斯的反对者不赞成从需求方面来解释通货膨胀的成因，而认为生产费用的增加，特别是生产和劳动成本的增加都是造成物价上涨的真正因素，他们的理论也就被称为“成本推进的通货膨胀论”。具体什么是成本推进？有三种说法：一种是“工资推进”。由于工资提高，便引起了成本的增加，从而导致了物价的上涨。物价上涨后，工人又会进一步要求提高工资，从而再度引起物价的进一步上涨。如此循环往复，便形成了所谓的工资—物价的轮番上涨。另一种是“利润推进”。垄断企业为了追求更大的利润，常常通过“操纵价格”将利润抬高到补偿提高了的工资水平之上，使商品价格以快于成本增加的幅度上升。由于利润在西方也是成本的一个组成部分，因此便归于成本推进的通货膨胀。还有一种是“进口成本推进”，多指世界石油的进口。

正当以上二者吵得不可开交的时候，有一些经济学家站出来说，通货膨胀不是需求或供给单方面引起的，而是双方共同作用的结果，这又形成了所谓的“供求混合推进的通货膨胀论”。他们的理由是，工资的上升，既提高了成本，也增加了需求，因为工资的上升不仅仅对物价增加了成本压力，同时产生了较高收入并使需求上升，正是这种双重作用的影响，说明了收入政策的合理性，即对货币工资率按劳动生产率的提高来进行调整，就可以避免收入膨胀和利润膨胀。另外，如果单纯是“成本推进”而没有“需求拉动”，也不可能使物价上涨长期维持下去，因为在没有需求和货币收入水平增加的情况下，工资上升引起物价上涨，就势必使大量的商品卖不出去，从而迫使生产紧缩，工人被解雇，最后将使成本推进的通货膨胀终止。

经济学家有时还会谈到“结构性通货膨胀”的问题。用通货膨胀本币所具有的惯性来解释通货膨胀持续原因的一种理论叫做“惯性通货膨胀论”。实质上也就是经济周期性导致的。

然而，现代货币主义学派的领袖弗里德曼却对上述观点一概加以否定，他坚定地说，无论供给还是需求的原因，抑或是供给与需求的综合力量以及经济结构等方面的原因，它们都只会引起局部暂时的物价上升，但不足以引起普遍而持续的通货膨胀。通货膨胀唯一的根源是货币供给量过多。这就是人们早已熟悉的“货币供给量的通货膨胀论”。他提出，历史上的每一次通货膨胀总是伴随着货币供给量的增加而发生，当货币供给量明显增加，并且其增加速度超过产量的增加速度时，通货膨胀就必然发生。因此，他得出的结论是：通货膨胀时时处处都是一种货币现象。

拼图018　菲利普斯曲线

威廉·菲利普斯（Alban William Phillips，1914—1975）是伦敦经济学院的教授、新西兰经济学家，他于1958年发表了一篇论文，题目叫《1861—1957年英国失业率与货币工资变化率之间的关系》。论文中，菲利普斯研究了失业率和货币工资的变化率两个变量之间的关系。他根据英国在1861年到1957年的统计数据标出了很多点，他把这些点在坐标上用曲线串联起来，能够看出一个从左上角到右下角倾斜向下的趋势，即货币工资变动率跟失业率成反比。这本来是符合常理、不难理解的。如果用**菲利普斯曲线**来指导政府的宏观调控，那么就要求政府在两难中权衡利弊，作出选择或者以较高失业率换取较低的通货膨胀，或者以较高的通货膨胀换取较低的失业率。通货膨胀与失业率是块跷跷板，一头压下去，另一头翘起来，一直以来困扰各国政府。经济学家关于通货膨胀和失业率之间的关系的认识，集中体现在对所谓的菲利普斯曲线的看法上。

如果一个社会的货币工资变动率比较高，人们就愿意出来就业，失业率就比较低；相反，货币工资变动率比较低时，人们就更愿意停下来，寻找更好的就业机会，就业水平就比较低，换句话说，失业率就比较高。

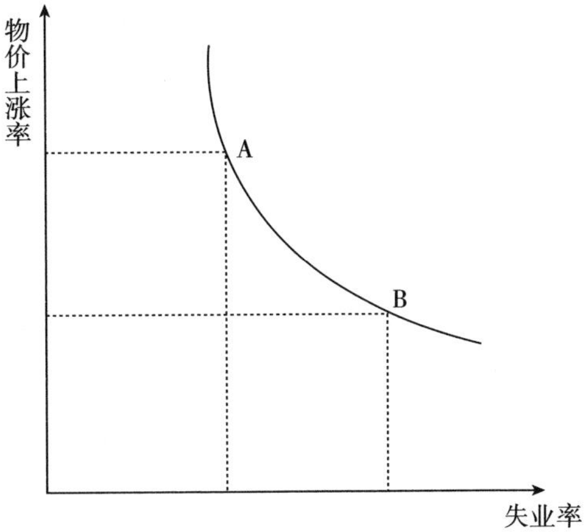

菲利普斯曲线

但是，后来的经济学家把当中的一个重要概念改了一下，把货币工资变动率改为通货膨胀率。新的坐标画出来是一致的。后来就在失业率、货币工资率、通货膨胀率三点上做了平衡。失业率高用通货膨胀率来解决，但以通货膨胀率对付失业率可能出现滞涨。1968 年，两位经济学家——其中一位是我们熟悉的弗里德曼，另一位是 2006 年获得诺贝尔经济学奖的美国哥伦比亚大学经济学教授**埃德蒙德·菲尔普斯**，分别发表论文，他们认为，从长期看不存在通货膨胀率和失业率之间的反向关系。

如果政府反复地使用通货膨胀来对付失业，失业率就降不下去了，到时候有可能会出现高通货膨胀率和高失业率同时并存的现象。这就是所谓滞涨——即存在通货膨胀，又存在经济停滞的现象。到今天，大多数经济学家有一个共识，从长期看，菲利普斯曲线是垂直的。不论通货膨胀率多高或多低，失业率或就业率都是一个比较固定的常数。

拼图 019　格林斯潘

反通货膨胀主义者——**艾伦·格林斯潘（Alan Greenspan，1926—）**，美国犹太人，美国第十三任联邦储备委员会主席（1987—2006 年），任期跨越6届美国总统。格林斯潘在1988年1月的股灾前夕受命于危难之际，他冷静出招，开出的药方是放松银根，中止股市继续恶性发展，稳稳地拨正美国这艘大船的航向。1994年他一次接一次地提高利率，被人视为“简直疯狂”；1998年的全球金融危机中沉着应战，三次削减利率，从而使美国免受金融危机的波及，并且最终遏制住那次危机蔓延的势头。格林斯潘坚持反通货膨胀主义，勇于突破经济理论的束缚。传统理论认为，失业率高于6%将导致经济萎缩，低于5%将触发通货膨胀。而美国的失业率仅仅4%，经济仍在稳定增长。传统理论的另一个论点是经济过热必将引发通货膨胀，但他注意到大规模的高科技投资在提高生产率的同时降低了生产成本，因此在推动新技术革命方面不遗余力。格林斯潘总是对美国经济过热保持着一种警觉，只要一出现过热的迹象，他就会采取措施把温度降下来。他指挥着美国经济巨轮驶过了暗礁丛生的80年代，使美国在20世纪90年代经历了前所未有的经济繁荣。

拼图020　“金融大鳄”索罗斯

“金融大鳄”**乔治·索罗斯**（George Soros，1930—　），1930年8月12日生于匈牙利布达佩斯，慈善家，货币投机家，股票投资者。现任索罗斯基金管理公司和开放社会研究所主席，是外交事务委员会董事会前成员。其一生率领的投机资金在金融市场上兴风作浪，翻江倒海，掠去了许多国家的财富。2015年1月22日，乔治·索罗斯宣布终极退休，以后不再管理投资，将全力推动慈善事业 。索罗斯是金融界的怪才、鬼才、奇才，他在国际金融界掀起的索罗斯旋风几乎席卷世界各地，所引起的金融危机令各国金融界闻之色变。从古老的英格兰银行、南美洲的墨西哥，到东南亚新兴的工业国，甚至连“经济巨兽”日本，都未能幸免于“索罗斯旋风”。索罗斯管理的对冲基金，投资使用的金融工具，以及使用的资金数量是一般投资者望尘莫及的，但他的投资秘诀对一般投资者还是有借鉴启迪作用的。下面就是索罗斯的24个投资秘诀：

（1）突破扭曲的观念。索罗斯通过早期哲学研究发现人类的认识存在缺陷，对真实的看法有所扭曲，而金融投资的核心就是要对人类存有缺漏和扭曲的认识做文章。

（2）关注市场预期。索罗斯对传统经济学理论建立的完全自由竞争模式不以为然，他认为供需关系的发展会受市场操纵，从而导致价格波动，而不是趋于均衡。此外，未来价格的走势却又是由当前的买入或卖出行为所决定的，因此要依靠自己的认识对市场进行预期。

（3）市场的无效性。古典经济学的有效市场理论假定金融市场最终会走向均衡，而依据索罗斯的观点，金融市场的运作方式注定其是无效市场，即非理性。依靠有效市场理论对行情进行判断也是靠不住的，利用和把握了无效市场所提供的投资机会，使索罗斯的基金发展壮大。

（4）寻找偏差。金融市场在不均衡中运转造成市场参与者的市场预期与客观事物出现不可避免的偏差，寻找市场可能出现过度非均衡的倾向是发现投资机会的捷径。

（5）发现联系。市场参与者带着偏见操作，而偏见本身也能影响事件的进展。索罗斯认为市场参与者的偏见和现实事态的进程存在反作用联系，未来的事件被期望所塑造。

（6）揭示市场偏见。根据反射理论，市场天生就不稳定，偏见和认知缺陷将进一步导致市场波动，又将再次影响投资人的期望——认知和现实间出现双向的回馈，这种不稳定将对投机者极为有利。

（7）利用市场不稳定。当市场预期与客观事物出现偏差时，金融市场会出现连续“涨跌”的不稳定状态，从而给投资者提供了了解市场想法的机遇。

（8）把握混乱。索罗斯认为，股票市场运作的基础不是逻辑层面，而是基于群体本能的心理层面，理解金融市场中混乱的根源正是其挣钱的良方。

（9）善用过度反应的市场。散户投资人的认知缺陷和盲从会使市场过度扩大，而当偏差过大至超过某个临界点时，则会出现相反趋势。索罗斯在大部分的时候会一边跟着趋势走，一边寻找趋势的转折点并准备反向投资。

（10）基本面。索罗斯认为市场参与者的偏见不仅决定市场价格，而且还影响到“基本面”，从而反射理论将发挥作用。一旦觉察到基本面受影响，则能快人一步。

（11）先投资再调查。索罗斯在投资实践中，总是根据研究先假设一种发展趋势，然后建立小仓位来试探市场，若假设有效，则继续投入巨资；若假设是错误的，就毫不犹豫地撤资。

（12）预测趋势。索罗斯善于从宏观的社会、经济和政治因素来分析行业和股票，以期发现预期和实际股票价格之间的巨大差距从而获利。

（13）勇于突破。很多投资者的错误是明明准确地把握市场趋势却因为缺乏自信而错失良机。索罗斯的观点就是：如果你对某笔交易有很大的把握，就应该勇于大量注资，在高杠杆上保持平衡。

（14）兼听则明。索罗斯认为，除了凭借专业知识进行分析之外，直觉在投资方面的作用也很重要。而他的直觉常常来自对国际贸易状况的宏观考虑以及从身边诸多国际金融权威人士了解到的他们对宏观经济发展趋势的看法和策略。

（15）求生自保。尽管用信用杠杆进行投资可以增加盈利，但一旦出现错误将会损失惨重。索罗斯成功的原因之一即是他擅长绝处求生，发现错误时趁早平仓，及时撤退，以避免更大损失。

（16）接受错误。索罗斯认为，虽然犯错误不是什么光彩的事情，但这毕竟是游戏的一部分。因此他在投资一开始常常假设自己建立的投资仓位可能有错，并提高警觉，如此一来，就能比大多数人更为及时地发现和矫正错误。

（17）切忌赌徒心态。在索罗斯看来，承担风险本身无可厚非，但那种孤注一掷的赌博式冒险应该及时制止。

（18）思考和自省。索罗斯对待金融市场有一种超然物外的耐心，他认为利率和汇率变动的效果需要时间，因而整个投资往往是一场持久战。

花时间去思考、学习和自省往往是等待过程中重要的一个环节。

（19）忍受痛苦。索罗斯曾说过，如果你未准备好忍受痛苦，那就不要再玩这种游戏。投资者必须懂得如何保持冷静、承受亏损。

（20）心理素质。稳定的心理素质和钢铁般的意志是索罗斯成功的重要秘诀，他理解市场有非理智的一面，因此，他就如同牧羊人一样，在大部分的时间随着羊群移动，一旦出现一个机会就会敏锐地觉察并冲到羊群前面。

（21）两面避险。索罗斯是对冲基金领域里的大师级人物，他懂得通过在多头和空头两面下注，将投资部位中风险资产的组成多样化，从而在一定程度上规避风险。

（22）保持低调。索罗斯在投资方面大开杀戒的同时，对自身常常保持低调，他对自己的投资策略总是讳莫如深，也很少将自己的秘密公布于众。

（23）善用杠杆。懂得利用杠杆不但可以加大投资力度，同时还能进一步提高报酬率。但是杠杆投资不仅需要好的心理素质，还需要保持杠杆平衡的技巧和能力。

（24）最佳与最差。索罗斯的宏观分析为关注大格局——国际政治、各国货币政策、通货膨胀、利率、汇率的变化等。然后他会选取某一行业中最好和最差的股票并忽略其他股票，他相信这种套头策略会有很好的表现。

拼图 021 比特币的创造者

2008 年 11 月 1 日，一个自称中本聪的人在 P2P foundation 网站上发布了比特币白皮书《比特币：一种点对点的电子现金系统》，陈述了他对电子货币的新设想——比特币就此面世。2009 年 1 月 3 日，比特币创世区块诞生。

和法定货币相比，比特币没有一个集中的发行方，而是由网络节点的计算生成，谁都有可能参与制造比特币，而且可以全世界流通，可以在任意一台接入互联网的电脑上买卖，不管身处何方，任何人都可以挖掘、购买、出售或收取比特币，并且在交易过程中外人无法辨认用户身份信息。2009 年 1 月 5 日，不受央行和任何金融机构控制的比特币诞生。比特币是一种数字货币，由计算机生成的一串串复杂代码组成，新比特币通过预设的程序制造。

每当比特币进入主流媒体的视野时，主流媒体总会请一些主流经济学家分析一下比特币。早先，这些分析总是集中在比特币是不是骗局上，而现如今的分析总是集中在比特币能否成为未来的主流货币上，这其中争论的焦点又往往集中在比特币的通缩特性上，不少比特币玩家是被比特币的不能随意增发所吸引的。和比特币玩家的态度截然相反，经济学家们对比特币 2 100 万固定总量的态度两极分化。

凯恩斯学派的经济学家们认为政府应该积极调控货币总量，用货币政策的松紧来为经济适时地加油或者刹车。因此，他们认为比特币总量固定牺牲了可调控性，而且更糟糕的是将不可避免地导致通货紧缩，进而伤害整体经济。奥地利学派经济学家们的观点却截然相反，他们认为政府对货币的干预越少越好，货币总量的固定导致的通缩并没什么大不了的，甚至是社会进步的标志。

比特币网络通过“挖矿”来生成新的比特币。所谓“挖矿”实质上是用计算机解决一项复杂的数学问题，来保证比特币网络分布式记账系统的一致性。比特币网络会自动调整数学问题的难度，让整个网络约每 10 分钟得到一个合格答案。随后比特币网络会新生成一定量的比特币作为区块奖励，奖励获得答案的人。

2009 年比特币诞生的时候，区块奖励是 50 个比特币。诞生 10 分钟后，第一批 50 个比特币生成了，而此时的货币总量就是 50。随后比特币就以约每 10 分钟 50 个的速度增长。当总量达到 1 050 万时（2 100 万的 50%），区块奖励减半为 25 个。当总量达到 1 575 万（新产出 525 万，即 1 050的 50%）时，区块奖励再减半为 12.5 个。该货币系统曾在 4 年内只有不超过 1 050 万个，之后的总数量将被永久限制在约 2 100 万个。

作为比特币的创始人，“中本聪”的身份一直都是个谜，互联网领域也对其真实身份展开了大量猜测，关于“比特币之父”的传闻牵涉到从美国国家安全局到金融专家，也给比特币罩上了神秘光环。现任太空探索技术公司（SpaceX）CEO 兼 CTO、特斯拉公司 CEO、太阳城公司（SolarCity）董事会主席的埃隆马斯克（Elon Musk）就广泛被认为是“中本聪”本人，他的名言是“纸币很难用，数字货币可以替代现金”。

拼图 022 “股神”巴菲特

不喜欢比特币的“股神”——**沃伦·巴菲特（Warren E. Buffett, 1930—）**，1930 年 8 月 30 日出生于美国内布拉斯加州的奥马哈市，著名的投资家、企业家、慈善家，一生从事股票、电子现货、基金等行业。曾获得《福布斯》杂志“美国 400‘富豪榜’”第 3 名，是世界上最具影响力的人物之一。在大多数人的眼中，巴菲特是名副其实的“股神”。2020 年，沃伦·巴菲特以 675 亿美元财富位列“2020 福布斯全球亿万富豪榜”第 4 位。巴菲特的投资理念是升值，而不是避险，所以他不买黄金，也公开表示不喜欢比特币，认为虚拟货币不是实体经济和产出的支撑，更多的是炒作。

拼图 023 我国的货币政策

我国度过了三年困难时期和“十年文革”，长期以来坚持稳健的货币政策，推动改革开放和社会主义现代化建设的崭新局面，特别是党的十八大以来，党和国家事业取得了历史性成就，发生历史性巨变。习近平总书记在 2021 年 2 月 26 日召开的中央政治局会议上又强调：“稳健的货币政策要灵活精准，合理适度。”这为我们构建新的发展格局，完成两个一百年伟大目标提供了强有力的支撑。

2020 年，面对疫情的严重冲击，中国人民银行继续实施稳健的货币政策，没有采取量化宽松等非常规的货币政策措施。通过降低存款准备金率、再贷款再贴现、创新直达实体经济的货币政策工具等方式，出台了规模可观的宏观对冲措施，较好地对冲了疫情以来宏观形势的高度不确定性，金融运行保持基本平稳，央行资产负债表的规模也基本保持稳定。年内人民银行3次降准，加权平均存款准备金率下降约1个百分点，降准释放流动性资金1.75万亿元。2018年以来，人民银行10次降准，加权平均存款准备金率下降约5.5个百分点，累计释放流动性资金8.1万亿元。稳健的货币政策取得积极成效，货币信贷和社会融资规模合理增长，有力支持了经济稳步恢复。9月末，广义货币供应量（M2）与社会融资规模同比增速分别为10.9%与13.5%，前9个月人民币贷款新增16万亿元，都明显高于上年同期。普惠小微企业、民营企业、制造业企业等贷款利率均降至历史新低。信贷结构明显优化，支持小微经营主体3 100多万户。第二季度以来，中国经济逐月复苏，9月CPI同比涨幅为1.7%。金融管理部门通过深化贷款市场报价利率（LPR）改革促进降低贷款利率、实施两项直达货币政策工具、减少收费等方式，推动金融部门向实体经济让利。据估算，全年已实现让利1.5万亿元目标。

2021年，我国稳健的货币政策会更加灵活精准、合理适度，继续保持对经济恢复必要的支持。人民银行会坚持稳字当头，不急转弯，根据疫情防控和经济社会发展的阶段性特征，灵活把握货币政策的力度、节奏和重点，保持货币供应量和社会融资规模增速同名义经济增速基本匹配，以适度货币增长支持经济持续恢复和高质量发展。

人民银行认为，数字人民币可以节约印刷纸钞的成本，并减少与洗钱和逃税有关的案件数量。此外，数字人民币有助于构建新的金融基础设施，进一步完善支付系统，并将为经济的高效现代化发展提供助力。

第四章

04

财政与税收——宏观经济调控的左右手

拼图024　财政政策与货币政策的组合拳

迄今为止，世界上各国政府通用的调节经济手段还是凯恩斯“相机抉择”的财政政策与货币政策的组合拳。**约翰·梅纳德·凯恩斯（John Maynard Keynes，1883—1946）**，英国经济学家，现代西方经济学最有影响的经济学家之一，他创立的宏观经济学与弗洛伊德所创的精神分析法和爱因斯坦发现的相对论并称为20世纪人类知识界的三大革命。他一跃成为“现代经济学之父”是因为其1936年发表的《就业、利息和货币通论》一书，把西方经济学带上了新的征程，其影响迄今为止还没有任何一部经济学著作能与之相比。

在所有现代国家，哪怕是主要依靠市场分配商品和劳务的国家，政府也会在某些领域发挥重要的作用。由于市场也会失灵，政府就必须在保证充分就业、维持物价稳定、促进经济适度增长、实现国际收支平衡等方面有所作为。而政府所能依赖的，只能是经济政策工具。在政府的工具箱里，财政政策和货币政策是最主要的常规武器。政府通过公共开支和税收的变化，扩大或收缩社会的需求与供给，使经济沿着正常的轨道运行；而中央银行则通过调节社会中货币供给量的大小和利息率的高低，来影响投资和消费，使总需求和总供给趋于平衡。当经济波动时，政府便一手举起财政政策，一手拿上货币政策，对过热或过冷的经济进行部分或者全面的调理，直到使其“体温”恢复正常为止。

如果我们把财政政策和货币政策视为政府调理经济的左右手，那么，左手的套路主要有两个：一是政府支出；二是税收。财政政策就是通过这两方面的变动来影响总需求，从而影响产量、价格和国民收入的水平。这又叫“左路拳”。也就是当经济持续衰退，失业率有增无减时，政府的左路拳便开始动作。它可以扩大政府支出，如扩大公共工程、政府购买和其他开支，直接作用于社会总需求，使社会总需求中的政府支出部分提高，而政府支出扩大，又将通过乘数效应进一步扩大产量和就业，从而使衰退和失业得到减轻和消除。另外，它也可以通过降低政府对企业和个人的税收来刺激消费和投资，间接地扩大社会总需求，从而也能收到促进经济扩张、失业减少的效果。扩大政府支出和减税可单独施行，也可以同时运用。由于它们旨在对付经济衰退和失业，因此，这一套拳法被称为“扩张性财政政策”。

当财政政策用于减轻或消除通货膨胀的缺口时，被称为“紧缩性财政政策”，它有一套和“扩张性财政政策”相反的“拳法”：削减政府支出和增税。由于政府支出的减少，对产量和就业量的减少也有成倍影响的乘数作用，因此，削减政府开支和政府购买便可以直接减少过度需求，收到平抑物价和阻止通货膨胀上升的效果。另外，政府也可以通过增加税收减少人们的可支配收入，使物价趋于稳定。如前所述，削减政府开支与增税可分别进行，也可以同时采用。

拼图025　货币政策最基本的套路

作为政府的右手，货币政策最基本的套路有三个，即公开市场业务、调整贴现率和调整法定准备金率。这三大货币政策习惯上被称为中央银行的“三大法宝”。此为“右路拳”。

公开市场业务一般是逆向操作的。当经济显示总支出不足，而失业有持续增长趋势时，中央银行便在公开市场上买进政府债券，从而使债券价格上涨，利息率相应下降。同时，商业银行、保险公司、大商行、债券经纪人等把售卖政府债券的款项再存入商业银行，使商业银行的准备金增加，活期存款多倍放大，从而使市场上的货币供应量扩大，同时会使利息率下降。利息率下降会引起投资上升，从而引起收入、价格水平和就业上升。

调整贴现率作为中央银行的第二大法宝，它对经济的调整也是逆向的。为了增加商业银行的准备金，央行也给商业银行贷款，这成为贴现，其贷款的利率便成为贴现率。当经济衰退时，就降低贴现率，扩大贴现的数量，以鼓励商业银行发放贷款，刺激投资。

调整法定准备金率。商业银行为了获取最大利润，一般都倾向于按照中央银行规定的下限来保留准备金。央行可以在法定范围内改变商业银行的准备金来调节货币和信用供给，当经济衰退、失业增加时，降低准备金率，必要时甚至可以将准备金率降低至法定的最低限。准备金率的下降，可以大幅度地扩张商业银行货币和信用的基础，增大其贷款能力。

可见，在公开市场上买进政府债券、降低贴现率、调低法定准备金率都是用来对付经济衰退与失业的。因此，这一套拳法被称为“扩张性货币政策”。同理，当经济显示出总支出过大，价格水平有持续上涨趋势时，中央银行就会采用“紧缩性货币政策”，它的套路正好与扩张性货币政策相反。正如拳击手在比赛中既可以单拳出击，又可以双拳进攻，或是一手出击、一手抵挡一样，政府在运用财政政策和货币政策对经济进行调节和干预时，也可以根据总的经济形势，相机抉择，将左、右两路拳配合起来使用，以便达到更好的效果。

具体说来，财政政策和货币政策组合拳主要有以下四种：“双松”，即在经济萧条时期，同时采用扩张性财政政策和货币政策，双管齐下，使经济所受到的刺激更为迅猛；“双紧”，即在经济高涨时期，同时采用紧缩性财、货政策，使经济紧缩的程度更为强烈；“一松一紧”和“一紧一松”，即对宏观财政政策和货币政策实行松紧搭配，以使一种政策的副作用被另一种性质相反的政策抵消掉。例如，用投资优惠、减税、扩大政府支出等“松”的扩张性财政政策来刺激投资，增加就业；同时配合“紧”的收缩性货币政策，以防止经济增长过程中出现通货膨胀。再如，用增加货币供应、降低利息率和扩大信贷规模的“松”的扩张性货币政策来刺激投资，增加产量和就业；同时，配合“紧”的收缩性财政政策来减轻总需求对市场的压力，以稳定物价，防止通货膨胀。

拼图 026 乘数效应

乘数效应

研究宏观经济调节，我们还必须懂得经济学中的**乘数效应**。什么是乘数效应呢？就是当社会存在着闲置资源、闲置设备时，新注入的一定量投资，能带来几倍于这个投资的社会总需求和国民收入，这个倍数就是“投资乘数”。为什么会出现这种“乘数效应”呢？这与社会边际消费倾向于边际储蓄倾向有关。假定人们的边际消费倾向是80%，那么边际储蓄倾向就是20%。我们可以假设，某老板用10万元来购买新设备和增雇工人。这10万元也就成了投资后部门工人和企业家的收入。得到收入的人们自然会去消费，某人花100元买了10斤苹果，小贩得100元后，按20%存了20元，拿80元买了蔬菜，菜农收80元后按20%存了16元，又拿64元去消费……社会最后的总收益为 $100 + 100 \times 80\% + 100 \times 80\% \times 80\% + 100 \times 80\% \times 80\% \times 80\%$……在100元的带动下，最终收益为500元，是最终需求增加量的5倍，这就是“乘数效应”的结果，5就是乘数。经济学上把这个原理叫作“乘数”，其产生的经济效果分别被称为“投资乘数”“税赋乘数”和“货币乘数”。即增加某些支出通常要引起多倍的产量和就业量的变化。这种具有因果关系的扩展效应出现在投资、税赋和信贷领域，其所产生的经济结果被称为“乘数效应”。

但这个乘数和边际消费倾向有直接关系，如果是1/2，那么乘数是2倍；如果是 $1/n$，乘数就是 n 倍。同时，这也是一把双刃剑，乘数能从正面起作用，也能从反面起作用。当投资减少时，国民收入便会加倍萎缩。

政府的开支是一种与投资作用十分相似的高能支出，它对于国民产出等也具有乘数效应。这由两部分组成，一部分是政府购买，另一部分是转移支付、公债利息等。在我国现行预算制度下，按支出具体用途分类主要包括基本建设支出、企业挖潜改造资金、科技三项费用、农业支出、林业支出、水利和气象支出、工业交通等部门的事业费、教育事业费、科学事业费、卫生经费、抚恤和社会福利救济费、社会保障补助支出、国防支出、行政管理费、外交外事支出、公检法司支出、支援不发达地区支出、债务本息支出和其他支出共 19 大类。“购置劳务”、基本建设等都会刺激经济增长。

税收的变动对国民收入也有加倍扩大或收缩的作用，因为税收影响消费量，消费量影响投资量，投资通过投资乘数对国民收入产生影响。这是个传导机制，但“税赋乘数”比“投资乘数”来得慢，刺激也小。税赋乘数 = 边际消费倾向 × 投资乘数。

在货币政策调节经济的过程中，商业银行体系创造货币的机制，有着十分重要的作用。商业银行的活期存款本身就是一种货币，可以流通。如果按 20% 的准备金，它的存贷款的乘数也是 5 倍，系法定准备金的倍数。存款（贷款）总额 = 最初存款（贷款） × 货币乘数。它和投资乘数一样，也有负面效应，一旦收缩，直接影响经济活动。

拼图 027　补偿性的财政政策

补偿性的财政政策是我们必须掌握好的一个宏观调控手段，即在经济萧条时期，政府要增加预算开支，降低税率，提高社会总需求，造成赤字预算；而在经济繁荣时期，政府要压缩预算开支，提高税率，缩小社会总需求，造成盈余预算。

任何一个国家，都会有一定的公共开支，如基础设施、文教科卫、政法国防、环境保护等，相应地，政府就会筹措一笔资金来应对这些开支。这些活动的担当者便是政府预算，在西方经济学中，公共财政就等于政府预算。预算实际上是一个收支表，表明的是一年中政府各项计划的预算支出和可望从税收取得的收入。收大于支就是预算盈余，收小于支就是预算赤字；而当税款收入与政府开支大体相等时，便说达到了预算平衡。至于政府如何做好财政年度预算，一直是经济学家争论不休的问题。

在资本主义初期，经济发展的道路上充满阳光，凭借着个人自由的营利活动，积累或储蓄起来的财富转化成了资本。所以人们认为，政府的职责，只是在生产之外为国民提供安全保障和公共福利。由此国家的财政活动也仅仅局限于单纯维持政府运转，是社会财富的一种纯消费。因此，以威廉·配第和亚当·斯密为代表的古典经济学家几乎一致反对赤字预算，以为会扩大政府的公共活动，会导致私人经济部门相对萎缩，并引起通货膨胀。他们坚持预算平衡才是正确的理财，才是稳健的财政，才有利于市场经济的均衡发展。主张减少税负，被称为“廉价财政”和“中立税收”，传统经济学把这套理财方针称作“健全财政原则”。

然而20世纪30年代大危机后，财政政策有了前所未有的革命性作用。为挽救成千上万的失业人口，政府性支出加大，带来了经济的复苏；依靠推行累进所得税和遗产税等税收政策，无形中起到了调节收入分配的作用；而其中具有重要意义的是，政府通过财政政策实现了保证生产要素全面利用的目标。此后，人们开始意识到，政府的作用不仅仅在于维和和防控疫情等，而且还可以作为一国经济的公共部门进入生产领域，利用财政工具来保证经济的稳定增长。即是说，政府可以通过拓展或收缩公共部门的经济活动来弥补私营投资的膨胀或不足，修补经济中出现的问题。如用较高的赤字来对付衰退，用较低的赤字甚至是盈余来抑制通货膨胀等。自此，人们开始丢弃了“平衡”，认为这种平衡可以在经过一个经济周期后达到，即可以用繁荣时期的盈余来弥补萧条时期的赤字，这就是凯恩斯的“赤字财政政策”和**阿尔文·汉森（Alvin Hansen，1887—1975）**的“补偿性财政政策”所主张的内容。为此，汉森写了一本专著《财政政策与经济周期》。他指出，由于财政政策是涉及税收和开支的政策，因此，它本身就是现代经济重要的“内在稳定器”：在经济繁荣时期，个人和企业的收入都得到增加，于是税收自然增加；另外，失业减少，低收入的人减少，于是失业保险支出和各种福利支出自然减少，收多支少自然使财政预算出现盈余。反之，在经济衰退时期，个人和企业的收入减少了，于是税收自然减少。与此同时，失业保险和各种福利支出又自动增加，收少支多，财政预算便会显现赤字。但赤字并不可怕，因为从一个经济周期来看，萧条时期的赤字可以用繁荣时期的盈余进行抵补，这样在一个较长的时期内，财政仍然保持了其预算的平衡——这便是可以实行“赤字预算”的理由，因为“内在稳定器”能够熨平经济的周期性波动，保护国民收入的稳定增长。

但汉森并不赞成以扩张为主基调，他主张萎缩与扩张交替使用，保的是周期平衡。由此，汉森提出了著名的“补偿性财政政策”：在经济萧条时期，政府要增加预算开支，降低税率，提高社会总需求，造成赤字预算；而在经济繁荣时期，政府要压缩预算开支，提高税率，缩小社会总需求，造成盈余预算。照这种政策，预算不必年年平衡，可在萧条时期实行赤字预算，在繁荣时期实行盈余预算，做到整个经济周期内盈亏相抵。

汉森的这一财政思想，通过他的哈佛财政政策研讨班，足足影响了一代学生，其中就有后来执西方经济之牛耳的**保罗·萨缪尔森（Paul A. Samuelson，1915—2009）、约翰·加尔布雷思（Galbraith JohnKenneth，1908—2006）**和**詹姆士·托宾（James Tobin，1918—2002）**等人。加尔布雷思的二元体系和“新社会主义”会在后文详细阐述，此处不赘述。萨缪尔森接过汉森的大旗，称为凯恩斯主义在美国的主要代表人，他1948年出版的经济学教科书《经济学》，将凯恩斯经济学融入了新古典经济学中，翻译成40多种语言，介绍到全球各地，成为20世纪全世界最具影响的教科书。1961年，他为肯尼迪政府制订了著名的“肯尼迪减税方案”，促成了一个经济高增长的时期。1970年他成为第一位获得诺贝尔经济学奖的美国人。托宾早期的研究为凯恩斯主义的整体经济学说提供了理论基础，并最终发展成为当代的投资组合选择和资产定价理论。因而用他的名字命名的经济学名词居然有四个之多，分别是“托宾的 q 值”“托宾税”“蒙代尔 - 托宾效应”和“托宾分析”。这不仅在经济学界是奇迹，在其他领域怕也不多见。现在我们介绍一下他在投资方面的新奇研究和理论以及他的“托宾 q”理论是如何阐述投资这个问题的。

托宾认为，股票价格和投资之间存在着密不可分的联系。股票价格会对企业投资造成影响。按他的说法，企业的市场价值和其重置成本之比，可以作为衡量要不要进行新投资的标准。他把这个比率叫作“q”。这里，企业的市场价值就是这个企业的股票的市场价格总额，它等于每股的价格乘以总股数。重置成本是指今天要用多少钱才能买下所有上市公司的资产。也就是指如果我们不得不从零开始再来一遍，创建该公司需要花费多少钱。所以也就是说，q = 企业的股票市场价值/企业的重置成本。通常我们会将 q 值和 1 进行比较，当 q > 1 时进行投资，当 q < 1 时不进行投资。

托宾的 q 理论提供了一种有关股票价格和投资支出相互关联的理论。如果 q 值高，那么企业的市场价值要高于资本的重置成本，新厂房设备的资本要低于企业的市场价值。这种情况下，公司可发行较少的股票而买较多的投资品，投资支出便会增加。如果 q 值低，即公司市场价值低于资本的重置成本，厂商将不会购买新的投资品。如果公司想获得资本，它就会去购买其他较便宜的企业而获得旧的资本品，这样投资支出将会降低。反映在货币政策上的影响就是：当货币供应量上升时，股票价格也会上升，此时，托宾的 q 值上升，所以，企业会进行投资，投资扩张，从而国民收入也会扩张。

托宾提出的“托宾 q”这一比例，不仅有其理论性，而且有实践的可操作性。它沟通了虚拟经济和实体经济，在货币政策、企业价值等方面都有着重要的应用。在货币政策中的应用主要表现在将资本市场与实业经济联系起来，揭示了货币经由资本市场而作用于投资的一种可能。他给我们的启示是，货币政策如果开始考虑股票市场的因素，那么“托宾 q”将会成为政策研究与政策制定的重要工具。

1981 年，托宾的“投资组合理论”使他获得了当年的诺贝尔经济学奖。这个理论用他自己的语言概括起来只有简单的一句话："不要将你的鸡蛋全都放在一只篮子里"。

拼图 028　拉弗曲线

拉弗曲线是我国实行供给侧结构性改革的一个理论参考和依据。它是由美国供给学派经济学家**阿瑟·拉弗（Arthur Betz Laffer，1941—　）**提出的。拉弗曲线描绘了政府的税收收入与税率之间的关系，当税率在一定的限度以下时，提高税率能增加政府税收收入，但超过这一限度时，再提高税率反而导致政府税收收入减少。因为较高的税率将抑制经济的增长，使税基减小，税收收入下降，反之，减税可以刺激经济增长，扩大税基，税收收入增加。一般情况下，提高税率能增加政府税收收入。但税率的提高超过一定的限度时，企业的经营成本提高，投资减少，收入减少，即税基减小，反而导致政府的税收减少，这种现象就叫作拉弗曲线。

阿瑟·拉弗

20 世纪 30 年代的大危机促成了凯恩斯主义，其所提出的"需求管理政策"被西方国家长期奉为"国策"。但是，"玫瑰色的繁荣期"过后，"服用"凯恩斯药方的国家却纷纷得了相同的后遗症——滞胀，即经济停滞与通货膨胀并存。这一令人头疼的现代顽症，弄得各国政府顾此失彼，进退两难：如果继续按照凯恩斯的主张来刺激需求，那么，就得设法增加政府收入，提高税率和实行更大的赤字预算，这将使通货膨胀更加恶化；如果与凯恩斯政策决裂，采取紧缩措施，以抑制通货膨胀，又会导致生产失去引诱力而萎缩，最后造成经济衰退。在这种情况下，如何医治"滞胀"这个恶疾，变成了现代西方经济学家研究的重点。在这其中，南加利福尼亚商学研究生院教授阿瑟·拉弗提出的"拉弗曲线"理论，因被里根政府采纳而轰动一时。

有一则逸闻谈到“拉弗曲线”的诞生，为了说服当时福特总统的白宫助理切尼，让他明白只有通过减税才能让美国摆脱“滞胀”的困境，宴会上的拉弗即兴在餐桌上画了一条抛物线（也有说抛了个乒乓球的），以此描述高税率的弊害。指出当税率提高到一定程度后，不仅增加财政收入的愿望要落空，而且也与通过刺激需求来刺激生产的初衷背道而驰，最终导致经济衰退与通货膨胀并存。这个理论得到同来赴宴的《华尔街日报》的副主编贾德·万尼斯基的极大赞赏，他利用机会在报纸上大肆宣传，很快便使减税的主张博得了社会各界的认同。“拉弗曲线”的影响从此遍及欧美大地。

拉弗全面否定了凯恩斯的需求管理政策，指出正是由于人为地、经常地刺激需求，使物价不断上涨，这一方面带来了严重的通货膨胀，另一方面又削弱了社会购买力，致使经济增长缓慢甚至停滞。因此，他认为，应该刺激的恰恰不是需求，而是供给。企业家之所以扩大生产规模，主要诱因还是利润，特别是除去税后和各种杂费之后的净收益。因此，对收入增加部分所课的税率，对企业主判断扩大投资规模是否合算，是一个举足轻重的关键因素。所以，政府应该确立一个合理的税率，使其既刺激企业主投资，又不会减少政府太多的收入。这便是“拉弗曲线”致力于说明的内容。

如果在纸上画一个开口朝下的抛物线，假设抛物线的高度表示税收，两个底端的连线表示税率，再把这横竖两条直线交叉成一个直角坐标，这便构成一个标准的“拉弗曲线”，它表明了税收与税率之间的关系：当税率为零时，税收自然也为零。而当税率上升时，税收额也逐渐增加。当税率增加到一定点时，税收额达到抛物线的顶点，这就是最佳税率。如进一步提高税率，则税收额将会减少。因为税率过高使企业只有微利甚至无利，于是他们便会心灰意冷，纷纷缩减生产，使企业收入降低，从而削减了课税的基础，使税源萎缩。当税率达到100%时，就会无人愿意投资和工作，政府税收也将为零。因此，高税率不一定有高税收，而较低的税率反而可以获得最大的税收。拉弗把超过最佳税率点的部分称为“禁区”，认为当税率进入禁区后，降低税率是政府刺激生产、鼓励投资，从而增加税收的唯一可行政策。

出现高税率，生产率减缓，供给不足，若这时再人为地扩大需求，通货膨胀加剧，投资进一步萎缩，生产更加停滞……因此，根本出路在于政府减支，用大幅度减税的政策代替刺激需求，以降低税率。经过一段时间修复后，经济、财政、就业可复兴。

拼图029　激励有效

激励有效是现代经济学三大本质性功能之一。所以我们必须十分重视税负的转嫁与归宿问题——谁最后买单？国家对某一类商品课税，纳税人并不一定全部承担相应的税负，他可能将其中的一部分转嫁给了别人。税收政策的设计必须充分注意这一点。

首先，我们得清楚大家都是纳税人。只是时间、空间、方式不同，只要你买东西就已经纳税了，只是谁去直接交付的问题。

一般来说，如果一种商品的供给弹性很大，而需求弹性很小，国家对这种商品课税，税负将更多地由消费者承担。反过来，如果供给弹性小而需求弹性大，那么这种商品的税负将更多地落在供给者身上。这里的弹性，本是个数学概念，是两个变量的变化率之比。在已讲过收入的弹性，此不赘述。简言之：你的需求有弹性，压价就等于少付税；没弹性，就得买，花高价就等于多承担了税负。实际是价格在调整税负，只在表面上是由企业支付。

如果我们把政府提供的补贴看作是一种反向的税收，那么转嫁依然是存在的。比如政府在向农民提供补贴前，小麦的价格是3元/斤，政府补贴1元/斤，小麦增产后，市价2元/斤，补贴的这1元/斤就等于转送给了消费者，农民什么也没得到。

经济学之所以非常重视税负的转嫁与归宿，是因为其中蕴含着明确的政策含义。谁最后买单，对公平和效率的影响很大，这涉及现代经济学的本质性功能：激励有效问题。

拼图 030　等价定理

今天的公债就是明天的税收，这就是李嘉图—巴罗等价定理。因此，不论是用税收的方式来增加收入，还是发行公债来应付支出，它们的经济效果是等价的。

19 世纪初，拿破仑在欧洲大陆挥师南北、征战东西，德意志伏在他的脚下，奥地利屈从了他的军刀，土耳其苟延残喘，西班牙唯命是从，俄国沙皇亦步亦趋，大英帝国也被他搞得焦头烂额。为了对抗法国，英国使用金融和外交手段，组建了反法联盟，这使军费开支日趋庞大，国库入不敷出。如何解决军费的筹措问题，是课税还是发行公债？英国国会为此展开了激烈的争论。争论的焦点就在于，这两种筹资方式，其经济效应有什么差别，哪种方式对减少居民的消费支出、紧缩国内经济的负面影响更大一些。李嘉图认为，无论是课税还是公债筹措军费，其效应都是等价的，即政府无论选择哪种融资手段，都与其最终的经济效果无关。到 20 世纪 70 年代，美国预期学派经济学家巴罗继承并发展了这一观点，于是后人便称之为李嘉图—巴罗等价定理。

在这两种筹集方式中，以马尔萨斯为代表的一派人认为，大量征税会紧缩国内经济，相比之下，发行公债的负效应会更小一些。李嘉图则认为，这纯粹是一种错觉。发行公债与课税的差别，仅在于公债要偿付利息，但利息的偿还，只不过是将一部分人的收入转嫁给另一部分人，即把纳税人的收入转嫁给公债的债权人，并不改变英国财富的总量。

但公债解决了一个延期支付的问题，如 10 年、20 年后的变化很大，等价定理可能就不成立了。这时只能靠个人的自觉去减少和预期消费，去维持这个等价定理——这是巴罗的发展。尽管经过这个发展，等价定理还有问题，原因在于无论是李嘉图还是巴罗，他们都将消费者作为一个整体，没有分析其中的结构性因素。富人？穷人？发债给富人，接济穷人，就增加了消费。虽然等价定理也有一点点缺憾，但其基础原理至今都是适用的。**罗伯特·巴罗（Robert J. Barro，1944— ）**是当今世界最具影响力的经济学家之一。由于他在宏观经济学、经济增长、货币理论与政策等领域所做出的卓越贡献，巴罗被推选为美国艺术与科学学院院士（1988年）、美国国会预算局学术顾问委员会委员（1996年）、美国经济学会副主席（1998年），并在同年获得亚当·斯密奖。巴罗已被世界经济学界公认为未来的诺贝尔奖得主。巴罗同时还强调，“制度差异是各国经济增长率、投资最重要的决定因素，体制改革为一国从贫穷走向繁荣提供了一条最佳捷径。”他认为没有法治，民主不可能带来经济繁荣。

第五章

05

就业与人口
——硬币的正反两面

就业与人口理论，向来都是经济学研究最基础、最首要的。因为大家急于先了解产业等眼前关注的问题，所以拖至现在才轮到就业问题。

拼图031　失业问题

美国著名的经济学家**阿瑟·奥肯**（Arthur M. Okun，1928—1980）发现了周期波动中经济增长率和失业率之间的经验关系，即失业率每增加1%，则实际国民生产总值将会减少2.5%左右；如果要使失业率降低1%，则国民生产总值就必须增长约2.5%，他的这一发现被称为“奥肯法则”，说明了失业率与实际国民生产总值增长率之间的精确关系。但到现在，这已是个失灵的法则，因为产业结构发生了翻天覆地的变化，1∶2.5的比例已不再准确，可我们制定政策规划时仍然参考这个相关联的法则。

解决好就业问题，我们先从理解失业上入手，因为解决了失业问题，就等于解决了就业问题。在人们的常识中，失业就是没有工作。但没有工作，通常会由各种原因引起。有些人没有工作，可能是由于年老或身体残疾，而有些人则可能是由于存款丰厚或继承可观遗产宁愿坐享清福。但这些失业者都不是经济学家所关心的对象。经济学上所说的失业，是指“非自愿失业”。大致分以下几个基本类型：

最危险的失业——“隐性失业”：是指表面上虽然有工作，但实际上对生产并没有作出实际贡献的劳动者。直说就是减少就业人员而产量并没有下降时就存在隐性失业。如经济中就业人数为3000万，当减少300万就业人员后国民生产总值并不见减少时，便可以认为该经济中存在着10%的隐性失业。

最大规模的失业——“周期性失业”：是最令人头疼的事，它来自经济周期的循环波动。繁荣时好过，衰退时纷纷压产，大量裁员，造成失业大军。

最难解决的失业——“结构性失业”：是由于经济结构、体制、增长方式等的变动，使劳动力在包括技能、经验、工种、知识、年龄、性别、主观意愿、地区等方面的供给结构与需求结构不相一致而导致的失业。黑龙江表现得十分充分，这种情况会出现“失业与空位”并存的现象。

最普遍的失业——“工资性失业”：是前面说的“工资刚性”的存在，会使一部分工人无法受雇。我们只能指私企和一些临时或季节工人。

最固化的失业——“季节性失业”：是由于某些部门的间歇性生产特征而造成的失业，但我们的“国有制”又弥补了它。农业、渔业、建筑业、旅游业都比较突出。

最常见的失业——“摩擦性失业”：是由于劳动力缺乏流动性，信息交流不完全以及市场意识不健全所造成的失业。如搬到一个新的地方，一时还未找到工作，女人产后重新再找工作；大学毕业一时未找到工作等。

不管在哪个社会中，失业的代价都是高昂的。失业导致部分劳动力资源的闲置和浪费，使生产规模缩小，经济增长放慢；政府税收减少，社会福利支出增加，财政负担加重；失业使人们的收入减少，令失业者遭受贫困和精神痛苦。同时，过高的失业率还会影响社会的安定，进而产生其他的社会问题。

而从整个经济来看，失业在经济上最大的代价就是实际国民生产总值的减少。奥肯于 1962 年提出的“奥肯法则”，说明的正是失业率与实际国民生产总值增长率之间的精确联系。根据统计数据，奥肯看到了与既定的短期失业率增加相联系的是国民生产总值的减少，二者呈现反方向的比例变化。这种变化关系表明，高增长率使失业率降低，低增长率则会提高失业率。他据此还指出，一般来讲，失业率与实际国民生产总值缺口之间的比率是 1:2.5，即失业率每增加 1%，则实际国民生产总值会减少 2.5% 左右。反过来讲，如果要使失业率降低 1%，则国民生产总值就必须增长约 2.5%。这在许多国家看，出奇地精确，失业所付出的福利成本，要占潜在产出水平的 2.5% 左右。这些产出市场与劳动市场之间极为重要的关系，为宏观经济计划的制定提供了一个统计资料上的重大依据。

拼图032　“现代经济学之父”——凯恩斯

约翰·梅纳德·凯恩斯（John Maynard Keynes，1883—1946）之所以一跃成为“现代经济学之父”，前面说过是因为他在1936年出版的《就业、利息和货币通论》一书。《通论》的诞生，把西方经济学带上了一个新的征途，其影响之大之快，迄今为止还没有任何一部经济学著作能与之相提并论。西方经济学界甚至把《通论》与18世纪亚当·斯密的《国富论》、19世纪马克思的《资本论》一同奉为经济学的三部经典，并把凯恩斯在经济学领域的贡献，与哥白尼、达尔文对自然科学的开拓性成就相提并论。他以他的非充分就业经济学和危机经济学否定了自由放任的古典经济学理论基础——萨伊定律，即经济中的生产活动总是能创造出足够的需求来吸收掉所有生产出来的商品。

为什么这部篇幅不长的著作，能给作者带来如此崇高的声誉？1972年，诺贝尔经济学奖得主**约翰·理查德·希克斯（John Richard Hicks，1904—1989）**，在其得奖演说中称凯恩斯为“开辟了整整一个时代的伟大的思想家和导师”。究其原因，是凯恩斯的这部著作，不是继承和发展已有的经济学成果，而恰恰对其进行了全面的批驳和否定，并在此基础上，创立了一整套崭新的经济学理论体系。所以，《通论》的出版，对以斯密、李嘉图、马尔萨斯为代表的一直统治西方经济学界的古典经济学说产生了巨大的冲击，被称之为爆发了“凯恩斯革命”。

凯恩斯从什么地方找到了自己革命的理由呢？让我们一起来回顾“凯恩斯革命”产生的背景。1929—1933年，西方国家爆发了一场无法阻止的经济大危机，至今有人说起仍心有余悸。在这场危机中，大量过剩产品倒入大海，成千上万企业倒闭，千百万人被抛上街头，沦落到失业的队伍之中。这次大危机，给资本主义制度以沉重的打击，使得“资本主义面临全面毁灭”的境地。面对这种困境，几乎所有的西方经济学家都目瞪口呆，找不到对付经济危机、挽救资本主义命运的办法。事实上，他们难以接受眼前这场梦魇的真实性，因为在这之前，长期统治人们头脑的，是新古典经济学极力推崇的自由放任主义，认为只要政府当局对经济不横加干涉，自由竞争机制总是能够自发地调节供求平衡，保持市场经济的稳定发展。因此，普遍性的生产过剩是不可能发生的。

当时的古典经济学否定全面的生产过剩，是因为在一百多年的时间里，自由放任的理论基础——萨伊定律，作为西方学者推崇至极的“重要真理”，一直根深蒂固地流行在西方经济学的著作和教科书中，成为判断“一个经济学家区别于一个白痴的主要标准”。

到底什么是“萨伊定律”呢？假设现在有个生产纺织品的人要卖掉自己的产品，而用来购买纺织品的货币却在农民手中。然而，农民是怎么得到这些货币的呢？是农民通过卖掉他们自己生产的小麦而获得的。因此，直接用以购买纺织品的虽然是货币，但从本质上看，却是其他产品即小麦。农民只有提供小麦，才能得到纺织品。所以，提供产品销路的，实际上是其他产品的生产，即“供给自行创造了需求”。所以，关于产品的供给，丝毫不存在销售困难，无论生产多少都能够卖掉。而如果存在市场充斥、商品滞销的现象，也仅是“由于某些货物生产过少，别的货物才形成过剩”，并且这种现象只是局部和暂时的，决不会永久存在。这种经济中的生产活动总是能够创造出足够的需求来吸收掉所有生产出来的商品的理论，是18世纪法国经济学家，以亚当·斯密理论继承人自居的**让·巴蒂斯特·萨伊（Jean-Baptiste Say，1767—1832）**总结和概括出来的，被西方经济学家称为“萨伊定律”。从这一定律出发，萨伊认为：产品的供给总数必然同需求总数相等，因为需求总数只是已经生产出来的商品总量。因此，那种认为市场会普遍拥塞的观点，显然是十分荒谬的。

凯恩斯理论的先驱者马尔萨斯最早对萨伊理论进行驳斥，他指出，萨伊这一见解是从经济现象中抽出货币后来考察物物交换的，实质上是一种实物经济理论，也就是说，将货币视为单纯的物物交换的媒介。但人们如果将卖掉产品而获得的货币不再支付出去，而是大规模地储蓄起来，那么产品的销路便会被封闭，消费不足和生产过剩的危机就会出现。凯恩斯正是站在马尔萨斯的肩膀上前进的，他进一步发展了马尔萨斯的上述见解，指出“萨伊定律”在理论和实践中的错误，并在此基础上形成了他著名的有效需求理论和充分就业论。

凯恩斯的驳斥首先从储蓄是否会全部转化为投资这一问题开始，如果把经济世界比作由所有人围坐在一起的圆桌，人们把各自所有的产品拿出来放在圆桌上，用以交换货币，再用货币在圆桌上换取别人生产而为自己所需要的产品。如果人们将自己的产品换成货币以后，立即选取所需要的物品，那么这张圆桌上的所有物品就会顺利流通，不会发生任何问题；并且由于无论多少物品，一旦拿到圆桌上就立刻能换回其他物品，所以不会出现圆桌上物品过多而堆积如山的情形——这就是“萨伊定律”所描绘的现实。所以，古典经济学家确信：即使人们节约货币用以储蓄，但由于储蓄立即转化为投资，所以产品的需求不变。以此为前提，那么生产必然会因资本和劳动的全部使用而扩大，不管供给多大都不会出现需求不足。因此，只要供给能够尽量扩大，充分就业就能实现。

但是，一旦人们把物品堆积在这张圆桌上，而不再用以交换其他物品，会出现什么情况呢？凯恩斯指出，由于货币是最理想的财富积累手段，由此人们会偏向于把换来的货币储存起来，这样圆桌上的物品就会只增不减，最终就会使人们无法继续生产和提供物品，圆桌的“竞赛规则”也就失效了。因此，“萨伊定律”实质上是关于非货币条件下经济社会运行情况的分析，而没有认识到货币的重要功能：货币，不仅仅是物物交换的媒介，更是储藏价值的手段。凯恩斯正式从这里发现了破坏经济正常运行的秘密。

凯恩斯的理论体系就是建立在否定古典经济学的前提——“萨伊定律”的基础上，“革”了萨伊的“命”，并把需求摆在优先地位上，最先揭示“有效需求原理”，认为有效需求不足是造成失业的最根本原因。20世纪30年代，西方世界正处于深重的危机之中，人们渴求着解脱困境的“万应灵丹”。恰逢此时，凯恩斯的《就业、利息和货币通论》问世，这就犹如救世主的光临，使焦头烂额的各主要资本主义国家的政府首脑如获至宝。阅读《就业、利息和货币通论》的浪潮在西方迅速铺开，凯恩斯由此声名鹊起。

在凯恩斯看来，资本主义真正的经济病症，一是危机，二是失业，如果这两个顽症得不到有效根治，资本主义经济形态将导致全面毁灭。所以，凯恩斯《就业、利息和货币通论》一书的目的，就是要开出良方，医治上述病症。而在危机和失业之间，凯恩斯更重视后者，他认为失业不仅是危机的集中表现，而且是困扰资本主义制度的主要祸害的根源：一个国家有了失业，这个国家就会以邻为壑，甚至不惜牺牲他国以改善本国的就业状况，造成武装冲突。另外，煽动战争常可以利用失业工人的心理，灌输危险的观点；法西斯分子也可以利用失业，提出改进经济状况的谎言而获得追随者，从而登上历史舞台。只有消除失业，包括危机在内的一切经济难题便可以迎刃而解。

凯恩斯认为，资本主义社会之所以会出现“非自愿失业”这种病态，原因在于：就业水平依生产水平为转移，只要缺乏有支付能力的需求，资本家卖不掉产品，就会缩小生产规模，这样必然造成一部分人被挤出就业队伍。由此，凯恩斯把失业的根源归结为社会的“有效需求不足”。

那为什么会出现有效需求不足呢？凯恩斯的分析是：由于有效需求由人们对消费物品的需求和企业家对生产物品的需求两个部分构成，而在市场经济运行中，却存在着三条永恒的心理规律，抑制着消费需求和投资需求的增长：①人们有一种节约的心理，或者说有一种天生对储蓄的爱好，收入增加之后，总是要把更多的钱储蓄起来，从而使消费在整个收入中的比例不断下降，这就造成了“消费倾向递减”。虽然消费随着收入一起增加，但消费总比收入增加得慢。所以，社会越富裕，收入增加得越多，收入与消费之间的差距也就越大。钱被储蓄起来，本身就意味着市场上的这部分消费需求静静地消失了。②虽然消费需求不足可以用投资需求的增加来弥补，但是企业家是否愿意投资，却要看他对资本未来收益的预期是否乐观。在利息率不变的情况下，如果资本边际效率高，即新增加的每单位投资预期可以得到高额利润，企业家投资的积极性便会高涨。反之在一个竞争性的市场上，由于资本投入逐渐增多，一方面会使供给增加，供给价格下降，从而使新增产品的销售收入下降；另一方面，新增投资必然加大对生产设备的需求，引起此类产品供给紧张，价格上涨，从而使生产成本增加。这两个方面的情况结合在一起，使得“资本边际效率趋于递减”，引起资本家投资的诱惑力减弱，投资需求会经常出现不足。③人们出于交易、谨慎和投资的需要，普遍具有“流动偏好”的心理，即总是喜欢以周转灵活的现金形式保存自己的一部分收入。这样，要鼓励人们放弃“流动偏好”，就必须提高利息率，从而使得资本边际效率与利息率相比更显得低，投资需求更为不足。由此可见，消费需求不足使得储蓄增加，投资需求不足又不能吸收将其转化为投资，从而造成了整个社会的有效需求不足。

既然有效需求不足是市场机制自发作用的必然产物，因此扩大有效需求、实现充分就业的目标就不可能由市场机制本身来达到，而必须动用政府的力量对经济实施干预，用扩张政府需求的办法来弥补私人有效需求的不足，以促使总需求与总供给在充分就业的水平上实现平衡。围绕这个思路，凯恩斯开出了如下药方：①赤字预算。政府扩大支出，进行各种投资，刺激投资额。②适度通货膨胀。控制中央银行系统地增发纸币，扩大信贷，压低利率。③福利措施。征富人的税救济穷人，提高整个社会的边际消费倾向。这些措施很快风靡西方世界，挽救了资本主义经济危机，成了主流学派。但治标不治本，1973—1975 年的危机——滞胀出现后，粉碎了其神话般的存在。

拼图 033　触类旁通的贝克尔

1968 年，瑞典中央银行为纪念本国科学家和实业家诺贝尔，同时也是为了庆祝该行成立 300 周年，发起设立新的奖励基金，即诺贝尔经济学奖。其中，大部分获奖的人，都是因为对经济理论本身的发展作出了巨大贡献，但也有为数不多的几个，在理论上并无建树，而是由于将经济学的研究方法应用到其他领域，而登上了诺贝尔经济学的领奖台。美国芝加哥大学教授**加里·斯坦利·贝克尔（Gary Stanley Becker，1930—2014）**便是其中最著名的一个。

在贝克尔看来，经济学之所以成为一门科学，原因不在于它的研究对象，而在于它的研究方法。这种方法虽然发端于人类对经济问题的思考，但却可以被应用到人文科学的任何一个领域。只要一种资源有多种用途，而它本身又是稀缺的，那么，有关这种资源的分配和选择问题，便均可以纳入经济学的范畴，均可以用经济学的方法来加以研究。从这个意义上讲，不仅金钱、财富，而且时间和人的精力，乃至人的一生应该怎么度过，都是经济学的问题。因此，贝克尔用萧伯纳的一句格言来描述他的方法论："经济学是充分利用生命的艺术。"

正是由于贝克尔对经济学的本质有着透彻、精辟的认识，对经济学的分析方法运用达到了炉火纯青、驾轻就熟的地步，因此他一生的学术研究，如天马行空一般，涉及了经济学以往从未染指的领域，从结婚生育到子女抚养，从家庭结构到社会教育，从夫妻离婚到抢劫犯罪，从歧视行为到利他主义，所有这些与经济学似乎毫不相关的问题，贝克尔都用一套严谨的经济模型作出了解释，并得出了一系列常识无法论证的结论。下面，我们就从人力资本这个话题入手，浏览一下贝克尔的几个观点。

1957 年，当时的苏联成功发射了人类第一颗人造卫星，标志着苏联的空间技术和电子技术，以及材料科学等都达到了世界领先水平。这个事件极大地刺激了美国政界和科学界。美国政界对本国未来的军事优势和科技前景十分担忧，于是，便召集专家学者来研究美国的科技发展状况，分析美国在空间技术方面落后于苏联的原因。在经济学界，一大批中青年学者将关注的目光集中在教育领域，重点探讨了教育投资对科技的作用，形成了诸多有影响的研究成果，贝克尔 1963 年出版的《人力资本》一书，便是其中的代表作。这部著作的突出贡献在于，它没有像以前的研究那样，仅仅论述人力资本的重要性，而是把经济学的研究方法引入教育领域，解释了人力资本的形成过程。

贝克尔在分析人力资本的形成时，特别强调了在职培训的作用。他认为工人通过直接在生产中学习新技术，固然能够增加人力资本存量，但这个过程非常缓慢，一个比较主动的办法是在职培训。和投资于机器、设备、厂房相比，投资于人力资本能取得更高的收益，在职培训对企业来说是有利的。同时，培训增加现期的支出，减少现期的收益，但是，如果它可以大幅地提高未来的收益，或者大幅度地降低未来的支出，企业就乐于提供这种培训。培训分为一般培训与特殊培训两种：所谓一般培训，就是职工接受培训所获得的知识、技能，不但对本企业有用，而且对其他企业也是有用的。例如，军队培养的机械师，其技术不仅军工企业需要，民用企业也需要。特殊培训又称专门培训，它可以大幅度提高本企业的生产率，但对其他企业的影响很小，或根本没有什么影响。如宇航员、战斗机驾驶员、导弹操控人员等，都是典型的特殊培训或专门培训。在区分了两种不同性质的培训后，贝克尔进一步指出，一般培训的受益者是职工，因为他们所掌握的技术，可以带到其他企业，从而增加职工自己的收入。所以一般培训的费用应该由职工支付，如果让企业承担，企业就有可能由于雇员的流动而蒙受损失。相比之下，特殊培训的好处，则大部分被企业占有，因此，企业应该为此支付成本。

贝克尔对教育的分析，则至今仍与传统的经济学相距甚远。在贝克尔看来，孩子就如同耐用消费品，他的功能和汽车、电冰箱、电视机等是一样的，可以给父母带来比较长久的满足。但是，养育孩子也要支付成本，包括直接成本和间接成本两部分。直接成本是用于食物、衣服、保健、娱乐、上学等方面的费用，间接成本又称机会成本，指父母为养育孩子而失去的机会，或利用这种机会所带来的收入。贝克尔认为，父母在养育孩子方面，同样要遵循成本—效益分析，这一点有助于解释，为什么富裕家庭的孩子较少，而贫困家庭的孩子较多。与贫困家庭相比，富裕家庭的父母一般有较高的薪水，以及比较舒适的工作环境等，因此为了养育孩子，他们支付的机会成本无疑更高一些。同时，富裕家庭总是希望孩子能有较高的质量，愿意在孩子的教育和身体状况方面多花费支出，也就是说，他们养孩子的直接成本也是很高的。这样一来，权衡利弊，比较富裕的父母，就倾向于要较少的孩子。

拼图 034　将心理学应用到经济学上的塞勒

贝克尔的新思想虽然也遭受了歧视，但 1992 年他获得了诺贝尔经济学奖。与之相类似的是美国芝加哥大学布斯商学院的**理查德 · 塞勒**（Richard Thaler，1945—　）教授，他的主要研究领域是行为经济学、行为金融学和决策心理学，由于“在行为经济学领域做出的卓越贡献”，他被授予 2017 年诺贝尔经济学奖。塞勒将心理学上的现实假设与人们的经济决策分析相结合，向大家系统展示了人性存在“有限理性”“社会偏好”“缺乏自制力”等特征，以及这些人性特征如何系统影响个人决策以及市场效果。在他看来，“经济主体是人”，而人并非严格按照理性做出决策，外界认识到这一点非常重要。与此相呼应且颇为有趣的是，一次采访中，塞勒被问及想要如何使用这笔约合 85 万英镑的诺奖奖金时，72 岁的塞勒调侃道，为了与他的研究成果保持一致，要“怎么不理性怎么来”！

塞勒的主要理论贡献首先是禀赋效应（Endowment Effect，也称原赋效应）：指的是当一个人一旦拥有某项物品，那么他对该物品价值的评价要比未拥有之前大大增加。这一现象可以用行为金融学中的“损失厌恶”理论来解释，该理论认为一定量的损失给人们带来的效用降低要多过相同的收益给人们带来的效用增加。因此人们在决策过程中对利害的权衡是不均衡的，对“避害”的考虑远大于对“趋利”的考虑。出于对损失的畏惧，人们在出卖商品时往往索要过高的价格。假设 5 年前，你花 50 美元买了一幅油画，这位艺术家成名，油画价值涨到 1 000 美元。设想你愿意出售这幅画的最低价位，同时你愿付多少钱买幅品质相当的油画。可能的结果是：多数人在卖油画时要价较高，而买相似品质的油画时愿意支付的价钱较低。

塞勒的另一重要贡献是心理账户。所谓心理账户，是指人在思考问题时，并不会按照统一的成本收益进行核算，而是会在心里构建出分门别类的心理账户，分头进行计算。举个例子，在赌场中，很少有见好就收的人，因为赢来的钱就被放在一个专门的心理账户中，人对这部分钱的消费倾向会更强。比如，消费者因不想动用被自己界定为存款的钱，而使用透支额度高的信用卡，购买像洗衣机这样的商品时，往往会花掉更多的钱。再比如你这个月的工资奖金意外多了 100 元，你不一定就决定因此多花点钱；但如果你是外快多了 100 元，你就觉得花掉更理直气壮些。

禀赋效应

在人际互动上，塞勒注意到了人们对吃亏的感受。对机械追求利益最大化的理性人来说，分到残羹冷炙也比一无所得好，但实际上很多人会在乎对方是否占了自己的便宜，而不惜“宁为玉碎不为瓦全”。人类不合常理的举动会带来经济上的影响。婴儿潮一代没有给自己的老年生活攒下足够多的钱。美国人在 21 世纪第一个十年的中期房价暴涨期间不断买房，制造了最终破裂的泡沫，触发了自 20 世纪 30 年代以来最严重的经济低迷。行为经济学家说，为了降低这种行为的破坏性，经济政策需要将人类的弱点考虑在内。

对普通人的个人决策而言，了解塞勒的学说模型，认识到自己和他人的不理性，也可以更好地提高自己的生活质量。例如，设置不同的心理账户，可以简化思考过程，我们做经济决策时，只要单独考虑这件事情值不值得即可。这有时可以防止乱花钱。如在赌博和投资时，更容易设置一个亏完为止的底线。但有时人们也会为一些无谓的小钱太投入，如孜孜不倦地抢几毛钱的微信红包。

拼图 035　威茨曼和他的雇工报酬制度

美国哈佛大学经济系教授**马丁·L. 威茨曼**（Martin Lawrence Weitzman，1942—　）设计了一个新的雇工报酬制度："分享制"，即企业不按人头设固定工资，而是规定出劳资双方对经营成果的一个分享比例。

失业，这个至今仍困扰各国政府的幽灵，不仅给失业者本人带来深重的灾难，而且也使社会蒙受巨大的经济损失。因此，在现代市场经济中，失业始终都是各国政府必须全力对付的头号难题。正因为如此，探求失业的原因，寻找消除失业的办法，在降低失业率的同时限制物价上升等诸如此类的问题，比任何其他社会问题都更为经济学家所关注。而美国经济学家威茨曼却另辟蹊径，对如何消除失业提出了独特的见解。

他认为，西方国家现存的工资制度，是造成失业真正的根源。因为商品成本主要由工资构成，在现代经济中，企业面临的都是高竞争的市场，在这类市场上，产品的价格随着销售量的增加而降低。这就意味着为扩大生产而新投入的资本，给雇主带来的利润是递减的。然而，一方面是"资本边际递减"，另一方面，由于雇员的固定工资制度使得劳动成本丝毫不能下降，这样雇主的净利润进一步减少，企业便不可能有增加产量和增雇工人的积极性。而如果成本增加迫使企业提高产品的销售价格，工人又会要求提高工资，而工资提高后，成本必然进一步增加，从而再一次导致价格上涨，工人又会进一步要求提高工资，进而再一次引起价格上涨。如此循环往复，造成工资—价格轮番上涨的所谓跳背游戏。但当价格下跌时，由于工人的本性不愿使工资收入下降，而工会的存在和最低工资法又都限制了工资的下降，从而使工资具有能升不能降的所谓"工资刚性"。这种工资刚性的存在，便使得一部分工人无法受雇。

威茨曼进一步指出，由于经济总量存在着周期。当经济萧条时，雇主还必须支付在经济繁荣时期所定下的固定工资，那么，他们就不得不解雇工人。例如，汽车公司有工人 100 人，每人每天工资 400 元。在经济繁荣时期，公司每天总收入10万元，支付劳动成本4万元后，还有6万元的净收入。但在衰退时期，公司每天总收益只有4万元，工资刚性4万元，这样公司不解雇大部分工人，就只有破产，这就是引起失业最本质的原因。

既然现行的工资政策是失业的根源，那么，要清除失业，就必须对它动大手术。为此，威茨曼设计了一个新的雇工报酬制度："分享制"。即企业不按人头设固定工资，而只规定劳资双方对经营成果的一个分享比例。各个企业的分享比例由劳资双方共同协商决定，但当这一比例确定下来后，则不管企业收入如何，雇主和全体雇员都必须遵照这一比例进行分配。例如上述汽车公司的分享比例是1∶2，即资方得公司总收入的1/3，作为公司管理所得以及赋税和其他支出；劳方得2/3，作为全员工资。雇主得3.3万元，全体雇员得6.7万元；当总收入降为4万元时，雇主得1.3万元，全员得2.7万元。至于这个整的工资额如何再分配到人头，则由雇员推选出来的工人委员会自行解决。

威茨曼指出，以经济景气时为例，尽管工资制之下和分享制之下工人每天的劳动报酬都是400元，从形式上看，并未发生变化，但如果考虑再追加一天的劳动所引起的成本与收益，就可以了解将工资制改为分享制的重要意义。

假定公司追加一天的劳动所花费的成本为边际成本，即400元；追加一天的劳动生产的汽车销售得到的收益为边际效益，它也是400元（因为只有当边际成本等于边际收益时，企业的利润才能达到最大）。如果增加一天劳动所付出的工资低于所得到的新增收益，则公司将增雇工人；反之，就会解雇工人。那么，在传统的工资制下，由于公司追加的劳动成本等于新增收益，因此公司没有扩大的必要。而在分享制下，虽然边际收益仍为400元，但劳动成本的增加却只有400×2/3=266.7元。即是说，该公司每增雇一个工人，那么这个工人多增加一天的劳动，公司就可以多得133.3元利润，因此只要社会存在可以吸收的工人，公司便会无止境地增雇工人，直到无人可雇为止。

可见，分享制与工资制相比，最大的优点就在于它天然具有无限扩大就业和无限扩大产量的倾向。如果分享比例小于某一特定值，那么，边际成本将始终小于边际收益，这就意味着企业增产永远有利可图，企业就会不断吸收工人就业。而产量和销售的增加，意味着价格的递减，社会物价水平将下降。分享制可解决就业和通胀的问题。

拼图 036　人口学家马尔萨斯

托马斯·罗伯特·马尔萨斯（Thomas Robert Malthus，1766—1834）。英国教士、人口学家、经济学家，以其人口理论闻名于世。他说，以几何级数增长的人口，不能超过以算术级数增长的生活资料增加的限度，而达到此目的的方法就是限制人口的增长。

有一则古老的童话，被 19 世纪英国的一位牧师用于表达这样一个严酷的真理：生活资料的增长和人口的增长之间，是龟兔赛跑的关系，因此，人口增长必须要有一个限度，要与物质资料的增长相适应。这位相貌和蔼的牧师，用鲜明的笔触向世界喊出了他的语言：如果人口增长像兔子般狂奔不止，那么以乌龟速度爬行的生活资料将永远不可能与其保持平衡，社会上就会出现一部分人口完全得不到或只能得到很少一点物质资料，在三个人的“饭”五个人“吃”的情况下，贫困、饥饿、犯罪、战争和瘟疫便会接踵而至，人类社会将是一片黑暗。

此语一出，立即引起了强烈的社会反响，其影响至今还在。这位牧师就是马尔萨斯，他的著作就是《人口论》。

马尔萨斯的人口理论从下述两个假定出发：第一，食物为人类存在所必需。第二，两性间的情欲是必然的，且几乎会保持现状。在马尔萨斯看来，第一个假定为无可辩驳的公理，第二个假定人们亦未能否定。尽管人类在智力方面远远胜过动物，但在繁殖方面却与动物无多大区别。人口在无任何限制的情况下，存在以几何级数，即 1，2，4，8，16，32，64……增长。几乎每 25 年就会翻一番。但是人类依存的生活资料即便在最有利的条件下，也仅以算术级数，即 1，2，3，4，5，6，7……增长。在土地收益递减规律的作用下，实际的增长速度较此尚慢，土地给日益增长的人口提供粮食将越来越困难。

仅阐述这些人们很容易接受的前提和规律，并不是马尔萨斯的目的。《人口论》的主要任务，是“有力而精确地将人口增长与食物增长相比较”，研究“将人口限制在生活资料水平的各种方式”，探索其“原则和影响”，从中得出“有意义的推论”。显而易见，根据上述规律，人口数量和所需生活资料数量之间存在着巨大差额。由于生活资料为人类生存的必需，因此必然存在着某些限制人口增长的因素，强使人口增长同生活资料的增长保持平衡，使人口的数量被迫减少到食物可供养的限度之内。《人口论》的目的即在于指出这些因素的存在、作用和发展趋势。

限制人口增长的因素，包括预防性限制和积极限制两种。前者是指晚婚、晚育、不结婚、不生育等限制出生的因素；后者是指所有缩短生命的因素，如战争、饥饿、疾病等。如果不是从人们的态度而是从人们的感受出发，这两种限制又可称为痛苦的限制和罪恶的限制。《人口论》初版刊行后，曾受到众多的批评。为了缓和人们的批评，马尔萨斯在第二版中新增了一条限制——道德的限制，即采取节制结婚和生育的措施，降低出生率。各种限制共同作用和相互补充，使某种限制的松动由其他限制的加强而补足。马尔萨斯指出：随着人类文明的发展，人口限制将从积极限制为主向预防性限制过渡，从痛苦和罪恶的限制为主向道德限制为主过渡，因为只有道德限制才是取得人口和食物平衡的最佳方法。

马尔萨斯的这一命题，不仅对以后这一领域的研究产生重要影响，而且对今天世界上许多国家经济政策起到了巨大的启示作用，他所提出的道德限制的主张，甚至直接被一些国家当作基本国策。但也绝少有经济学著作像《人口论》那样遭受过如此多的非议。英国政治学家**威廉·葛德文（William Godwin，1756—1836）**把它称为“令人恐怖的恶魔，常常使人类希望破灭的黑暗”。博纳在其《马尔萨斯及其业绩》一书中写道：“亚当·斯密写下了万人赞赏而无人阅读的著作，马尔萨斯留下了无人阅读而万人痛骂的著作。”马克思把马尔萨斯人口理论看作是资产阶级庸俗经济学的代表作。但恩格斯在《政治经济学批判大纲》一文中，特别提到这个问题。他指出："马尔萨斯的理论是一个不停地推动我们前进的、绝对必要的转折点。由于他的理论，总的来说由于政治经济学，我们才注意到土地和人类的生产力，而且只要我们战胜了这种绝望的经济制度，我们就能保证永不再因人口过剩而恐怖不安。我们从马尔萨斯的理论中为社会改革取得了最有力的经济论据，因为即使马尔萨斯是完全正确的，也必须立即进行改革，原因是只有这种改革，只有通过这种改革来教育群众，才能从道德上限制生殖的本能，而马尔萨斯本人也认为这种限制是对付人口过剩的最容易和最有效的办法。"自马尔萨斯开始，在经济科学的领域内，逐步形成了一个以研究人口和经济发展关系为对象的新学科——人口经济理论。

这里还有一则有趣的故事：马尔萨斯的父亲是卢梭的朋友，对法国大革命非常赞赏，经常在早餐席上向自己的儿子推荐英国社会革命运动的激进倡导者葛德文和康马赛的言论和思想。儿子不同意父亲的看法，在辩论中调动自己的一切才思，力图驳倒父亲。辩论每结束一段话，他即把自己的观点记录下来，准备寄给朋友。在写作的过程中，他觉得自己的论据意想不到的充分，于是决定印成论文，匿名发表。这就是 1798 年初版的《论人口原理和它对于社会将来的影响，附关于葛德文、康马赛及其作者的臆测之评论》。1803 年二版时，他公开了自己的名字，把 5 万字的小册子，扩为 20 万字的大部头，并改名为《论人口原理及对于人类幸福的过去和现在的考察，附我们预测将来关于除去或缓和由人口原理所产生的弊害之研究》，即现在的《人口论》，马尔萨斯由此声名鹊起。

拼图 037　我国著名人口学家马寅初

在中国大地上，有个北大的学者叫**马寅初**（1882—1982），字元善，中国当代经济学家、教育学家、人口学家。新中国成立后历任北京大学校长、浙江大学校长等职。1957 年发表《新人口论》，对中国的经济、教育、人口等方面有很大的贡献。在《新人口论》中，他较系统地论述了中国的人口问题。提出了“我国人口增长过快”的命题，认为1953—1957年，中国人口很可能已超过1953年人口普查得出的年增殖率为20‰的结果。如果按1953年统计的20‰的增殖率估算，“三十年后同实际的人口数字一比，就会差之毫厘而失之千里了”。并分别从加速积累资金、提高科学技术、提高劳动生产率和人民的物质文化水平以及增加工业原料等方面，对控制人口的必要性、迫切性进行了论述：一是人口增长与资金积累的矛盾。他认为，因为中国人口多，消费大，所以积累少，只有把人口控制起来，使消费比例降低，才能多积累资金。二是搞社会主义，就必须提高劳动生产率，多搞大工业，搞农业电气化、机械化，然而，为安排好多人就业，就不得不搞中小型工业，农业搞低效率劳动，实际上是拖住了高速度工业化的后腿。三是和工业原料的矛盾。大办轻工业可以有效地积累资金，但是轻工业原料大多数来自农业。由于人口多、粮食紧张，就腾不出多少地种诸如棉花、蚕桑、大豆、花生等经济作物。同时，也由于农产品出口受到限制，就不能进口很多的重工业成套设备，影响了重工业的发展。四是全国人均不到3亩地，大面积垦荒短期内又做不到，“就粮食而论，亦非控制人口不可”。他提出了定期举行人口普查，把人口控制纳入第二个五年计划和第三个五年计划的建议。

近年来，随着计划生育政策的松动，对马寅初的批判声再起。这些批判主要认为马寅初的观点不够尊重人的生育权利，并且导致了后来严格的“一胎制”，是现在出现的养老、劳动力不足等一系列潜在问题的始作俑者。

如果回到当时的环境下看马寅初的立场、观点与方法，它们是经得起时间的考验的：

第一，马寅初提出“新人口论”的20世纪50年代中期，正值计划经济蓬勃发展的时期，当时提出的任何学说和观点都无法脱离计划经济这一大现实因素。而计划体制的题中之义也包含对人本身有所“计划”，否则消费品和其他公共产品，包括劳动力的供应计划就无从谈起。

第二，马寅初时代主要面对的是人口增长过快问题。新中国成立初期，死亡率高达20%，而随着社会发展、医疗条件提高，人均预期寿命从1949年的35岁延长到1981年的68岁（接近当时发达国家水平；印度当时只有54岁）。再加之传统生育文化的影响，新中国成立后出现了人口快速增长与资源匮乏之间的严重矛盾。

第三，计划生育政策的落地并非因为马寅初一人的呼吁，而是当时历史现实的必然选择。早在1850年，马克思和恩格斯就注意到了中国的人口过剩问题及其严重危害，“在这个国家，缓慢地但不断地增加的过剩人口，早已使它的社会条件成为这个民族大多数人的沉重枷锁……国家濒于破产，大批居民赤贫如洗。”毛泽东在总体倾向上也是提倡计划生育的，20世纪70年代人口自然增长率的快速下降，与毛泽东发出“人口非控制不可”的号召息息相关。

任何一种理论都是历史的产物，其诞生有历史条件，也有一定的历史适用性，没有任何一套理论是可以一成不变、永久使用的。今天的中国与马寅初所处的时代已经发生巨大变化。从2000年开始，年净增人口低于1 000万，中国彻底告别人口爆炸式增长的年代。如果说马寅初所处的经济时代主要面对的是资源短缺和供给受到约束的问题，那么进入21世纪，我们所面临的问题将是人口结构性失衡，包括快速的老龄化、严重的出生性别比失调、人口发展风险的增加等。

人口问题是中国作为一个大国的沉重宿命。它既带来了红利，也让这个国家背上了沉重负担。所谓“人口红利”只有在经济学上才是正面意义的，看看拥有巨大“人口红利”的印度就知道了，当它分散成一个个具体的人生时，它的实际表现往往是极度贫困、劳动者缺少权利、社会极端的两极分化等。世界上有老龄化问题的国家很多，老龄化社会面临的问题可以预知，但一个拥有二十几亿人口的国家在人类历史上闻所未闻，那很可能是一个超级的“蚁族国家”，它离美好的生活的距离可能比老龄化社会更远。实际上，今天对马寅初的争议根本上来源于对计划生育的不满，而舆论真正抱怨最多的，并非人口多少，而是养老难，养二孩、三孩难。这已不是一个简单的人口问题，而是地地道道的民生问题，值得相关部门高度重视。

我们说就业与人口是硬币的正反两面，现实的人口断崖下跌成了经济的终极杀手，是很有说服力的。未来城市竞争的核心离不开的是人才，不止二线城市人才大战如火如荼，三、四线甚至一线城市也加入了人才大战，比如近期武汉的“百万大学生留汉”计划。经过这一系列政策的推出，有数据显示，一、二线城市 2016 年以后整体常住人口增速保持在 1.3%，2019 年更是达到 1.7%。

2020 年第一季度，大学生期望就业的城市排名前十的分别是：北京、上海、成都、广州、深圳、杭州、南京、西安、重庆、郑州。在这 10 个城市中，南方城市有 5 个。而排名最后的是长春、呼和浩特、大连等城市，没有新兴产业，经济发展增速比较慢，吸引不了年轻人。杭州、深圳、广州、宁波，2019 年人口规模增量排全国前四，特别是宁波，2019 年的人口增量高达 34 万，体现在房地产方面就是 2020 年前 10 个月的商品住宅成交约 1 400 万平方米，等于 2019 年一年的成交规模，创下历史纪录。

在这波抢人大战中，北方城市失去了主角光环，面对南方城市的拳拳重击，北方再次退败！但归根结底，不管是南方还是北方，如果中国的人口数量跟不上，现在衰落是北方的经济，是北方的楼市，将来南方的经济和楼市也会不可避免地走上北方同样的道路。现在的南方看北方，就像当年的北方看东北，道理其实都是一样的。

民政部部长李纪恒发表的《实施积极应对人口老龄化国家战略》文章认为，中国目前的总和生育率已经破了警戒线，要把握人口发展重大趋势变化，制定长期规划，实施人口均衡发展国家战略；要引导生育水平提升并稳定在适度区间，增加劳动力供给，实现人口与经济社会、资源环境相协调。这意味着，中国的人口政策面临历史性的转折。有三个数字可以概括目前中国人口正在发生颠覆性的变化：

第一，2019 年中国出生人口为 1 465 万人，出生人口跌破了 1 500 万，比 2018 年减少 58 万人，人口出生率为 10.48‰，创下近 20 年来最低的人口出生率。这意味着，中国事实上已经陷入了“低生育陷阱”，这个数字不仅仅在发展中国家，在发达国家也是比较低的数字。二孩政策并没有改变人口出生率下滑的态势，二孩政策的效应在递减。同时，中国的总和生育率为1.69，也低于公认的替代率2.1。另外，中国的育龄妇女人数在过去10年减少了超过4 000万。

第二，2012年到2019年，中国的劳动力人口连续8年下降，不出意外，2020年劳动力人口下降的趋势不会改变。劳动力人口数量下降了接近3 000万。

第三，中国的老龄化程度在加深。中国60岁及以上人口数量占全部人口的比重，迅速从1980年的8%提高到1990年的9.7%、2000年的11.2%和2010年的13.5%，到2019年，中国60岁及以上人口约有2.54亿，占总人口的18.1%。预计到21世纪中叶，60岁及以上人口将达到4.87亿，约占总人口的35%，中国将成为全球最老的国家之一。

这三组数字，基本确定了“十四五”中国人口的基本格局：第一，人口将历史性地进入下降周期。第二，未富先老，中国要进入发达国家水平，至少还需要15年时间，而到“十四五”末，中国的老龄化程度将更进一步加深。未富先老成为中国经济未来30年最严峻的考验。第三，人口下降、生育率下滑加上未富先老，将给中国的经济发展、养老等带来极其严峻的挑战。

首先，人口的逆转经常会引发一个国家经济发展趋势的逆转。在2010年中国GDP总规模超过日本之后，中国经济开始进入明显的减速周期，最根本的原因是中国劳动力人口的转折点提前到来，如果不调整人口政策，延缓劳动力人口下滑的态势，中国经济的减速将超乎想象。日本陷入“失去的三十年”的根本原因，其实也是人口问题。日本在2000年劳动力人口开始下降，2005年人口开始下降，从而导致日本加速进入老龄化，经济停滞。但比日本更严峻的是，日本人口红利转折点出现后，日本已经成为一个完成了城镇化的高收入国家，中国未来面临的人口困境比日本要严峻很多。

其次，人口逆转会对产业发展产生重大影响。美国经济学家哈瑞·丹特在其《人口峭壁》一书中预言，中国人口会在2025年下降，人口下降将是中国债务、房地产泡沫加速破灭的根本原因。中国一系列问题的关键在人口，在于改变人口全面下滑的趋势。所以，如果中国的人口问题不解决，人口断崖将成为中国经济的终极杀手，最终经济会加速下滑，掉进中等收入陷阱，出生人口下降、劳动力下降以及老年化，都会成为刺破中国房地产泡沫的最根本因素。

第六章

06

公共选择
——市场失灵的自我修正

拼图038　公共物品理论

灯塔出现在经济学家的著作中，是因为它可能有助于理解政府的经济功能问题。它常被作为必须由政府提供而不是由私人企业提供的物品的一个例子，曾引发过许多经济学家的思考，并逐步形成了一门有关灯塔的理论——公共物品理论。经济学家们通常认为，由于不可能向受益于灯塔的船只所有者收取可靠的费用，任何私人或企业建造和维修灯塔就不可能盈利。这是一种市场失灵的表现，这类物品应当由政府提供。

英国经济学家**罗纳德·哈里·科斯**（Ronald H. Coase，1910—2013）1974年发表的《经济学上的灯塔》一文，指出要明晰灯塔的产权，灯塔的收费就可以得到解决，从而使灯塔这种公共物品能够通过市场来供给。作为现代产权理论的奠基者，科斯以交易费用理论为基础证明了私有产权的必然性与合理性，被认为是战后微观经济学的重大突破之一，并因此项贡献被授予1991年诺贝尔经济学奖。而灯塔所代表的公共物品理论作为经济学历史上一个非常重大的突破，为人们解释市场的失灵和政府的经济作用提供了新的依据。以至于香港大学的张五常教授称“灯塔是经济学上的一个里程碑”。

在黑夜茫茫的大海上，有一座灯塔，它为过往的船只提供光明，引导它们绕过暗礁，安全地航行。很多船只都因此享受了灯塔的主人所提供的服务，但它们却没有付费而逃之夭夭，灯塔的主人也无法准确地判别哪艘船“偷看”了灯塔的多少光线，并去收取相应的报酬。在自由市场上，我们购买了别人的商品或是接受了别人的服务，是要付钱的，而在这里，市场经济条件下普遍存在的交换关系为什么不存在了呢？原因在于灯塔具有“公共性”，或者说灯塔是一种“公共物品”。所谓公共物品，通俗地说，就是那种能提供许多人同时消费的物品，并且人们消费这种物品的效果，以及生产这种物品的成本，并不因为享有它的人数规模发生变化而改变。公共物品包含的种类很多，除灯塔之外，像国防、法律、警务、消防、道路、教育、电视广播系统、空间研究、气象服务等，也都属于公共物品的范畴，但由于灯塔常被经济学家所提及，因此灯塔变成了公共物品的代名词。与公共物品相对应，我们平时所购买的一些商品，如食品、衣服等则被称为“私人物品”。

公共物品与私人物品的本质区别，主要表现在两个方面：一是公共物品具有消费上的非竞争性，如灯塔、影视等消费感觉是一致的。相比之下，私人物品就不能供许多人同时消费，一件衣服你穿了我就不能穿，一块蛋糕你吃了我就不能吃。二是公共物品在消费上具有非排他性，公共物品一旦生产出来，不管你是否支付了费用，都可自由地消费，而无须经过某一个人或组织的批准。因为像灯塔、路灯这样的公共物品，多一个人从它下面走过，并不会增加任何费用，禁止所有人通行，也不会使成本有任何降低，反而会给别人带来不便。一个国家的安全防务系统，则不能将任何一个居民单独排除在它的保护之外，即使对到本国来旅游的外国人来说，也是如此。而私人物品的消费则具有排他性，只有支付了费用，你才能消费，如你家中的冰箱等。

问题在于公共物品也是需要成本的，这种成本理论上应该由受益人共同承担，但事实上“搭便车”的“南郭先生”处处皆是。由于灯塔难以收益，如果由私人生产，则是收益低于成本。在这种情况下，以利润最大化为目的的私人企业必然不愿意生产，这就要由政府出面来建造并经营灯塔。顺着这一逻辑思路进一步分析，我们就会提出这样一个问题：这种由政府所建造的灯塔由谁拥有产权呢？产权应该属于出资兴建灯塔的人。政府建造灯塔的资金来自人民的税收，因此，灯塔这类公共物品的产权应该属于作为纳税人的全体人民，政府作为社会的代表建造并拥有灯塔，灯塔在实际上是由国家所有的。这就是说，公共物品的存在还证明了公有产权的必要性，这是一个合乎逻辑的结论。但是，一些经济学家也提出，公有产权的缺陷在于缺乏利己动机的刺激，政府建造的灯塔往往经营管理不善。更重要的是，大家都来“搭便车”，如何来建造更多的车呢；大家都来吃免费供应的午餐，这种午餐能支持多久呢？对公有产权的这种质疑正是现代产权理论产生的原因。

像灯塔这样的公共物品，不用付费就能得到一样的消费，围绕这样一个难题，经济学家们进行了长久的讨论，科斯提出的办法是政府对灯塔的建造者颁发许可证，授权他们向过往的船只收费。与科斯不同，从英国经济学家**约翰·斯图亚特·穆勒（John Stuart Mill，1806—1873）**到美国经济学家**保罗·萨缪尔森（Paul A. Samuelson，1915—2009）**等大多经济学家都认为，靠市场机制不可能解决灯塔的收费困难，也就是说，市场在这里是失灵的。穆勒认为：为了确保航行的安全，建造和维修灯塔、设置浮标等属于政府适当的职责。由于不可能向受益于灯塔的海上船只收取使用费，没有人会出于个人利益的动机而建造灯塔，除非由国家的强制征税给予补偿。**亨利·西奇威克（Henry Sidgwick，1838—1900）**提出：在大量的各种各样的情况下，这一论断（即通过自由交换，个人总能够为他所提供的劳务获得适当的报酬）明显是错误的。首先，某些公共设施，由于它们的性质，实际上不可能由建造者或愿意购买的人所有。例如，大量船只能够从位置恰到好处的灯塔得到益处，灯塔管理者却很难向它们收费。英国经济学家**阿瑟·塞西尔·庇古（Arthur Cecil Pigou，1877—1959）**借用了西奇威克的灯塔例子作为非补偿性服务的例子：在那里，"边际净产出小于边际社会净产出，因为它会给技术上很难向其索取报酬的第三方带来额外的服务"。萨缪尔森更直截了当，他说："政府提供某些无可替代的公共服务，没有这些服务，社会生活将是不可想象的。它们的性质决定了由私人企业提供是不合适的。"灯塔射出的光线如何定价？因为一件商品的价格，不取决于平均成本，而是取决于它的边际成本，而灯塔的边际成本为零，是无法定价的。

因此，公共物品不能通过市场供给，而只能由政府来提供，相应的费用通过税收来弥补。就连科斯的得意门生张五常也承认："一提起灯塔这个生机盎然的例子，经济学家都知道指的是收费的困难，这种困难使灯塔成为一种非政府亲力亲为不可的服务。"

拼图039　寻租理论

寻租理论的思想最早萌芽于1967年美国乔治梅森大学经济学教授**戈登·塔洛克**（Gordon Tullock，1922—　）的一篇论文，但作为一个理论概念，是1974年美国经济学家**A. 克鲁格**（Anne Krueger）在研究国际贸易保护政策时提出的。在此后的时间里，寻租理论获得了长足发展，其影响已经遍及经济学的各个分支，还为社会学、政治学、行政管理学等其他社会学科提供了新的研究思想。这是因为寻租理论对现代经济学的研究方法有独特的创新。

寻租就是指那些借助政府的力量，来追求自身经济利益的非生产性活动。在市场竞争条件下，资源由市场竞争实现配置，会动态地实现帕累托最优。但是，市场的运作并不一定是完备的，市场的功能也可能受到各种因素的妨碍，这时政府就会介入市场。政府介入市场，用权力配置资源，其结果就会产生各种各样的额外收益点，即权力导致的租金，就会诱导越来越多的寻租活动。它会使市场机制失去作用，有人称之为“看不见的脚”。

在经济学家的眼中，“天下熙熙，皆为利来；天下攘攘，皆为利往。”的确，在日常的社会生活中，人们追求经济利益的行为多种多样，但从社会效益的角度看，大致分为两种：一种是生产性的增进社会福利的活动，如生产活动、研究与开发活动，以及在正常的市场条件下的公平交易买卖等；另一种是非生产性的有损于社会福利的活动，其直接后果便是社会财富在个人之间的转移，绝不会使财富有任何增加。而这种行为的本身，不仅耗费了行贿者的时间和精力，对行贿对象来说，为了寻求受贿，或是抵制防范行贿，也得耗费许多的社会经济资源。

在经济学中，“租”或者叫“经济租”的原意是指，一种生产要素所获得的报酬，超过了社会平均水平的那部分剩余。比如，一个企业成功开发了一项新技术或新产品，它就可以获得高于其他企业的超额收入，其超出部分被称为“租”，但这不是“寻租”，是“寻利”行为。但人们如果通过非生产性的活动，来追求既定的社会经济利益，其行为的性质就变成了寻租。比如，一个企业在开拓市场后，它可能寻求政府保护或干预，来组织其他企业参与竞争，以维护其独立地位，确保其既定利益。再比如，一个企业，明知另一个地区的企业拥有更为先进的管理和技术，他们不是下功夫向先进的企业学习，而是想方设法诱使当地政府采取保护政策，排斥那些先进企业的竞争，以维护自身的利益。类似的例子还有，一部分企业采取种种手段，获取政府的“特殊照顾”，通过减免税收或财政补贴的办法，使既定的经济利益在企业间重新分配，让自己享有其他企业的“输血”，从而获得一种经济租。

美国经济学家**詹姆斯·布坎南**（James M. Buchanan，Jr，1919—2013）从寻租产生的条件、寻租的三个层次、政治分配与寻租等方面深入探讨了寻租理论，他也因其著名的公共选择理论获得了1986年诺贝尔经济学奖。布坎南从区别寻租与寻利角度来界定寻租的定义。在市场经济中，人们通过竞争来寻利，这种寻利对于他人是有好处的；但是在特定的制度背景中，人们通过竞争来寻租，这种寻租活动对他人没有好处。经济租金在市场经济中是一个动态的剩余，它有助于企业家进行创新活动，因为任何新的利润都是通过创新活动获得的，企业家要获得利润就必须创新，但是这种剩余是动态的，会通过市场竞争而消失。寻租意义上的租金，则不是动态的，不会通过竞争而消失，因为不存在竞争。这实际上也说明了寻租产生的制度条件：存在限制市场进入或市场竞争的制度或政策。它往往与政府干预的特权有关。在政府干预的条件下，寻利的企业家发现寻利有困难，转而进行寻租活动，取得额外的收益。

寻租有三个层次：一是对政府活动所产生的额外收益的寻租；二是对政府肥缺的寻租；三是对政府活动所获得的公共收入的寻租。对此，布坎南举了一个例子：比如对出租汽车数量进行限制，即只发放一定数量的执照。这时寻租的活动在三个层次上进行：

一是直接获取执照的寻租。政府通过发放经营执照的方式，人为地限制出租车的数量，可能会使出租车的数量过少，出租车主就会赚取超额利润，亦即经济租。这会诱使人们想办法从政府官员那里得到营业执照。如果执照的发放在很大程度上取决于主管官员的个人意志，人们就会争相贿赂讨好他们，从而产生第一层次的寻租活动。

二是对政府肥缺的寻租。由于官员们在第一层次的寻租活动中享有特殊的利益，这又会吸引人力物力为争夺主管官员的肥缺而发生第二层次的寻租活动。

三是对政府收入的寻租。要抑制这些寻租活动，可以用征收执照费的形式，将出租车主的超额利润转化成政府的财政收入。那么，为了争取这笔收入的分配，各利益集团又可能展开第三层次的寻租活动。在这一领域，遏制寻租空间的方式：一个是减少公共支出的量；另一个是提高寻租活动的公开性和竞争性。显然，这一层次的制度设计要困难得多。因此，公共财政支出领域的腐败机会也最多。

寻租活动可能是违法的，也可能是合法的。合法的如企业向政府争取优惠待遇，利用特殊政策维护自身的独家垄断地位；非法的如行贿受贿、走私贩毒等。但无论合法非法，共同特征都是社会经济资源的巨大浪费。表现在：①造成资源的市场配置机制扭曲，阻碍了要素的合理流动；②寻租活动的本身白白耗费社会资源，使本来可以用于生产经营的要素，浪费在这些于社会无益的活动中；③导致其他层次的寻租活动或“避租”活动，比如寻租活动使政府官员得到了特殊利益，从而引发了追求行政权力的浪费性竞争。不仅如此，利益受到威胁的企业也会采取行动“避租”，与之抗衡，从而浪费更多的社会经济资源。克鲁格在《寻租社会的政治经济学》一文中，曾对20世纪60—70年代印度和土耳其两国的寻租浪费做过估算，分别占当年国民收入的7.3%和15%，远远超过了寻租者所获得到的好处。

经济学的中心课题是研究资源的配置问题。亚当·斯密提出了“看不见的手”的假说，被寻租这个“看不见的脚”踩住了。市场的狭隘需要政府的干预才能闭幕，但政府像市场机制一样也不是万能的，不能包治百病，它为寻租提供了更多的土壤。因此，在认识到市场失灵之后，我们还应当对“政府失败”给予足够的注意。

如果说市场机制并非完美无缺，那么对政府缺陷的政府干预也并不一定能解决所有的问题，增进公众的福利。因此对政府的经济干预，应持谨慎的态度。法国早期经济学家萨伊曾经给经济学下过这样一个定义：“阐明财富是怎样产生、分配和消费的科学。”然而，站在今天新时代的交汇点上，重新回顾经济学走过的近400年的历史，我们惊奇地发现，今天经济学研究领域比以前大大地扩展了。看一看近些年来诺贝尔经济学奖得主的研究成果，1986年，瑞典皇家学院把诺奖授予了美国经济学家布坎南，他开创性地将经济学的研究方法应用到政治领域，创立了公共选择理论——一门真正意义上的“政治经济学”。

经济学与政治学最早曾是一对连体婴儿。古典经济学的创始人亚当·斯密就非常重视政治对经济的影响，他那有名的“看不见的手”的理论，就是在分析了有政治干预的市场和无政治干预的市场之后得出的。但古典经济学的衣钵传到了马歇尔的手中，情况发生了变化，它摒弃了政治因素，转而费心研究纯粹的经济问题，并将政治经济学更名为经济学，而且强调更加自由放任的思想，从而开创了一个新古典经济学的时代。到了20世纪30年代经济大危机，宣告了自由放任思想的破产，将凯恩斯的宏观经济理论推上了历史的舞台。从此以后，政府开始大规模地介入经济生活，同时经济学界也开始了一场揭露市场局限性的运动，强调自发的市场力量必将导致环境的污染、分配不公和就业不充分等问题。对此，人们要求政府干预经济，以弥补市场的缺陷。那么，政府干预能否达到预期效果，增进整个社会的福利呢？很长一段时间，经济学在这个问题上一直是个空白。20世纪60年代，政府对经济的干预越来越难以奏效，反而引发了一系列的“后遗症”。于是人们开始对政策因素和制度因素的效果产生了怀疑，希望能恢复古典经济学的传统，在经济分析和制度分析之间架起了一座桥梁。以美国经济学家布坎南为首的公共选择学派，便开创性地将经济学的研究方法应用到了政治领域，通过分析政治决策和政府行为，得出了一些令人耳目一新的见解，“政府失败”便是其中很有影响的一个。

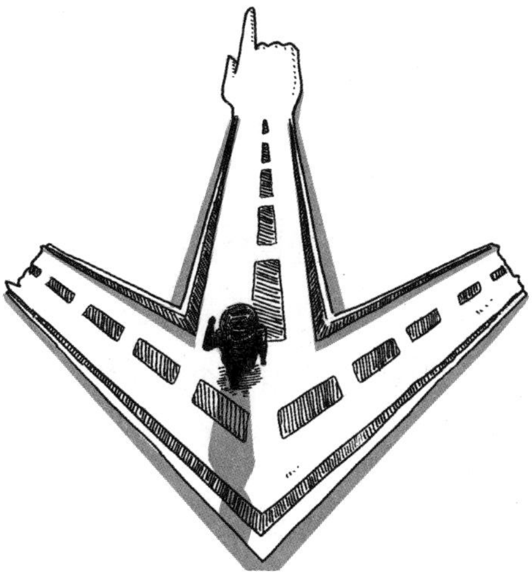

看不见的手

在公共选择理论产生以前，政治学和经济学一度是“两张皮”。经济学里假设每个人都是“经济人”，以追求自身利益的最大化为目标；但到政治学领域中，“经济人”摇身一变，成了利他主义者，没有任何的个人私利。布坎南认为，这两种分析方法本身就是自相矛盾的，政治学对人的假设过于理想化了。而现实生活中，人不总是追求个人私利的，谈判桌上“寸利必争”，精打细算的“吝啬”商人，也会有捐助教育、慈善机构的慷慨大方。但总的来说，“经济人”的假设还是反映了人类行为的基本特点，至少在统计学的意义上是成立的。因此，“经济人”假设仍然适用于政治领域。一个部长站在选票箱前与站在自由市场上没有本质的不同，他的投票会考虑哪个政治家会给自己带来的利益大一些。

传统政治学总把政府看作是一个整体。布坎南对此持否定态度，他认为，个体是构成群体的细胞，只有从个体的角度出发，才能分析集体的行为。政府只是一个抽象的概念，它最终是由人组成的，这些人首先是经济人，都有自己的私欲，追求自身利益的最大化。即使作为一般的人，也并非无所不能，也会犯这样那样的错。即使想把事儿办好，因能力和其他种种困难也可能把事情办坏。政府不是造物主，政府干预市场不能解决所有问题，增进人的福祉。这就是著名的“政府失败论”。

站在“政府失败论”的角度上，公共选择学派拼命攻击凯恩斯的经济干预政策，主张经济自由。认为过多的干预只会破坏经济生活的内在的自然秩序，加剧经济的失衡。西方经济的滞胀局面，就是凯恩斯的“政治遗产”。政府就如同一个拙劣的“保姆”，有时想讨好主人，却往往把饭烧糊；更多的时候，她则是更多地忙于自己的梳洗打扮，而把主人的孩子扔到了一边。因此，必须抛弃对政府不切实际的幻想，尽量发挥市场的功能，只有当市场调节要比政府干预花费更大的代价时，才可引入政府干预。同时，公共选择理论还告诫我们，如果出现了政府失败，我们不应该单纯从官员是否高尚正直上去找原因，而是应该探讨一下制约和选择官员的程序和规则，看看是不是现行的体制上出现了问题？

拼图 040　博弈论

博弈论是现代经济学目前最重要、最为前沿的理论之一。它研究在某一特定的条件下，如何针对别人的选择作出决策。在市场经济中，企业之间、企业与消费者之间、企业与政府之间、政府与消费者之间、政府与纳税人之间的相互影响、相互依存和相互制约不断加强，以这些经济主体间的对抗、依赖和制约为研究前提和出发点的博弈论更具有现实意义。

在博弈论中，含有占优战略均衡的一个著名例子是由美国兰德公司顾问**艾伯特·塔克（Albert Tucker）**给出的“囚徒困境”博弈模型。该模型用一种特别的方式为我们讲述了一个警察与小偷的故事。假设有两个小偷甲和乙因为偷汽车而被捕，他们为此要被判处两年的监禁。在审问过程中，警长感到，这两个人很可能参与了上个月的银行抢劫案。不过这仅仅是一种怀疑，除非其中有一个人坦白交代，否则警长不会获得任何证据。于是警长就想了一个主意，把两个人分开关押，使他们无法联系，并分别与两个囚徒单独谈话：“我们已经掌握了足够的证据，证明你们俩上月参与了银行的抢劫，将偷车和抢银行二罪并罚，你们将被判处 10 年的监禁。不过，如果你单独坦白，主动交代对方的问题，就可以争取宽大处理，将监禁期缩短为 1 年，你的同伙将会被监禁 10 年。但是，如果你们两个都主动坦白交代，则不属于立功情节，都将被监禁 5 年。”在这种情况下，两个囚徒的反应是什么？甲会想，对我最有利的是我交代而他不交代，我 1

年，他 10 年；不过，如果他也这样考虑，我们俩都是 5 年。相比之下，还是两人都不交代要好一些，两人就都只有 2 年，但万一对方出卖了我，将是 10 年铁窗。交代还是不交代呢？真是两难境地！殊不知，乙也正在为此百般纠结。

在“囚徒困境”中，一共有四个策略组合，即：

（1）囚徒甲采取坦白，囚徒乙采取坦白。

（2）囚徒甲采取坦白，囚徒乙采取抗拒。

（3）囚徒甲采取抗拒，囚徒乙采取坦白。

（4）囚徒甲采取抗拒，囚徒乙采取抗拒。

囚徒困境

这四个策略组合中，他们的回报分别为：

（1）囚徒甲关押 5 年，囚徒乙关押 5 年。

（2）囚徒甲关押 1 年，囚徒乙关押 10 年。

（3）囚徒甲关押 10 年，囚徒乙关押 1 年。

（4）囚徒甲关押 2 年，囚徒乙关押 2 年。

在上面的例子中，包含着一个有趣的理论——博弈论（又称对策论）。是由美国数学家**约翰·冯·诺依曼（John von Neumann，1903—1957）**于 1937 年提出来的。后来，诺依曼和德裔美国经济学家**奥斯卡·摩根斯坦（Oskar Morgenstern，1902—1977）**联手出版了《博弈论与经济行为》一书，首次将博弈论运用到经济学中。这个从博弈、棋牌中借用来的术语，看起来好像无关宏旨，实际上具有重大意义，已经得到了非常广泛的应用。美国普林斯顿大学数学系教授**约翰·纳什（John Nash，1928—2015）**于 1950 年和 1951 年分别发表的两篇关于非合作博弈论的重要论文，彻底改变了人们对竞争和市场的看法。他证明了非合作博弈及其均衡解，并证明了均衡解的存在性，即著名的纳什均衡。从而揭示了博弈均衡与经济均衡的内在联系。纳什的研究奠定了现代非合作博弈论的基石，后来的博弈论研究基本上都是沿着这条主线展开的。德国数学家**莱茵哈德·泽尔腾**（Reinhard Selten，1930— ）在1965年发表了《需求减少条件下寡头垄断模型的对策论描述》一文，提出“子博弈精炼纳什均衡”的概念，又称“子对策完美纳什均衡”。这一研究对纳什均衡进行了第一次改进，选择了更具说服力的均衡点。美国经济学家**约翰·海萨尼**（John C. Harsanyi，1920—2000）在1967年和1968年发表了分成三个部分的论文，对不完全信息博弈进行了研究，提出了一种如何将一个具有不完全信息的博弈转换成一个具有完全（但不完美）信息博弈的方法，这一转换方法被称为“海萨尼转换”。至此，博弈理论在分析不完全信息博弈时的困难得到了解决，极大地拓展了博弈理论的分析范围和应用范围，从而完成了博弈理论发展中的一个里程碑式的成就。由于在非合作博弈的均衡分析理论方面做出的开创性的贡献，纳什、泽尔腾和海萨尼三人一起分享了1994年诺贝尔经济学奖。

我们再回到上面的例子，首先看第（4）个策略组合，如果囚徒甲知道囚徒乙采取抗拒，他还会采取抗拒吗？答案是不会，他采取坦白更好，以缩短监禁期，因此，第（4）个策略组合不是纳什均衡；再看第（3）个策略组合，如果囚徒甲知道囚徒乙采取坦白，他还会采取抗拒吗？答案是不会，他采取坦白更好，这样只关押5年，因此，第（3）个策略组合也不是纳什均衡；同理，第（2）个策略组合也不是纳什均衡；最后看第（1）个策略组合，如果囚徒甲知道囚徒乙采取坦白，他还会采取坦白吗？答案是的，如果采取抗拒反而会关押10年，囚徒乙也是如此。所以，这个博弈唯一的纳什均衡就是第（1）个策略组合。

但纳什不合作只是博弈一次，而现实生活中，经常存在着重复博弈的情况，比如两家百货公司开展价格战，一方降10%，另一方降20%，一方再降，“一报还一报”，这种博弈如果持续下去，势必两败俱伤，双方蒙受更大损失。如果双方合作实施价格垄断，并分享额外获得的利益，就不叫纳什均衡，叫合作均衡。

博弈论在现实生活中的例子比比皆是。例如最常见的讨价还价：中国大妈在夜市的地摊上买衣服，她看中了一件衣服，商贩的进货价是 100 元，但这个信息大妈并不知道；商贩为了留足讨价还价的空间并最大限度获得利润，要价 200 元，实际上，加上经营的成本分摊，这件衣服能卖出 103 元商贩就不会亏损，卖出 110 元就能达到他心理预期的交易价格，但这个信息大妈也不知道。这种不满足完全信息假设的博弈称为不完全信息博弈。当然，如果对博弈对手一无所知，那么也就无从博弈。但中国大妈身经百战，有着非常丰富的讨价还价的经验，她根据自己的经验出价，拦腰一刀出价 100 元。商贩当然不能接受，这个交易价格会使他亏损。双方开始激烈地讨价还价，在这个过程中，双方都在观察着对方的语气和神态等动态变化，不断改变对交易价格的估计，交易价格锁定在 105 元，但商贩还在做最后还价的努力。这时，大妈使出了杀招——最后通牒：“卖不卖？不卖走了……”如果博弈失败，商贩没有获得销售利润，大妈也没有得到衣服，双方都一无所获。于是，衣服最终以 105 元的价格成交。

无论在社会经济宏观层面，还是涉及个人、经济组织的微观层面，博弈的功用都是显而易见的，其实就是过去我们老一代常讲的“算计”“道行”深不深。更为重要的是，通过对博弈论的学习，使我们在分析经济现象和协调经济利益时，能够学着以战略的思维来统领我们的原则；以谋略的方式来做出我们的选择。随着我们进一步系统掌握博弈论的基本原理和方法，定能使我们在未来对抗性更强，竞争更激烈的市场活动中，思路更开阔，决策错误更少，活动效率更高，成功机会更多。

拼图 041　新规制经济学

在自然垄断的行业，生产技术的规模经济特性决定了该行业只可能由垄断或者寡头控制。微观经济学理论认为，行业由一个企业垄断时，企业会利用垄断地位抬高产品或服务的价格，从而带来效率损失。因此，政府需要对企业进行规制。法国经济学家**让·梯若尔**（Jean Tirole，1953— ）与其合作者**让·雅克·拉丰**（Jean Jacques Laffont，1947—2004）开创的新规制经济学，对于人们理解如何规制大型垄断企业，提供了一套完整的理论基础和分析框架。梯若尔也因为在市场势力和规制理论方面作出的杰出贡献，获得了2014年诺贝尔经济学奖。

新规制经济学的核心思想之一是强调规制政策必须满足激励相容。认为解决规制者面临的信息不对称问题，关键是设置的规制政策能满足与对被规制者的激励相容的条件。首先要承认企业是有自利行为的，而制度要巧妙地加以设计，引导企业的自利行为往正确的方向走。另一核心思想是强调效率和企业的信息租不可兼得。既然承认信息不对称是不可改变的事实，规制者就必须要让渡给企业以信息租。效率和信息租之间存在权衡，如果要最大化效率，就必须让渡给企业很大的信息租；如果降低给企业的信息租，就不得不以牺牲效率为代价。鱼和熊掌不可兼得，规制者必须做出权衡取舍。新规制经济学对于中国尚未完成的经济改革具有重要的学术和政策意义，有助于对自然垄断等行业的企业规制的深化。但同时要注意，照搬发达国家的经验产生的不良后果。拉丰在其著作《规制与发展》中强调，适合发展中国家的规制理论，必须充分考虑四个方面：第一，发展中国家的规制能力弱。发展中国家规制者缺乏足够的经验，有限的财政支出也限制了其引入最具能力的人才。第二，发展中国家的政府更缺乏承诺能力，朝令夕改的政策往往使规制效应大打折扣。第三，发展中国家的法律制度建设更不完善，使得合约的执行很成问题。第四，发展中国家的规制者更容易腐败。

拼图042　阿罗不可能性定理

公共选择大量地发生在政治领域，如制定或修改法律、选举政府官员、充实国防力量等。经济学有一个分支——公共选择理论，专门来分析发生在上述政治领域中的决策行为，阿罗不可能性定理就是有关决策效果的一个重要理论，它是指，如果众多的社会成员具有不同的偏好，而社会又有多种备选方案，那么在民主的制度下不可能得到令所有人都满意的结果。1951 年**肯尼斯·约瑟夫·阿罗（Kenneth J. Arrow，1921—2017）**在他的经济学经典著作《社会选择与个人价值》中，采用数学的公理化方法对通行的投票选举方式能否保证产生出合乎大多数人意愿的领导者或者说“将每个个体表达的先后次序综合成整个群体的偏好次序”进行了研究。结果，他得出了一个惊人的结论：绝大多数情况下是不可能的！更准确的表达则是：当至少有三名候选人和两位选民时，不存在满足阿罗公理的选举规则。或者也可以说是：随着候选人和选民的增加，“程序民主”必将越来越远离“实质民主”，从而证明了一个不可思议的定理：假如有一个非常民主的群体，或者说是一个希望在民主基础上作出自己的所有决策的社会，对它来说，群体中每一个成员的要求都是同等重要的。一般地，对于最应该做的事情，群体的每一个成员都有自己的偏好。为了决策，就要建立一个公正而一致的程序，能把个体的偏好结合起来，达成某种共识。这就要进一步假设群体中的每一个成员都能够按自己的偏好对所需要的各种选择进行排序，对所有这些排序的汇聚就是群体的排序了。

阿罗认为，个人偏好顺序和群体偏好顺序都应符合两个公理：①完备性公理。对任意两个决策方案 X 和 Y，要么对 X 的偏好甚于或无差异于 Y，要么对 Y 的偏好甚于或无差异于 X。②传递性公理。对任意三个方案 X、Y 和 Z，若对 X 的偏好甚于或无差异于 Y，而对 Y 的偏好甚于或无差异于 Z，则对 X 的偏好甚于或无差异于 Z。

与市场可能失灵一样，民主也有它失效的时候，因为任何一种多数同意的规则，都不可能万无一失地保证投票的结果，符合大多数人的意愿。我们在日常生活中，总是面临许多的选择。只要稍加分析你就不难发现，所有这些选择活动，总的来说不外乎两类：一类是私人选择，另一类是公共选择。私人选择完全可以根据私人的意愿作出，没有必要非得争取别人的同意。如市场买菜，买价高价低的自己做主。相比之下，公共选择必须由多个人作出，一个人就力所不能及了。如两人不睦，要想言归于好，就得由两个人协商决定，一厢情愿是做不到的。大致来说，经济体在市场条件下作出的决策，都是私人选择，实际上是经济个体利用自己手中的“货币选票”，直接表达他们对各种产品的意见。但在政治领域中，个人意愿的表达，必须经过公共选择这个过程，在民主制度下，最为常见的办法就是投票。那么，它是否也能导致一种有效的结果呢？这便跟投票的规则有很大关系。

布坎南认为，一致同意规则是公共选择的最高准则。任何一个有理性的人都不会同意那些预期会给他带来损害的事情。市场机制之所以有效，就是因为在市场中达成的任何一笔交易，都是以交易双方一致同意为基础的，哪怕有一方不同意，交易都无法达成。这一原则对公共选择来说也是适用的，它使任何一个参与者都无损有利。然而令人遗憾的是，“一致性”是件好事，但却太昂贵了。各参与者之间的利益差别不可避免，而每项议案的通过，却都要征得所有人的同意，需要付出巨大的努力，去说服每一个人，直至最后一个怀疑者。更糟的是一旦最后一个怀疑者认识到他有如此巨大的能力，接着要挟、敲诈都来了。

既然一致同意的规则代价昂贵，人们就退而求其次，降低统一的“百分比”，将一致同意的100%降为80%、70%或者51%，这样就产生了多数同意的规则。这使得公共选择带有了强制的色彩，尽管你是一个和平主义者，你不赞成军备扩张，但也必须跟那些鹰牌人物一样，为扩充军备而纳税，为别人的选择而支付“成本”。对此，人们通常的看法是，少数服从多数是一种“民主”的公共选择过程，它虽然使少部分人受损，但同时也让大部分人受益。因此，从整个社会的角度看，这个决策也不失为一个“好”的决策。

然而，“民主”真的万无一失吗？让我们来看一个例子：有三家企业属于同一主管部门，上级决定将他们合并为一个大公司，公司的总经理从三家企业的现任负责人中产生，他们分别是甲、乙、丙。可供选择方案有：职工普选方案A；主管部门任命方案B；按企业的资金实力来确定权利的分配方案C。三位负责人将通过投票的方式决定最终采用哪种方案。

在这三家企业中，甲的企业职工人数最多，资金实力最弱，甲本人与上级的关系还行。因此，甲最希望职工普选，最反对按资金实力分配权利；乙的企业职工数最少，资金实力居中，但跟上级是“铁哥们”，因此他最支持上级任命，最反对普选；丙的企业资金实力最为雄厚，但跟上级积怨很深，因此他最支持按资金实力分配权利，最反对上级任命。于是，便出现了一个奇怪的现象：在三个投票者中，总有2个人认为，方案A优于方案B，方案B优于方案C，方案C又优于方案A，支持每个方案的大多数总是循环出现的，这便是“循环投票之谜”。在循环投票的情况下，哪一个方案最终获得通过，不是依据是否符合多数人的意愿，而是依据投票的程序。就会出现以下的情况：

（1）如果就A和B进行表决，甲和丙投票给方案A，乙投票给方案B，A方案胜出；

（2）如果就A和C进行表决，乙和丙投票给方案C，甲投票给方案A，C方案胜出；

（3）如果就B和C进行表决，甲和乙投票给方案B，丙投票给方案C，B方案胜出。

这样一来，谁能影响投票的程序，他就可以决定表决的结果，少数服从多数的原则也就失效了。

循环投票现象最早是由法国人孔多赛特发现的，后来美国经济学家肯尼斯·阿罗又进行了更进一步的研究。他发现，如果两个以上的投票者，就两个以上的方案进行表决，循环投票就总有可能出现，出现的概率随着投票人数和供选方案的增多而增大。在此基础上，阿罗经过严格的数学证明，得出了一个令人吃惊的结论：任何一个多数同意的机制，都不可能万无一失地保证投票的结果符合大多数人的意愿。这就是著名的阿罗不可能性定理，又称阿罗悖论。

阿罗不可能性定理意味着，如果不存在社会偏好，那么基于投票的民主政治的意义在哪里？这对西方民主政治是一个很大的挑战。怎么破解阿罗这一难题呢？有许多经济学家给出了自己的方案。其中最著名的是印度经济学家**阿马蒂亚·森**（Amartya Sen，1933— ），他因为在福利经济学上的贡献获得了1998年诺贝尔经济学奖。森证明了如果满足以下三个条件，投票悖论可以解决：

（1）所有人都同意其中一项选择方案并非是最佳；

（2）所有人都同意其中一项选择方案并非是次佳；

（3）所有人都同意其中一项选择方案并非是最差。

这其实给出了解决阿罗不可能性定理的一个方案：改变或者牺牲某些人的偏好。

第七章

07

制度分析
——驾驭市场经济的缰绳

拼图043　凡勃伦传统

在人类历史上，大凡被视为“异端”的学说，在其诞生的最初阶段，似乎都经历过相同的命运：信者寥寥，排挤、斥责和打击无休无止。但是，当后人拂去岁月的尘埃，用慧眼重新审视天才的思想时，这些磨难铸就的成果便显得格外光彩夺目。制度经济学便是这样一个典型的例子。该学说从最初的一个离经叛道的“异端”，发展到今天在西方有着崇高地位和巨大影响的经济学流派，足足经历了大半个世纪。制度学派的资本主义制度以及正统经济学的“批判者”潮出现，在西方经济学诸流派中独树一帜。它既反对凯恩斯主义各派，又反对货币主义和其他自由主义学派，同时坚决反对穆勒和马歇尔开创的古典和新古典的方法论。它另辟蹊径，注重和强调“制度因素”对经济发展的作用，主张从“制度”的分析出发来建立经济学体系。而这些理论的渊源，可以追溯到19世纪末20世纪初的**“凡勃伦传统”**。

美国经济学家**托斯丹·邦德·凡勃伦（Thorstein B. Veblen，1857—1929）**，是伟大的美国经济学巨匠、制度经济学鼻祖。凡勃伦认为，人类社会存在着两种基本的制度，一种是技术制度，另一种是私有财产制度。代表这两种制度的社会力量是技术阶层和企业家阶层。凡勃伦的学术生涯十分不顺。1892—1906年他任芝加哥大学经济学教授，因宣扬反资本主义学说被迫离职，以后任教于其他大学亦受排挤。但孤苦寂寥反而愈加催发他捍卫自己思想的决心，1911年以后，他开始作为自由作家对社会和经济问题展开广泛的分析批判。他在《有闲阶级论》《企业理论》《现代文明中科学的地位》等著作中创立了一套独特的经济学理论体系，奠定了制度经济学发展的基础。

凡勃伦既反对像边际效用学派那样把个人从特定社会生产关系中抽象出来，分析个人的欲望及其满足的特征；也反对像马歇尔那样用均衡的原则来解释社会的经济现象，认为各种对抗着的力量最终将趋向调和。在凡勃伦看来，历史是进化的、演进的，不是静止的，社会的发展是制度的发展，经济制度只是它所在的文化体系的一部分，其变化受许多非经济文化因素的制约，不是独立发展的。因此，他认为经济学研究的基本内容应该是制度的演进过程。凡勃伦认为，制度的实质就是“个人或社会对有关的某些关系或某些作用的一般思想习惯”，包括私有财产、价格、市场、货币、竞争、企业、政治结构、法律和营利活动等。从这一理论出发，他认为人类社会存在着两种基本制度：一种是技术制度，另一种是私有财产制度。代表这两种制度的社会力量是技术阶层和企业家阶层。在资本主义社会中，技术基层不断创造物质财富的倾向会受到市场需求的制约，这时，生产和技术的发展取决于能否获得利润。如不能或较少获得利润，则企业家的盈利动机与技术基层的创新倾向就会发生冲突。凡勃伦把冲突的责任归于企业家阶层，并且认为企业家阶层的赚钱动机阻碍了社会进步。因此，他主张进行一场社会革命，使产业组织的控制权从以盈利为目标的“既得利益集团”（企业家）手中转移到“技术管理阶层”手中。这一套理论便是后来所有制度经济学家遵循的所谓“凡勃伦传统”，即“技术决定论”，也是演变到今天的创新驱动理论。

拼图 044　制度变迁理论的三大基石

诺斯提出了制度变迁理论的三大基石。他认为，制度之所以会变迁，是因为推动制度变迁会给推动者带来好处，并且带来的好处在抵补了相应的成本之后还有余。美国经济学家**道格拉斯·诺斯（Douglass C. North，1920—2015）**作为新经济史的先驱者、开拓者和抗议者，建立了包括产权理论、国家理论和意识形态理论在内的“制度变迁理论”，并因此获得1993 年诺贝尔经济学奖。1973 年，对从事经济史研究的人来说，是个无法忘记的年份。这一年，诺斯出版了《西方世界的兴起》一书，在西方经济学界引起了强烈反响。该书与其说是一部经济学著作，不如说是一部洋洋洒洒、高屋建瓴的史论。作者在书中一改经济史研究单纯收集和整理史料的传统，成功地用经济学的分析方法，对历史作了全新的解释，得出了一系列发人深省的结论，不仅为经济学界提供了新的研究工具，也为经济学开辟了新的研究领域。概括起来说，诺斯对经济学的贡献主要包括三个方面：第一，用制度经济理论的方法来解释历史上的经济增长；第二，作为新制度经济理论的开创者之一，诺斯重新论证了包括产权制度在内的制度的作用；第三，作为经济学家的诺斯将新古典经济学没有涉及的内容——制度，作为内生变量运用到经济研究中去，特别是将产权制度、意识形态、国家、伦理道德等作为经济演进和经济发展的变量，极大地发展了制度变迁理论。

产权理论、国家理论和意识形态理论是诺斯的制度变迁理论的三大基石。诺斯通过对西方市场经济演变史的审视与分析，升华出制度变迁理论的思想，并以三大理论基石来构建他的分析框架。需要提出的是，诺斯在阐明上述分析框架的过程中，始终以成本—收益为分析工具，论证产权结构选择的合理性、国家存在的必要性以及意识形态的重要性，这使得诺斯的制度变迁理论具有极大的说服力。

产权理论是诺斯制度变迁理论的第一大理论支柱。诺斯认为有效率的产权对经济增长起着十分重要的促进作用。一方面，产权的基本功能与资源配置的效率相关；另一方面，有效率的产权使经济系统具有激励机制。所以诺斯认为产权的界定、调整、变革、保护是必要的。

国家理论是诺斯制度变迁理论的第二大理论支柱。诺斯对国家的看法集中体现在这一悖论中："国家的存在是经济增长的关键，然而国家又是人为经济衰退的根源。"为什么国家对经济发展起着双重作用呢？诺斯认为，国家作为"经济人"提供服务有两个基本的目的：一是界定形成产权结构的竞争与合作的基本规则（即在要素和产品市场上界定所有制结构），这能使统治者的租金最大化；二是在第一目的的框架中降低交易费用以使社会产出最大，从而使国家税收增加。基于上述两个目的的不一致性，诺斯进一步认为国家在竞争约束与交易约束下会界定一套有利于统治集团而无效率的产权结构。

意识形态理论是诺斯制度变迁理论的第三大理论支柱。诺斯认为只有意识形态理论才能说明如何克服经济人的机会主义行为如“搭便车”现象，并进一步解释制度的变迁。诺斯认为意识形态是一种行为方式，这种方式通过提供给人们一种“世界观”而使行为决策更为经济，使人的经济行为受一定的习惯、准则和行为规范等的协调而更加合理并且符合公正的评价。当然这种意识形态不可避免地与个人在观察世界时对公正所持的道德、伦理评价交织在一起，一旦人们的经验与其思想不相符合时，人们会改变其意识观念，这时意识形态就会成为一个不稳定的社会因素。

在诺斯的眼中，制度是个比较宽泛的概念，简单地讲，它是一系列社会规则，用于约束人的行为，调整人与人之间的利益关系。有些制度是成文的，并且有专门的权力机构来保证实施，被称为正式的制度，如法律、政府法规、公司章程、商业合同等。一些文化的东西，如习俗、传统、道德伦理、意识形态等，也是制度的组成部分，即所谓的非正式制度，它们同样是约束人际关系、调整人的行为的一种规则，如图书馆里的安静都是付出自由成本的——制度的成本。制度的变迁——像小岗村的红手印演变成的农村家庭联产承包制，荷兰的“康门达”演变成股份制，等等，这些无疑都推动了经济社会的发展。诺斯把制度因素引进经济发展是极具革命性的。

还有一个中国差了 100 多年的“短腿”——经理革命，值得一提。伴随着企业规模的扩大和经营管理的日益复杂化，专职的经理人员凭借自己的经营才能，逐步取代了企业的所有者，掌握了企业内部的高层决策权。19 世纪中期，因铁路运输业的兴起，小业主的管理方式被取代。这主要是由于管理需要专业化，又因股份制的兴起，才将决策和管理权交给了执行的经理。美国汽车行业的经营巨子亚科卡、IBM 的郭士纳，都是在公司濒临破产时力挽狂澜，使公司起死回生的。原因很简单，他们能拿到巨额年薪，凭借的是超人的管理才能，否则就随时会被解雇。

拼图045　科斯定理——一个产权界定的市场揭示

在当今国际顶尖级的经济学家中，只有美国芝加哥大学的**罗纳德·哈里·科斯**（Ronald H. Coase，1910—2013）教授的成就能同时征服整个经济学界和法学界。作为新制度经济学的鼻祖、法律经济学的创始人之一，科斯与那些著述丰厚的学者相比，谈不上“硕果累累”，终其一生，他只发表过18篇文章。然而，正是这18篇文章中的两篇——《企业的性质》及《社会成本问题》，为他赢得了国际声誉：1991年，瑞典皇家学院把诺贝尔经济学奖的桂冠戴在他的头上，表彰他对产权问题研究的重要贡献。科斯宣称，只要通信、谈判、签约、保证等交易费用为零，政府明确界定产权，然后听任有关各方在市场上自由地进行交易（或协商），那么自由的市场机制便能导出最有效率的结果。

科斯定理

科斯教授产权理论的核心，就是用他的名字命名的“科斯定理”。什么是“科斯定理”呢？科斯本人从未将定理写成文字，而其他人如果试图将科斯定理写成文字，则无法避免表达偏差。关于科斯定理，比较流行的说法是：只要财产权是明确的，并且交易成本为零或者很小，那么，无论在开始时将财产权赋予谁，市场均衡的最终结果都是有效率的，实现资源配置的帕累托最优。详细的表述如下：

（1）在交易费用为零的情况下，不管权利如何进行初始配置，当事人之间的谈判都会导致资源配置的帕累托最优；

（2）在交易费用不为零的情况下，不同的权利配置界定会带来不同的资源配置；

（3）因为交易费用的存在，不同的权利界定和分配，会带来不同效益的资源配置，所以产权制度的设置是优化资源配置的基础（达到帕累托最优）。

科斯定理发现了交易费用及其与产权安排的关系，提出了交易费用对制度安排的影响，它提供了一种通过市场机制解决外部性问题的新的思路和方法。在这种理论的影响下，美国和一些国家先后实现了污染物排放权或排放指标的交易。此定律与我们的社会生活也密切相关，它不仅适用在狭小的范围，我们生活中的诸多社会现象也都可以用科斯定理来解释，它的出现为我们的生活添了光，使我们对社会的理解更加深刻。

比如，一个工厂冒黑烟污染了旁边生活的五户居民，他们包括晒衣服和清理卫生的支出，每家损失了 100 元，共计为 500 元，怎么解决？在科斯以前的英国经济学家庇古的解决方案里，分为“外部经济性”和“外部非经济性”，采用政府多纳税和发补贴的办法解决。但在科斯看来，这不是最好的解决办法，可以采取给工厂安装除尘器或给居民买烘干机的办法解决，更能节约成本。政府也不用亲力亲为，只要你在法律上把经济物品的产权，即物品的使用、处置和收益权界定清楚，那么，无论给工厂排放烟尘的权利，还是给五户居民晒衣服不受烟尘污染的权利，只要协商费用为零，双方进行自由选择的结果必然是成本最低的，从而降低制度的交易成本。

另一个著名的例子：火车烧柴和煤常常溅出火星，引燃农田。每一方都可采取防备措施以减少火灾的损失。要做到这点，农民可以停止在铁轨边种植和堆积农作物，而铁路部门可装置防火星设施或减少火车出车次数。初看上去，似乎是法律控制了各方采取防备措施的动力，因此，法律决定了火灾引起损失的次数。要知道，禁令是财产法中制止妨害行为发生的传统手段。如果农民有权指挥铁路部门，直到不溅火星才允许铁路通车，那么，火星就几乎不会引起什么火灾损失。反过来，如果铁路部门不受惩罚地营运，那么，就会引起大量的火灾损失。根据科斯定理，这些现象会把人引入歧途，因为虽然法律规定了权利的最初分配，而市场却决定着最终分配。须知，如果农民有权禁止铁路部门运营，那么，他们就可以出售这一权利。具体说就是，铁路部门支付一笔钱给农民，以换取具有法律约束力的承诺——不禁止铁路运营。反过来说，如果铁路部门有权不受惩罚地溅出火星，那么，它就可以出售这一权利。具体说就是，农民可以支付一笔钱给铁路部门，以换取具有法律约束力的承诺——减少火星的溅出。

在“科斯定理”中你可以看出，在交易成本为零时，有明确的产权界定很重要，但是将产权归属于谁一点也不重要，因为它根本不影响效率。张五常也这么说：交易成本为零时，产权界定根本就不必要。但是，在现实世界中，交易成本一直存在。所谓交易成本为零，是一个假设出的静态的理想化世界。而一旦在交易成本不为零的现实世界，产权界定就变得极其重要，因为它能节省交易成本，直接决定效率高低。

需要注意的是，产权清晰有利于提高资源配置的效率，而不是有利于交易的双方。所有的产权清晰过程，都是权利再分配的过程，因此，必定是有利于某些人、某些利益集团，而不利于某些人、某些利益集团。主流经济学家强大的话语霸权，已经在经济学界以及整个知识界造就了一种“产权崇拜”：大家不去具体分析产权改革有利于谁、不利于谁，而是一听到“产权改革”，就莫名其妙地跟着叫起好来。而实际上，在中国社会阶层分化如此之快、既得利益集团如此强大、社会底层如此弱势的背景下，包括“产权改革”在内的任何一项具体改革都不会利益均沾，而是有人得利，有人失利，有人多得，有人少得。在此形势下，经济学家以及整个经济学界如何选择的确很重要。

西方学者认为，科斯定理也有其局限性。首先，它的假设条件太苛刻。只有当交易成本为零，才能出现科斯定理所说的结果，而在现实中，交易成本不可能等于零。其次，即使交易成本为零，现实中也存在西方学者所说的策略性行为。存在策略性行为，就不会出现科斯定理所说的那种帕累托理想状态。这种策略性行为是普遍存在的，在我国也有。比如在城市里拆迁，经常碰到“钉子户”，你不答应他的苛刻条件，他就不搬迁。

这种行为就是策略性行为。最后，科斯定理忽视了收入分配的效应。这是最重要的。科斯定理企图论证的是：不同产权的分配方式不会影响资源配置效率，即任何产权分配方式都会导致帕累托最优状态。

拼图 046　合理预期——一个理想化的预期均衡

人们在对经济形势进行判断时，总会尽力获取最完全的信息，并利用一切可用的统计、历史、逻辑以及经济变量之间的因果关系等知识，经过周密的思考和冷静的分析，最后作出对未来经济情况的预测。由于这种预期能够完全符合未来将会发生的经济活动的事实，所以，经济学家称此为“合理预期”。

1980 年，美国著名经济学家萨缪尔森在其《经济学》第 11 版中，对 70 年代末西方经济论战的新动向提出了一个引人注目的观点：过去，经济论战只是在货币主义和后凯恩斯主义两个学派之间进行，但现在，论战都是在三派之间进行了。这突然闯入的第三派，就是从货币主义学派中分离出来的理性预期学派。

理性预期的思想最初由美国经济学家**约翰．弗雷泽．穆斯（John Fraser Muth，1930—2005）**在《合理预期和价格变动理论》一文中提出，70 年代，芝加哥大学**罗伯特·卢卡斯（Robert E. Lucas Jr.，1937—　）**与明尼苏达大学的**托马斯·萨金特（Thomas J. Sargent，1943—　）**、尼尔·华莱士等一些年轻学者对其作出了进一步发展，树起了“理性预期学派”的旗帜。卢卡斯也因为对“理性预期假说的应用和发展”所做的贡献，于 1995 年获得了诺贝尔经济学奖；萨金特因为“对宏观经济中因果的实证研究”，获得了 2011 年诺贝尔经济学奖。

所谓预期，就是指对未来的预测。从经济学的角度讲，从事经济活动的人为了自己的利益，总是要先对未来经济形势的变化作出估计和判断，然后再决定自己如何行动，这种行为就是预期行为。理性预期是在有效地利用一切信息的前提下，对经济变量作出的在长期中平均说来最为准确的，而又与所使用的经济理论、模型相一致的预期。因在经济分析中假定经济行为的主体对未来事件的“预期”是合乎理性的而得名。“理性预期学派”认为各个经济行为主体在作出当前的行动决策时，除考虑到当前有关经济变量（如物价、工资率及资产的收益率等）的情况以外，还要对这些变量将来会有的情况作出“预期”。所谓理性的预期，是指人们的预期总是完全准确无误的。由此得出结论，政府为了把失业率压低到“自然失业率”以下，以承受一定程度的通货膨胀为代价而扩大货币供应量的政策措施是无效的，只能导致货币工资率和一般物价水平的上涨，而失业率则始终会保持在“自然率”的水平上。主张政府干预经济的措施越少越好。

西方经济学十分重视研究人的预期行为。在凯恩斯的经济理论中，厂商和消费者的预期对经济的影响，就是他的就业理论不可缺少的有机组成部分。凯恩斯所论述的预期，只是人们对未来经济形势的主观估计和预测，而这种估计和预测通常是不可靠、不确定的，甚至由于人的情绪的突然波动，盲目乐观可以瞬时变为盲目悲观。因此，凯恩斯把这种预期因素看成是经济不稳定，甚至周期波动的原因之一。

货币学派在论述自然失业率及通货膨胀问题时，也很重视人的预期行为，并用人们对未来经济活动变化的预期来说明动态经济一定可以趋于稳定。但是他们所说的预期，也是指人们在没有足够信息的基础上，“骑驴看唱本，走着瞧”，随时准备着修改自己对未来前景的看法和计划，以适应物价等经济形势的变动。因此，这种预期只能叫作适应性预期，而不能说是理性预期。

而理性预期学派所指的预期却有一个大的前提，即参与经济活动的主体都是具有完全理性的、明智的、以追求利益最大化为目的的所谓“经济人”。因此他们在对经济形势进行判断时，一定会尽力地获取最完全的信息，在充分掌握经济信息的基础上，主动地利用一切可用的统计、历史、逻辑以及经济变量之间的因果关系等知识，经过周密的思考和冷静的分析，最后作出对未来经济情况的预测。这种预期能够完全符合未来将会发生的经济活动的事实，所以，经济学家称此为“理性预期”。预期概念大前提的变化，在西方经济学界引起了极大的震动。一些人将该理论的出现称为“预期革命”，也有不少人将此看作是西方经济学说史上的“第六次革命”。

理性预期本质上是一个均衡概念，而不仅仅是指个人行为的理性假设，只有与市场均衡融合在一起时才能正确地理解理性预期以及理性预期均衡（REE）。REE 中的信息需求并不会更多：交易者只需知道产生均衡价格的随机过程。虽然市场出清理论告诉经济学家决定价格的是根本性结构因子（如成本和需求函数的形式），但在均衡时，交易者无须知道任何经济结构形式方面的知识，他们只需知道价格和决定产出的随机因子之间的关系。所以，理性预期的本质是，市场参与者拥有关于经济体系的一些经济信念，可以把他感兴趣的内生变量与外生变量联系起来。理性预期具有两种特性。

根据理性预期理论，政府应放弃实行相机抉择的财政金融政策，应把财政政策和金融政策的目标放在防止和减少通货膨胀而不是失业上，把最理想的物价水平作为其唯一的政策目标。

拼图 047　市场法则为何失灵

不对称信息——逆淘汰——市场法则何以失灵？当市场的一方无法观测和监督另一方的行动，或无法获知另一方行动的完全信息，抑或观测、监督或获取情报的成本高昂时，就产生了“不对称信息”问题。由于经济活动的参与人具有的信息是不同的，一些人可以利用信息优势进行欺诈，这会损害正当的交易。当人们对欺诈的担心严重影响交易活动时，市场的正常作用就会丧失，市场配置资源的功能也就失灵了。在非典市场中，正是由于消费者、药品零售商、药品批发商、生产商、原料供应商以及我们的政府，相互之间的信息是严重不对称的，才导致了市场失灵。消费者缺乏对非典知识的了解，加上谣言传播，产生恐惧心理，完全凭自己的经验或从部分媒体了解到的有限信息，盲目地跟着感觉走，进行“抢购”；同时又对市场上商品的供应情况缺乏了解，涨价、缺货假象加剧了“抢购”心理，从而价格越高，越要大量采购。药品零售商、批发商对整体市场药品供应情况也缺乏了解，先付款后提货，价格提高也同样采购，以尽快满足顾客的需求。在这种信息严重不对称的情况下就出现了很多不法的“个人药商”，进一步加剧市场恶化，所以广州竟出现每袋板蓝根50多元的现象。此时市场一般不能完全自行解决问题，为了保证市场的正常运转，政府需要制定一些法规来约束和制止欺诈行为。

在现实的经济生活中，存在着一些和常规不一致的现象。本来按常规，降低商品的价格，该商品的需求量就会增加；提高商品的价格，该商品的供给量就会增加。但是，由于信息的不完全性和机会主义行为，市场交易的一方如果能够利用多于另一方的信息使自己受益而对方受损时，信息劣势的一方便难以顺利地做出买卖决策。有时候，降低商品的价格，消费者也不会做出增加购买的选择（因为可能担心生产者提供的产品质量低，是劣质产品，而非原来他们心中的高质量产品）；提高价格，生产者也不会增加供给。因此出现了由于交易双方信息不对称和市场价格下降产生的劣品驱逐良品，导致市场交易产品平均质量下降的现象。这就叫作“逆淘汰”，也称为“逆向选择”。

乔治·阿克尔洛夫（George A. Akerlof，1940— ）和迈克尔·斯宾塞（Andrew Michael Spence，1943— ）、约瑟夫·斯蒂格利茨（Joseph Eugene Stiglitz，1943— ）由于在“对充满不对称信息市场进行分析”领域所做出的重要贡献，而分享2001年诺贝尔经济学奖。这三名获奖者在20世纪70年代奠定了对充满不对称信息市场进行分析的理论基础。其中，阿克尔洛夫所做出的贡献在于阐述了这样一个市场现实，即卖方能向买方推销低质量商品等现象的存在是市场双方各自所掌握的信息不对称所造成的。斯宾塞的贡献在于揭示了人们应如何利用其所掌握的更多信息来谋取更大收益方面的有关理论。斯蒂格利茨则阐述了有关掌握信息较少的市场一方如何进行市场调整的有关理论。阿克尔洛夫、斯宾塞和斯蒂格利茨的分析理论用途广泛，既适用于对传统的农业市场的分析研究，也适用于对现代金融市场的分析研究。同时，他们的理论还构成了现代信息经济理论的核心。

1970年，阿克尔洛夫发表了《“柠檬”市场：品质不确定性与市场机制》，得出了“柠檬”原理（“柠檬”来源于美国口语对“缺陷车”“二手车”的称呼），并且开创了逆淘汰理论。在旧车市场上，既定的卖者和关心旧车质量的买者之间存在着信息的非对称性，卖者知道车的真实质量，买者不知道，在他不能确知所购车辆的内在质量的前提下，他愿意接受的价格只能是所有旧车价值按概率加权计算的一个平均值，因而只愿意根据平均值来支付价格，但这样一来，质量高于平均值水平的卖者就会退出交易，只有质量低的进入市场。也就是说只有低质量旧汽车出售，而没有高质量的旧汽车交易，结果是低质量旧汽车将高质量旧汽车挤出交易市场。由此，阿克尔洛夫解释了为什么即使是只使用过一次的“新”汽车，在柠檬市场上也难以卖到好价钱——它是“逆淘汰”的必然结果，即由于消费者处于信息劣势而被迫做出的反向选择。这一过程不断持续，最后市场上只剩下损坏最严重的旧车，所有好一点的旧车都会从市场上消失。于是，市场上只剩下了劣质商品——“柠檬”。

“柠檬”原理对经济学的贡献在于，它揭示了许多传统市场都存在的信息的非对称现象，深化了我们对真实市场现象的了解。一个市场经济的有效运行，需要买者和卖者之间有足够的共同信息。如果信息不对称非常严重，就有可能限制市场功能的发挥，引起市场交易的低效率，甚至会导致整个市场的失灵。

逆淘汰理论深刻地改变了分析问题的角度，可以说给人们提供了逆向思维的路径，会加深对市场复杂性的认识，由此能改变很多被认为是“常识”的结论，使市场有效性理念又一次遭受重创。

由于信息不对称在市场中是最普遍存在的最基本事实，因而阿克尔洛夫的旧车市场模型具有普遍经济学分析价值。他讲的故事虽然是旧车市场，但也可以延伸到烟、酒等所有产品市场、劳动市场和资本市场等。假冒伪劣产品充斥这些市场，是因为交易双方的信息不对称，一方隐藏了信息。逆淘汰的理论说明，如果不能建立一个有效的机制遏止假冒产品，会使假冒伪劣泛滥，形成“劣品驱逐良品”的后果，甚至导致市场瘫痪。

比如，在汽车保险业中，随着个人购买家庭轿车的数量逐渐增多，2011 年开始，汽车保险业务增长得很快。可是由于车多路窄，新手又多，汽车交通事故比原来增加很多。这些购买了汽车保险的人由于有了保险，开起车来跟开坦克似的，横冲直撞，反正汽车坏了有保险公司负责修理。更有人经常酒后开车；还有的是开车精力不集中，甚至打瞌睡。结果就是汽车交通事故频繁发生，致使保险公司收取的保险费不够赔付汽车修理公司的汽车修理费。如果保险公司的保费收得高，出险率低，再进一步提高保险价格，消费者干脆不买保险了。这种逆淘汰效应的根源在于保险公司所掌握的信息是不完全的。尽管公司也知道，在它的顾客中有些肯定比其他人具有更低的风险，但它不能确切知道谁是风险低的人。也就是说，保险公司知道个人之间肯定存在差别，应该努力把他们划分为较好的和较差的风险类别，并征收不同的保险费，但是它做不到，因为它不能知道哪些人是高风险的，哪些人是低风险的。凡是那些积极买保险的人都是容易出险的人，因为他们容易出事故，所以常常渴望购买保险，以便出险之后有保险公司为他们付费。而出险概率较低的人则往往犹豫不决，如果保险价格提高了，反而会把他们首先拒之门外。这就是典型的逆淘汰效应。提高保险价格导致那些事故倾向较小的人退出了保险市场，而高风险顾客比例的上升直接影响的是保险赔付的上升。

再比如，在企业人力资源市场上，企业的逆淘汰在现实中的直接表现形式是企业高质量人才的大批量流失。逆淘汰的出现往往是不完全或局部的，不完全表现为，企业一方面流失大量的人才，同时也在不断地引进高质量的人才。人力资源的进入障碍并不像假设中那样很高，而是很低，这样就从表面上掩盖了企业人力资源逆淘汰的黑洞，使其表现出不完全的特征。另外逆淘汰的出现也不是以企业整体为目标，而往往是在许多关键部门局部出现。尽管逆淘汰的出现形式是不完全和局部的，但它的破坏力是不容忽视的。如果企业的人力资源逆淘汰表现是完全的，那么企业将在市场上失去竞争力，最终走向破产、消亡。

“劣品驱逐良品”就是“优胜劣汰”的市场法则失灵，猪肉涨价也是市场失灵，还有道德败坏的欺诈等，主要原因是信息不对称，经济学家们给出的解决方案是“委托—代理模型”，让知情人去代理。20 世纪 30 年代，美国经济学家**阿道夫·A. 伯利（Adolf A. Berle）**和**加德纳·C. 米恩斯（Gardiner C. Means）**合作出版《现代公司与私有财产》一书，认为由于分工的细化和专业化，企业的所有者知识或时间、精力不足以管理公司，企业所有者兼经营者的做法存在着极大的弊端，提出了“委托—代理理论”，倡导所有权和经营权分离，企业所有者保留剩余索取权，而将经营权利让渡，将管理权交给有能力和精力的专业管理人。

显然，在这种关系当中，两者的利益存在冲突和信息不对称，委托人追求自身财富最大化，而代理人追求自己的工资津贴收入、奢侈消费和闲暇时间最大化。因此，委托—代理理论主要研究在利益相冲突的环境下，委托人如何设计最优合同、激励代理人。“委托—代理模型”已成为现代公司治理的逻辑起点。由于委托—代理关系在社会中普遍存在，因此委托—代理理论被用于解决各种问题。如国有企业中，国家与国企经理、国企经理与雇员、国企所有者与注册会计师、公司股东与经理、选民与官员、医生与病人、债权人与债务人之间都是委托—代理关系。因此，寻求激励的影响因素，设计最优的激励机制，越来越广泛地被应用于社会生活的方方面面。委托—代理理论是股权激励的理论基础之一。股权激励是代理成本的支付方式之一，是对经营层拥有人力资本最直接的承认。薪酬，尤其是股权薪酬，是解决代理问题的主要手段。设计科学而合理的股权激励方案，能够有效地激励管理层努力最大化股东价值。在众多股权激励方案提供者中，由股权集团提供的股权激励方案可以帮助企业构建起打通战略、治理、薪酬、考核、资本运作、文化等各个模块的中枢机制。总而言之，委托—代理理论对我国企业建立现代企业制度具有重要指导意义。

拼图048　瑞典模式

如果把“舒适”和“安全”作为一国公民生活幸福与否的指标，那么，排行榜上的冠军一定非瑞典莫属。在西方人的眼中，瑞典是一个令人神往的“乐土”，这不仅因为它的资源和风光，更重要的是，只要拥有瑞典国籍，你就可以享受政府提供的一整套“从摇篮到坟墓”的福利保障，这为该国赢得了“福利国家的橱窗”的美誉。但对于世界各国的政府和经济学家来说，最感兴趣的不是这个北欧发达小国的福利政策，而是他独特的经济发展模式。“二战”后，瑞典选择了一种既不同于传统的资本主义制度，也不同于社会主义制度的经济发展模式，经济学界称之为“第三条道路”。为什么它会选择走这条与众不同的道路呢？这与瑞典经济学家**阿瑟·林德贝克（Assar Lindbeck，1930—　）**有着很大的关系。他利用其瑞典中央银行顾问和斯德哥尔摩大学国防经济研究所所长的双重身份，积极影响和参与国家经济政策的制定，所提出的“混合经济理论”，为瑞典政府设计本国的发展道路提供了新颖的思路。林德伯克指出，传统的西方市场经济制度和社会主义计划经济制度都不理想，理想的社会经济制度应该是计划和市场有机结合的“混合经济”制度，改制度的实质就是为了寻求集权和分权的最佳结合。

20世纪60年代，美国出现了对资本主义现实进行批判的新左派思潮。林德伯克站在维护资产阶级经济学和资本主义经济制度的立场上，首先从经济制度的分析开始，对新左派思潮进行评论，并提出了他的混合经济理论。林德伯克反对把经济制度划分为资本主义和社会主义的传统方法。他将经济制度定义为为完成生产、投入和消费决定而实行的一整套的机制和组织机构。林德伯克之所以放弃传统的经济制度的划分方法，而将经济运行的方式，即经济模式称为经济制度，将瑞典的混合经济模式称为混合经济制度，目的在于从更深的制度层面为瑞典的“第三条道路”寻找理论依据。林德伯克将现代国家的经济制度区分为三种模式：一种是以中央计划体制为主体的集权经济模式，另一种是以市场体制为主体的分权经济模式，第三种是介于集权与分权之间的混合经济模式。混合经济偏重于市场制度，将计划与市场“有机结合”，兼有资本主义和社会主义两种要素。这与我们现在的社会主义市场经济有些相似。他认为一个社会要达到资源的优化配置、经济稳定和有效运行，必须解决好几个问题：一是充分了解社会消费偏好；二是根据社会消费偏好在各生产部门配置资源；三是协调生产企业和居民用户的决策，在生产与需求之间建立起联系，力求达到二者相符。要解决这几个问题，必须采用两种基本方式：一种是市场机制，另一种是中央计划机制。

拼图 049　制度经济学的集大成者——加尔布雷斯

在 20 世纪三四十年代颇为消沉的制度经济学派，从 50 年代开始，由后来被称作为“制度经济学的集大成者”的**加尔布雷斯（Galbraith，John Kenneth，1908—2006）**教授重整旗鼓，并轰轰烈烈发展成盛极一时的“新制度经济学”。这位学识广博、思想敏睿的学者，1973 年出版了他最重要的著作《经济学与公共目标》，提出的“二元体系论”“结构改革”和“新社会主义”颇为“惊世骇俗”，在西方经济学界曾掀起强烈的波澜。加尔布雷斯认为，现代工业社会存在着两个经济体系，一个是由大公司组成的“计划体系”，另一个是由中小企业组成的“市场体系”。计划体系对市场体系存在着剥削。因此，现代资本主义经济并不是单一的模式，而是两种体系并存的“二元结构”。

加尔布雷斯随后提出了消除“二元体系”的一系列改革措施，主要是削弱和抑制“计划体系”，由政府支持“市场体系”，进而形成新“社会主义”，即“社会乌托邦”。他继承美国制度学派的传统，坚持以制度为经济学的研究对象。他认为，把资源配置与利用作为研究对象是一种错误，把经济学分为微观、宏观是一种不幸。经济学研究要改变重物轻人，只看产值不见福利的倾向。他研究了广泛的课题，使制度经济学成为庞大而复杂的体系。他从制度角度分析资本主义社会，提出二元体系理论。他指出，美国社会由计划体系和市场体系两部分构成，计划体系由1 000家大公司组成，权力掌握在技术和管理人员手中，控制着市场和价格，从而也控制着市场体系。市场体系则由1 200万小企业、农场、个体经营者组成，完全听任市场支配。由于计划体系占统治和支配地位，美国这种丰裕社会存在各种收入分配不平等、经济发展不平衡、资源配置失调、通货膨胀与失业等问题。为解决这些问题，需进行制度改革，通过国家力量使两种体系的权力与收入平等化。他称实现两种体系平等化的社会为“新社会主义”。他提出了“结构改革”的方案，其措施包括：第一，限制“计划体系”的权力，扩大“市场体系”的权力。如以大垄断企业为对象制定“反托拉斯法案”，而中小企业可以不受该法案的限制；“市场体系”可以联合起来稳定价格、协议产量而与“计划体系”抗衡。第二，政府对那些难以通过共同行动来稳定价格，从而保证不了自己利益的行业，应直接进行价格管理。如通过对农产品进行价格管理来稳定和刺激农业生产。第三，政府应更多地支持“市场体系”在教育、资本和技术方面的需求。第四，对两个体系间工人的收入实行均等化措施。由于“市场体系”可以把因工资提高而引起成本上升的部分转嫁出去，包括转嫁给购买其产品和劳务的中小企业，而中小企业却不能转嫁，只有设法降低工人工资，因而便造成了两大体系在收入上的强烈反差。对此，他认为，一要大幅度提高最低工资，使“市场体系”的雇主只能在最低限度之上雇工；二要鼓励“市场体系”的工人成立工会，以增强他们与雇主谈判的能力。这些方案和措施主旨是消除“二元体系”的不平等，使资本主义经济更和谐地发展。

拼图050 “中国之谜”

制度作为协调政治和经济博弈的基本、稳定的机制，是一个国家经济增长的根本原因，若以西方经济学家们的标准为参考，中国的制度质量并不高，但是却维持了四十年的高速增长。这是令西方经济学家困惑的“中国之谜”，究其实质，在于为中国经济主要参与者提供激励的制度并非传统的理论和实证研究中的西方制度的形式。

过去几百年，资本主义以其生产力迅速发展之势，在全球攻城略地。20世纪80年代末、90年代初，社会主义阵营遭受重大挫折，资本主义阵营更是欣喜若狂、欢呼雀跃。美国前总统尼克松在《1999不战而胜》中写道：“当有一天中国的年轻人已经不再相信他们老祖宗的教导和他们的传统文化，我们美国人就不战而胜了。”

然而，2008年世界金融危机爆发以来，资本主义经济遭受重挫、复苏缓慢，资产阶级政党政治乱象丛生，民主选举缺陷显露，分权制衡走向极端，民粹主义思潮盛行，贫富差距扩大，社会分裂严重。而在世界的东方，中国经济强劲增长，国力大为增强，社会繁荣稳定，制度日趋完善，发展前景广阔。百年中国实现了从站起来、富起来到强起来的历史转变。中国兴旺发达和西方混乱迷惘形成的鲜明对照，引发了世界对两种不同制度的再思考、再认识。

英国《经济学人》周刊报道：今天以多项标准来看，中国都是全世界最有力的经济引擎。中国人均GDP正接近1万美元。这个蓬勃发展的创业型社会，创造了一些世界最大的企业。中国以人类历史上前所未有的速度和规模取得了卫生、教育、科学和总体生活水平方面的进步，已成为世界经济复苏的火车头，对全球经济增长贡献率高达30%以上，超过了美国、欧元区和日本的总和，居世界第一。

哈佛大学经济系教授理查德·库珀曾担任美国前总统卡特的副国务卿，并参与中美建交前的筹备工作。他指出，中国中产阶层群体扩大，城市交通及城际交通有了极大的改善；特别称中国的高铁和高速公路系统是“非凡的”。中国进行着人类历史上最大的减贫计划，自1980年以来有7亿人口脱离贫困，“这是一项了不起的成就”。中国科技创新能力强。科学技术是第一生产力，谁能占领科技优势，谁就能在制度竞争中显示优越性。俄罗斯战略研究所网站发表该所经济研究中心国际经济组织研究室主任维亚切斯拉夫·霍洛德科夫的文章称，美国无法抑制中国的发展，中国早已度过模仿外国技术的阶段，成为技术领域的主要大国。近10年来，中国的科研人员数量增长到318万人。中国已经连续5年占据世界知识产权组织国际专利申请排行榜的首位。2016年，中国科学家和发明家申请的专利数量比美国多了近一倍。据世界知识产权组织的统计，全球国际专利申请量排名前100位的公司中有19家来自中国，前20位中有4家来自中国。中国科学家和工程师在信息通信技术、航天、高速铁路、绿色能源、化学、生物、医学、新材料、人工智能和其他领域取得了杰出的科研成就。据世界银行统计，中国已经连续12年占据世界高科技产品出口的头把交椅。高铁、网购、支付宝和共享单车，这些被外国留学生票选出来的“中国新四大发明”，不仅让世界见证了中国因科技领域改革红利逐步释放所产生的惊人变化，也让中国在新一轮技术革命中重返世界舞台的中心。

党的十九届四中全会全面总结党领导人民在我国国家制度建设和国家治理方面取得的成就、积累的经验、形成的原则，第一次全面系统概括了十三个方面的显著优势。这些显著优势，思想深邃、内涵丰富，深刻揭示了党领导人民创造世所罕见的经济快速发展奇迹和社会长期稳定奇迹的深层奥秘，深刻回答了中国特色社会主义为什么能、为什么行、为什么好的历史之问。

一是彰显我国国家制度和国家治理体系的最大优势。中国特色社会主义制度，既体现科学社会主义基本原则，又具有鲜明的中国特色，具有独特的制度优势。在诸多特色、优势中，中国共产党领导是中国特色社会主义最本质的特征，是中国特色社会主义制度的最大优势。中国共产党作为最高政治领导力量的这种领导地位，不是凭空而来的，而是历史的选择、人民的选择，是由于党在长期领导中国革命、建设、改革的奋斗中全心全意为中国人民谋幸福、为中华民族谋复兴而确立的，因而得到了全国各族人民的真诚拥戴。在制度安排上，党的领导贯穿体现于我国国家制度和国家治理体系的各个方面。实践深刻表明，党的领导是社会主义的根本所在、命脉所在，是国家和人民的利益所系、幸福所系。党的领导和社会主义，是同一历史过程的辩证统一体，两者相互依存，须臾不可分割。新中国70多年的奋斗历程深刻表明，坚持党的全面领导，坚决维护党中央权威，健全总揽全局、协调各方的党的领导制度体系，把党的领导落实到国家治理各领域各方面各环节，坚持用共产主义远大理想和中国特色社会主义共同理想凝聚全党、团结人民，坚持用党的科学理论武装全党、教育人民，深入学习贯彻习近平新时代中国特色社会主义思想，是推进国家治理现代化的重要保障。第一条显著优势就是，坚持党的集中统一领导，坚持党的科学理论，保持政治稳定，确保国家始终沿着社会主义方向前进的显著优势。这鲜明回答了领导核心、旗帜、道路、方向等制度体系中最根本问题，在制度层面把党、国家、社会主义事业有机统一起来，揭示了社会主义国家治理和无产阶级政党的内在联系，表明我们党对共产党执政规律、社会主义建设规律、人类社会发展规律的认识达到了新水平。

二是彰显我国国家制度和国家治理体系的根本属性。我国是工人阶级领导的、以工农联盟为基础的人民民主专政的社会主义国家，国家的一切权力属于人民。坚持人民主体地位，坚定不移走中国特色社会主义政治发展道路，是坚持社会主义国家根本政治制度的必然要求。保证人民当家作主，关键是要坚持党的领导、人民当家作主、全面依法治国的有机统一。党的领导是实现人民当家作主和全面依法治国的根本保证；人民当家作主是社会主义民主政治的本质和核心，党的领导和依法治国都是为了实现人民当家作主；全面依法治国是党领导人民治理国家的基本方略，是党的领导和人民当家作主的法制保障。第二条显著优势就是，坚持人民当家作主，发展人民民主，密切联系群众，紧紧依靠人民推动国家发展的显著优势；第三条显著优势就是，坚持全面依法治国，建设社会主义法治国家，切实保障社会公平正义和人民权利的显著优势。这些显著优势深刻阐明了党的领导、人民当家作主、全面依法治国的内在关系，表明我国国家制度和国家治理体系能够有效保证人民享有更加广泛、更加充实的权利和自由，保证人民广泛参加国家治理和社会治理，彰显了我国人民民主专政的国体和人民代表大会制度的政体性质，回答了新时代中国发展什么样的民主政治、怎样发展社会主义民主政治等重大问题，明确了坚定不移走中国特色社会主义政治发展道路的根本遵循。

三是彰显我国国家制度和国家治理体系的强大治理效能。新中国成立70多年来，从社会主义革命到社会主义建设，从改革开放到中国特色社会主义道路的开辟，亿万人民群众在党的领导下，团结一心，众志成城，以主人翁的姿态，满怀豪情地投身社会主义事业，创造了一个又一个人间奇迹，取得了令世界刮目相看的伟大成就。在改革开放伟大实践中，我们党创造性地发展完善了公有制为主体、多种所有制经济共同发展，按劳分配为主体、多种分配方式并存，社会主义市场经济体制等社会主义基本经济制度，推动生产力迅猛发展，经济总量跃居世界第二，综合国力和国际影响力实现历史性跨越。历史充分证明，以民主集中制原则建立起来的国家制度能够有效调节国家政治关系，发展充满活力的政党关系、民族关系、宗教关系、阶层关系、海内外同胞关系，增强民族凝聚力，形成安定团结的政治局面；能够集中力量办大事，有效促进社会生产力解放和发展，促进现代化建设各项事业，促进人民生活质量和水平不断提高。第四、第五、第六条显著优势就是，坚持全国一盘棋，调动各方面积极性，集中力量办大事的显著优势；坚持各民族一律平等，铸牢中华民族共同体意识，实现共同团结奋斗、共同繁荣发展的显著优势；坚持公有制为主体、多种所有制经济共同发展和按劳分配为主体、多种分配方式并存，把社会主义制度和市场经济有机结合起来，不断解放和发展社会生产力的显著优势。这些显著优势蕴含着新中国70多年来国家治理的丰富历史内涵和宝贵经验，揭示了中国特色社会主义制度促进民族复兴、国家富强、人民幸福的制度密码。

四是彰显我国国家制度和国家治理体系的动力支撑和活力之源。改革创新是党和国家兴旺发达的不竭动力。党的十一届三中全会以来，党团结带领人民与时俱进、改革创新，不断破除阻碍发展的一切思想和体制障碍，开辟了中国特色社会主义道路，使中国大踏步赶上时代。一部改革开放史，就是社会主义制度的自我完善、自我发展史。第七条显著优势就是，坚持改革创新、与时俱进，善于自我完善、自我发展，使社会充满生机活力的显著优势，深刻揭示了改革是推动中国特色社会主义蓬勃发展的重要动力支撑，是中国特色社会主义制度的鲜明特色。人才是事业发展最宝贵的财富，是治国理政的根本性资源。衡量一种国家制度是否具有优势，一个很重要的标准就是看它能否广纳群贤，用制度机制把各方面优秀人才聚集起来，让各类人才的创造活力竞相迸发、聪明才智充分涌流。第八条显著优势就是，坚持德才兼备、选贤任能，聚天下英才而用之，培养造就更多更优秀人才的显著优势，彰显了我国国家制度和国家治理体系在组织制度和人才战略上的特点，从制度机制上揭示了社会主义事业始终保持蓬勃活力的奥秘。

五是彰显我国国家制度和国家治理体系的核心价值观。一个国家选择什么样的治理体系，是由这个国家的历史传承、文化传统、社会经济发展水平决定的，是由这个国家的人民决定的。新中国成立特别是改革开放以来，我们党根据我国传统、现实国情和长期治理经验，创造性地推进国家治理体系现代化，创造了不同于历史上其他社会主义国家，也不同于西方资本主义国家的治理模式。我们今天的中国特色社会主义制度和国家治理体系不是凭空产生的，是在我国历史传承、文化传统、社会经济发展的基础上长期发展、渐进改进、内生性演化的结果，寄托着共产党人的理想信念和价值追求，凝结着党和人民长期奋斗、创造、积累的根本成就，继承和发扬了中华优秀传统文化。第九条、第十条显著优势就是，坚持共同的理想信念、价值理念、道德观念，弘扬中华优秀传统文化、革命文化、社会主义先进文化，促进全体人民在思想上精神上紧紧团结在一起的显著优势；坚持以人民为中心的发展思想，不断保障和改善民生、增进人民福祉，走共同富裕道路的显著优势。这些显著优势深刻反映了我国国家制度和国家治理体系的历史传承和文化传统，体现了我们党的根本宗旨和社会主义核心价值观。

六是彰显我国国家制度和国家治理体系的重要保障和根本利益所在。顺利推进中国特色社会主义事业，必须要有坚强有力的保障，必须坚决捍卫国家根本利益。党对军队绝对领导的根本原则和制度，关系我军性质和宗旨，关系社会主义前途命运，关系党和国家长治久安。第十一条显著优势就是，坚持党指挥枪，确保人民军队绝对忠诚于党和人民，有力保障国家主权、安全、发展利益的显著优势，阐明了人民军队区别于一切旧军队的政治特质和根本优势，彰显了人民军队的立军之本和建军之魂。第十二条显著优势就是，坚持“一国两制”，保持香港、澳门长期繁荣稳定，促进祖国和平统一的显著优势，体现了中华民族的根本利益所在，反映了实现中华民族伟大复兴的历史必然。第十三条显著优势就是，坚持独立自主和对外开放相统一，积极参与全球治理，为构建人类命运共同体不断作出贡献的显著优势，回答了“建设一个什么样的世界、如何建设这个世界”这一关乎人类前途命运的重大问题，体现了社会主义中国对人类命运的责任意识和使命担当。

十三个方面的显著优势，涵盖了内政外交国防、治国治党治军等各个领域，它总结历史，回答现实，指明未来，既是对过去国家治理经验的科学总结，也阐明了新时代坚持和完善中国特色社会主义制度、推进国家治理体系和治理能力现代化必须坚持的重大原则，为我们坚定中国特色社会主义道路自信、理论自信、制度自信、文化自信提供了基本依据，必须倍加珍惜、始终坚持、充分自信。坚持和发挥好显著优势，必须坚定制度自信，保持政治定力，牢牢把握推进国家治理体系和治理能力现代化的正确方向。同时，这些显著优势不是机械的、静止的，而是一个开放发展的系统。必须与时俱进、改革创新，适应坚持和完善中国特色社会主义制度、推进国家治理体系和治理能力现代化的总体目标要求，总结新经验，探索新规律，不断丰富发展我国国家制度和国家治理体系的显著优势，推动中国特色社会主义制度更加完善、国家治理体系和治理能力现代化达到更高水平。

第八章

08

效率与公平
——经济可持续发展的必然

纵观经济学的发展历程，不外乎就是在效率与公平之间寻找平衡点的过程。而这一过程永远不会完结，因为只要新的欲望一出现，已经建立起来的平衡便会被打破，寻找和确定新的平衡又会开始，这是经济学永恒的使命。

拼图051　“三位一体”的财富分配理论

19世纪初，在西方政治经济学的“王国”里，出了一位“王子”，他就是法国资产阶级政治经济学的主要代表——**让·巴蒂斯特·萨伊**（Jean-Baptiste Say，1767—1832）。他出生于富商家庭，早年经商，后来到英国求学，接触了英国古典政治经济学体系的伟大创始人亚当·斯密的学说，从此踏上了研究政治经济学的道路。萨伊转向经济研究，对整个萨伊家族都有影响。萨伊的兄弟路易·萨伊、长子雷斯·萨伊、孙子里昂·萨伊后来都成为法国有名的经济学家。萨伊家族由此被誉为“一个完整的经济学皇朝”。

萨伊的主要著作是《政治经济学概论》。这部书1803年在巴黎出版，比李嘉图的《政治经济学及赋税原理》要早问世14年。萨伊生前此著作再版5次，被译成多国文字，成为欧洲大学该学科的教科书。

萨伊的《政治经济学概论》选择了这样一个副题：财富的生产、分配和消费。他反对把研究人与人关系的政治学与研究财富的政治经济学混同起来。在他看来，政治经济学与物理学一样，是一门技术科学，专门研究财富的增长，在剔除人与人的关系后，萨伊把政治经济学分为三个相互独立的部分：财富的生产、财富的分配、财富的消费。

对于财富的来源，萨伊不同意斯密的劳动价值论。他强调生产就是创造效用，创造效用就是创造财富，财富是由各种具有效用的物品组成的。物品的价值是由资本、土地和劳动这三种生产要素协同创造的，所以，三要素的所有者理应取得相应的报酬，即工人得到工资，资本所有者得到利息，土地所有者得到地租。他的“三分法”体系，以“三要素”为核心的财富生产理论，以“三位一体”为准则的财富分配理论，足以使他成为“王子”。

“效用价值说”最早可以追溯到亚里士多德，18世纪，意大利神父孔狄亚克和加里安尼曾对效用是价值的源泉问题做过清楚的表述。但萨伊是第一个用效用价值论代替劳动价值论的人。半个世纪后，他的效用价值说为奥地利学派所继承，发展成了当今很有影响的边际效用理论，他的生产三要素论成了奥地利学派的渊源。生产费用论为不少学派所沿用。他的资本进行“生产性服务”的理论，发展成了后来的资本生产力说。他所提出的工资是劳动的报酬、利息是资本的报酬、地租是土地的报酬，以及利润是企业家才能的报酬，这一整套分配理论，至今仍是西方经济学的信条，并在实践中得到了广泛深入的实施。

拼图052 检验福利的标准——帕累托最优

经济学作为一门工具，从它诞生的那一天起，就肩负着不断改善人们生活的神圣使命。但这一目的，在庇古之前，却不显得十分明显。直到庇古建立了福利经济学体系，并专门把怎样才能使国民的经济福利达到最大化作为他这门分支学科的研究对象时，才使得经济学对人类正义和幸福的关注逐渐清晰和深刻起来。

对于福利的理解，庇古所做的说明一直被西方经济学界视为经典。判断一个社会的经济福利是否所有增进时，庇古认为，虽然经济的每一次变动和社会的每一次进步，对不同的人有不同的利害影响，但如果受益者的所得在补偿受损者的所失后还有剩余，那么，就可以认定社会福利得到了增长，其所采取的经济政策便是正当的。检验它的标准有三个：一是国民收入是否大量增加；二是国民收入在社会各阶层的分配是否平等；三是国民收入是否稳定。这些都是无可厚非的，不过他在计算时采用了效用原则，在这一点上他受到了前所未有的攻击和批判。因为效用是当事人个体的心理感受，个人所体会到的效用或者满足程度是不能测量的，更无法相互比较。这样，庇古的理论体系被动摇了，尤其是他的学生琼·罗宾逊批评得最为激烈，于是人们开始避开效用测定和收入分配问题，来重建福利经济学体系。

新福利经济学的奠基工作是由意大利经济学家**维尔弗雷多·帕累托（Vilfredo Pareto，1848—1923）**完成的。帕累托指出，由于效用无法确切计量，因此，国民福利应该是全社会每个人个人福利的集合，而非总和。尽管效用无法计量，但对它们却可以进行排列，以此表示消费者选择的次序。例如，甲某对电视的偏好胜过录音机，乙某认为衬衫比黄油能带给他更大满足，等等。在这一论题的基础上，帕累托得出了结论：社会的经济福利就是个人效用的排列与组合，而不同的排列与组合便构成不同的福利状况。按照这一思路，他得出最终的结论：在既定的收入分配下，检验一个社会的经济福利是否增加的标准是，如果生产和交换情形的改变，使得社会中一些人的境况变得好些，而其他人并未变得坏些，社会福利就增进了；而如果一些人的境况变好了，但另一些人的境况却变坏了，就不能说整个社会的福利增加了。这就是著名的“帕累托最优条件论”，简称“帕累托最优”。它是指：如果经济运行已达到最高效率，一部分人要进一步改善处境，就必须以另一些人的处境恶化为代价。这一资源配置的状态，就叫作帕累托最优状态。实现它必须同时满足以下三个条件：交换的最优条件、生产的最优条件和生产与交换的最优条件。

帕累托最优

使交换双方得到最大满足的条件即为交换的最优条件。这里交换的物品有个效用问题，而效用则是人们从消费品种获得满足的程度，满足的程度越高，效用就越大，反之则越小。事实上消费的“边际效用”总是存在递减规律，会出现商品的“边际替代”，只有在每一对商品的边际替代率都相等的前提下，才能实现交换的最优条件。

生产的最优条件，就是在生产要素存量一定的条件下，使产出达到最大的条件。现代经济学把投入与产出的关系称为“转换率”，而增加的投入与增加的产出之间的比例关系称为“边际转换率”。如果一个企业生产两种产品，并且这两种产品的边际转换率不等，企业就会减少成本高、收益低的产品的生产，增加成本低、收益高的产品的生产，以便增加收益总量。例如使用同量的生产要素，生产面包可以获得 100 元的收益，生产苹果派可以获得 200 元的收益，那么企业就会将生产要素投入到苹果派上，使生产资源在不同产品之间重新配置。同样的道理也适用于不同的企业。例如使用同量的生产要素，甲企业可以生产 100 块面包，乙企业可以生产 200 块面包，当然将生产要素交给乙企业使用为好。因此，生产的最优条件，就是对于所有的生产者来说，使用资源生产任何两种商品的边际交换率都相等。

要达到帕累托最优状态，分别满足生产的最优条件与交换的最优条件还不够，还必须同时将生产的最优条件与交换的最优条件结合起来，即要求任何一对可以再生产的产品，它们的边际转换率必须等于它们的边际替代率。这是因为，边际转换率反映了生产的效率，边际替代率反映了消费者的偏好，边际转换率等于边际替代率，说明社会生产结构与社会需求结构相一致，生产出来的产品都是可以满足社会需要的，不存在滞销和积压。

以上三个条件全部满足后，社会的福利若想再增加一点，似乎就是不可能的事了，也就是说达到了效率最大或资源配置的最佳状态，帕累托适度最终得以实现。

但这个“最优”有些不切实际，后来美国经济学家卡尔多和希克斯重新对福利标准进行了考察，提出了所谓的“假想补偿原理”。就是在改革变化中“哪方受损补哪方”的原则。以“假想补偿原理”为基本内容的卡尔多—希克斯的福利检验标准，表面上似乎避开了个人价值判断，使福利经济学有了实证的基础，但实际上却蕴含着一个特定的思想实质，即一种政策的实行，即使将导致贫者更贫、富者更富，但只要它使国民收入总量有所增加，也可以说成是增进了社会福利。

前面讲到“检验福利标准”时讲到“帕累托最优”，就是改革变化都必须“有”向好的方向，不能你的状况好是以别人的状况坏为代价。举个简单的例子：假如有10个人在等同一辆车，当车开到时，这辆只能装10个人的车上已经坐了9个人，剩下1个“座位”。这种情况下，什么样的资源配置才是帕累托最优呢？地上的10个人都上车，可以改善后上车10个人的福利，但使车上的9个人受挤，损害了他们的福利。10个人都不上车也不行，因为浪费掉了一个座位的资源。只有让1个人上车，才算做到“帕累托改进”，因为这样可以使1个人的福利变好，又没有使任何一个人的福利变坏。当车上坐满10个人时，资源配置方式便达到了“帕累托最优”，因为在这种状态下，已经没有办法在不损害车上乘客的福利的同时让任何一个人上车以改进他的福利。全社会的经济运行和资源配置也同此理。这就是他一直追求的资源的最优配置和产品的最优分配。

拼图053　增进整个社会的福利——收入均等化原理

明末清初的散文家周容写过一篇文章叫《芋老人传》，文中的一位穷苦书生在当了宰相后，怀念当年潦倒时一位老人给煮的香甜芋头，于是几经寻访，终于找到老人到相府为其煮芋，可是芋头煮法依旧，相爷却无论如何也吃不出当年的味道了。这看起来只是个讽刺“富贵忘本”的小故事，其实蕴含着一个经济学原理，就是“福利经济学”的收入均等化原理。

福利经济学产生于19世纪末到20世纪初的这段时间里，这个时候资本主义正从自由竞争向垄断过渡。随着一批掌握巨额资产的垄断寡头的出现，资本主义社会由来已久的两极分化、贫富悬殊等问题变得更加尖锐、更加触目惊心，造成了严重的社会对抗和冲突。英国经济学家庇古由于最早建立起福利经济学的理论体系，而被后人称作“福利经济学之父”。

福利经济学的核心目标是增进个人乃至整个社会的福利。其思想渊源是边沁的功利主义，即人的本性是追求幸福，人的行为是趋利避害，绝大多数人的幸福就是道德准则和立法依据。庇古认为，一个人的福利来源于他从社会生活中获得的满足。福利包括的内容很广，除了财富的占有外，享受闲暇、社会地位、家庭幸福、友谊、爱情等也是可以给人带来满足的，从而构成了个人全部幸福的一部分。但是这部分福利是很难计算的，同时它又跟财富的多寡有很大关系。因此，经济学主要研究与财富有关的那部分福利，即经济福利。如何才能增加经济福利呢？庇古认为主要有两个办法：一是增加财富，即国民收入，它越大经济福利就越大，一个人实际收入的增加和一个国家国民收入的增加，都是经济福利的增加；二是促进个人之间收入的均等化。

为什么收入的均等化可以增加整个社会的经济福利呢？我们可以重温周容讲的那个故事。当故事的主人公还是穷书生时，一块芋头又香又甜，他从中得到了很大满足。而做了相国后，同样的芋头不好吃了，他得到的满足很少。“时位之移人也！”也就是说给富人增加一元钱收入是锦上添花，他不以为然；给穷人增加一元钱收入是雪中送炭，穷人要比富人得到的满足多很多。而富人得不得一元钱不会伤筋动骨，他还是富人；而穷人得到一元钱则是加大了福利。

如何把富人的一部分收入转移给穷人？庇古提出了四条路径：一是自愿转移，富人拿出一部分收入办教育、科研、保健和娱乐等福利设施，或捐助慈善事业；二是强制性转移，由政府征收所得税和遗产税等，转移一部分给穷人；三是直接转移，也就是设立社会保障和社会服务设施；四是间接转移，对于穷人最迫切需要的食品、住宅等商品，由政府给予其生产单位一定补贴，从而降低售价，使得穷人从中受益。

拼图054　对穷人的救济——负所得税方案

米尔顿·弗里德曼那样为普罗大众所瞩目，是由于他在《新闻周刊》上长达20年的专栏文章、他的系列电视纪录片《自由的选择》，以及他的

“货币主义”学说被世界上许多政府所采纳，这位杰出人物早在1976年就获得了诺贝尔奖。在他那些卓越的思想中，他为救济社会贫困者设计的“负所得税方案”，无疑是所有关于补贴支付体系的政策建设里最令人耳目一新的一个，又一次证明了他追求真理、追求科学、反对人为的风骨。

在弗里德曼看来，消除贫困，对生活困难的人群给予补助，是政府应尽的责任。但是，现在所有国家的政策，都这么烦琐不堪，又严重地挫伤了受助者的积极性，妨碍了整个社会的效率。他指出，必须选用一种最有效而又最简洁的武器，对现有的援助穷人的收入支付计划进行改革。

弗里德曼参照正所得税体系，设计了一个补助穷人的“负所得税方案”，让低收入者依据其各自收入，得到政府向其补贴的不同的负所得税。而这种帮助穷人的办法之所以被称为“负所得税”，目的是要强调它与现行的所得税之间，在概念与方法上的一致性。负所得税就是政府界定出一个最低收入线，然后按照一定的负所得税税率，对在最低收入线以下的穷人，根据他们不同的实际收入给予一定的补助。其具体做法是：负所得税＝最终收入指数－（实际收入×负所得税税率）。这样，个人最终可支配收入＝个人实际收入＋负所得税税额。

以这一公式进行计算，在可得到救济的人群中，收入不同的人可以得到不同的补助，从而使得有收入的人、收入较高的人在接受负所得税后的最终可支配收入，比没有收入的人、收入较低的高，这样便可以鼓励人们多工作、多收入，保持贫穷家庭的成员挣更多收入的积极性，而不像差额补助那样养成人们对救济的依赖。

例如，假定政府已规定，目前社会的最低收入指标为1 500元，负所得税税率为50%，有甲乙丙三家：甲的实际收入为零，可得负所得税1 500元；乙的实际收入为2 000，可得负所得税500元；而丙的实际收入为3 000元，可得负所得税为零。但三家的可支配收入却是1 500元、2 500元、3 000元，证明实际收入越高的可支配收入也越高。这样，以3 000元为平衡点，实际收入超过3 000元的，按正所得税税率，向政府纳税。

这个负所得税方案有利于解决公平和效率之间的矛盾，有利于裁撤那些庞大的社会救助机构、人员，有利于“放管服”，减少各类证明、表格等服务和资料浪费，可以避免贪污和贿赂，等等，但不利于庞大的政府性就业以及这些就业带来的稳定。

当然，在社会诚信不足的状态下，调整是个大麻烦，这也是这一方案没有推行的原因。但它为我们探讨公平和效率的平衡点提供了一个新思路。

拼图055 平等与效率的矛盾——奥肯的漏桶原理

尽管平等和自由的畅想曲人类已经唱了几千年，但在很长一段时间内，它并没有引起经济学界足够的重视。古典经济学者将更多的注意力投向了经济效率，他们对市场机制的美妙阐述，至今还闪烁着智慧的光芒，但在收入分配这个问题上，他们的看法却与《圣经》非常相似，即收入分配是不可改变的，贫穷将永远伴随人们。在西方经济学界，庇古最早打破了古典经济学在分配问题上无为而治的传统，面对着庞大的社会财富和大众严重贫困的对比，他第一次比较系统地表达了对经济平等的关注。1920年出版了他的名著《福利经济学》，把平等和效率同时纳入了经济分析的视野。在庇古看来，争取效率就是要合理配置资源，增加国民收入；而争取平等则是将富人的一部分收入转移给穷人，实现收入的均等化。只有二者兼顾，才能增进整个社会的福利。庇古描述的这种富足而又和谐的社会无疑令人向往，但问题在于，平等和效率在现实中往往是矛盾的，对于这个问题，奥肯曾作过非常精辟的论述，这就是著名的“漏桶原理”。他认为，将富人的一部分收入转移给穷人，有利于促进平等，但却会带来效率的损失。因为转移的过程会发生“泄漏”，结果是富人失去的多，而穷人得到的少。

现代社会就是这样：政府在富人那里打了一桶财富的水，比如1 000元，浇到穷人那里只剩600元，其余400元不翼而飞。奥肯有一句名言：“当我们拿起刀来，试图将国民收入这块蛋糕在穷人和富人之间作平均分

漏桶原理

配时，整个蛋糕却忽然变小了。”这实际上是效率的损失，原因有二：一是税收削弱了富人投资的积极性。奥肯在他那本著名的《平等与效率——重大的抉择》一书中，曾这样写道：“如果税收对于储蓄和投资具有重大的和有支配的影响，那么在总量数字方面的证据将是引人注目的而且是明显的。1929 年，尽管美国经济处于萧条时期，但由于当时的税率很低，投资还是占了国民收入的 16%；在此之后，联邦税的税率上升了好几个百分点，到了 1983 年，尽管当时的经济处于复苏时期，但投资率仍没有超过 14%。”二是税收影响了劳动的积极性。不仅影响富人，而且影响穷人。比如一个失业工人，由于得到了一个月薪并不算高的工作，而失去了政府的所有补贴，他自然也就对找工作不热心了。这样由于在收入分配的过程中，可供分配的国民收入总量减少了，结果就必然与政府的桶发生了“泄漏”一样，使得富人失去的多，而穷人得到的少。

“漏桶原理”意味着，平等和效率是“鱼和熊掌不可得兼”。二者孰轻孰重？经济、伦理乃至哲学家们就此展开了旷日持久的争论。最具代表性的是美国哲学家约翰·罗尔斯《正义论》假设的荒岛理论，提出了平等优先。而弗里德曼则担心，追求平等会损害神圣的自由，偏离了合众国缔造者的初衷，使自由的权力处于危险之中。

在罗尔斯和弗里德曼之间，奥肯采取了比较折中的立场。在他看来，效率诚可贵，平等价更高，二者谁都不能偏废，应既促进平等，又尽量减少对效率的损害。可以用缩小补贴范围、降低补贴标准来控制收入分配对穷人的劳动积极性的影响；用调低所得税税率、提高消费税税率，减少收入转移对富人的损害；等等。奥肯特别指出，贫穷的根源是缺乏教育和训练，而要打破这种贫穷—不良教育—贫穷的恶性循环，最有效的办法就是，向贫穷的人口敞开教育的大门。“在走向平等的道路上，没有比提供免费的公共教育更为伟大的步骤了。”

拼图056 资本主义制度的自我改良——福利国家论

前面讲过，瑞典是个推行“福利国家政策”的典范，不要碉堡，只要和平。这种明智确保了它今天“世界审判者”的稳固地位，“收入分配均等化”“经济稳定化”“福利普遍化”令西方国家对之无限向往。

福利国家是包括混合经济、充分就业、收入均等、社会福利、社会保障等内容在内的一揽子政策目标的总称。它的主旨也很明确，即在肯定财产私有制和市场机制的前提下，由国家对社会经济生产实行全面有效的调节和干预，改善人民的生活，以使资本主义制度趋向更为稳定与合理。

这一主张最早是在19世纪末由一些标榜“社会主义”的小资产阶级改良主义者提出的，如德国的“讲坛社会主义者”、英国的“费边社会主义者”；到20世纪20年代，庇古建立了福利经济学体系；30年代凯恩斯面对大危机提出的系列国家干预政策也为之创造了条件；直到英国的“贝弗里奇报告”出现，英国工党政府1948年宣布成为“福利国家”，而这一口号广为流传。

“福利国家论”的思想来源很庞杂，但总体上看，到了**阿瑟·林德贝克（Assar Lindbeck，1930— ）**时的政策是比较清晰完整的，概括起来其包括四个方面的内容：第一，混合经济；第二，收入均等化；第三，就业充分；第四，社会安全网。

尽管自由的市场机制是资本主义国家所崇尚的，但要推行“福利国家”，却离不开政府的调节和干预，这就不得不提“混合经济”了。因为没有计划指导的市场会带来一连串外部非经济性的恶果，所以要使一个社会达到资源的优化配置和经济稳定，满足社会福利最大化的要求，必须把中央计划和市场机制结合起来，这种干预包括对社会资源配置的调节和对收入的调节，私营经济和国家干预相互协调，既保证私人福利的最大化，也保证社会福利的最大化。“混合经济”被认为具有很大的优越性，是“福利国家”的一项重要内容，甚至可以说是推行“福利国家”的保证。萨缪尔森干脆把二者等同起来，认为现代混合经济就是“福利国家”。

“收入均等化”是其重要标志，因此必须实行个人所得累进税制，缩小收入差距；实行转移支付，通过再分配，改善低收入人群的收入状况和生活福利。

高就业、高产出、高收入是这种社会的一个表征，因此特别强调充分就业，也被称为有计划的充分就业。

“社会安全网”针对市场机制而言，用于防止市场失灵，包括针对不符合资本主义一般伦理原则的残、老、幼、妇的社会救助，从而形成一张社会保障的安全网。

拼图 057　我国经济制度的发展历程

回顾新中国经济制度的发展历程，也是一部中国社会由“公平→效率→公平”螺旋式上升、不断发展的变迁史。

1949 年，中华人民共和国成立初期，面临严峻复杂的外部环境和一穷二白的国内经济环境，中国共产党在总体上依据马克思主义的传统经济理论、基本参照苏联模式，逐步探索和建立起来具有某些中国特点的计划经济体制，“生产什么、怎样生产和为谁生产”基本依靠政府的指令来解决，经济活动的大部分资源也是由政府拥有，并且根据政府指令来分配。计划经济在当时的历史环境下发挥了重要的积极作用。

首先，运用这种新的经济体制有助于在短期内医治旧中国遗留下来的经济恶性波动，以顺利度过经济困难时期。新中国成立伊始，面对国民党政府留下的财政枯竭、通货膨胀的局面，由于国家加强集中管理，不出一年时间，就基本制止了通货膨胀，经济初步获得稳定。其次，在经济发展水平低、建设资金严重短缺、国力有限的条件下，运用这种行政集权的计划经济体制，保证把有限的资源集中到重点建设上，奠定了国民经济良性循环的物质基础。在国民经济恢复时期结束后的第一个五年计划时期，正是由于国家利用手中的行政力量对重点建设进行集中统一的管理，才建成以苏联帮助中国建设的156项工程为中心的694个大中型建设项目和一些骨干企业，使中国建立起比较完整的基础工业体系和国际工业体系的骨架，为国家工业化奠定了初步基础，从而为国民经济的长远发展创造了有利的条件。最后，在中国历史上第一次建立起与计划经济体制相适应，符合当时我国实际的社会福利制度和体系，使灾民、困难群众、弱势群体的吃饭、养老、医疗等问题得到了一定的保障，彻底改变了旧中国贫富两极分化和绝大多数社会成员在死亡线上挣扎的悲惨局面，帮助城乡最脆弱的社会成员摆脱了生存危机，维护了社会的稳定。

可以说，中华人民共和国成立初期，由于连年战乱使社会经济水平极为低下、国家百废待兴，旧社会遗留下来大量的难民、灾民、游民、乞丐、失业者，城市贫困问题极其突出。新中国社会福利制度的最初创立，就是致力于解决灾难救济和失业困难问题。为了调配极为有限的社会财富保障大多数社会成员，使得当时的社会福利只限于给人们提供最基本的生活条件、最基本的生存保障，忽略了不同个体之间对社会福利的差别需求，忽略了社会成员更高层次的福利需求，从而使其深化为虽受惠程度不高，但人人有份、人人平均享有的必然的物质待遇。由此，在我国计划经济时期，平均主义成为社会福利制度安排的指导思想和起支配作用的社会公平理念。

虽然计划经济曾一度为中国早期的经济恢复和初步发展做出了巨大贡献，也曾一度被认为是社会主义、共产主义的经济标志之一，但随着时间的推移，其弊端日渐明显：一是对国内经济的控制达到惊人的程度，政府企业职责不分，无视价值规律与市场调节的作用，一切以计划为纲，无法适应消费群体的需要，制约商品经济的发展，成为中国经济发展的最大瓶颈。二是生产商品的数量都在计划之中，购买商品还需要相应的商品票（如购买粮食就需要有相应的粮票），造成消费者即使有钱也难以买到需要的商品。三是工农业生产与商品经营均为强制性的生产资料公有制，个人不得持有私有财产，一切劳动成就都会被均分，这导致生产者没有兴趣扩大生产，很大程度上抑制了劳动积极性，只依靠“大锅饭”生活，丧失了发展经济的动力。经济上，至 1978 年，尽管中国的国民生产总值达 3 624 亿元，比 1965 年的 1 716 亿元翻了一倍多，年均递增率达 6. 8%，并建立起了一个独立的、门类齐全的工业体系，但是人民依然贫苦，技术比较落后，并且经过“文革”后，中共出现一定程度的执政危机和信任危机。高度集中的计划经济体制，已严重阻碍了中国生产力的发展。中国迫切需要第二次革命，解放生产力。

1978 年 11 月 24 日，安徽省凤阳县小岗村 18 户农民以敢为天下先的胆识，按下了 18 个手印，搞起生产责任制，揭开了中国农村改革的序幕。也许是历史的巧合——就在这些农民按下手印的不久，中共第十一届三中全会在北京人民大会堂隆重开幕。在关系国家命运和前途的严峻历史关头，以邓小平为代表的中国最高层的政治家和最底层的农民们，共同翻开了历史新的一页。

1979 年，党中央、国务院批准广东、福建在对外经济活动中实行“特殊政策、灵活措施”，并决定在深圳、珠海、厦门、汕头试办经济特区，福建省和广东省成为全国最早实行对外开放的省份之一。在开辟为经济特区后，深圳市鲜明地喊出了“时间就是金钱、效率就是生命”的口号，从中国改革开放的“探路者”，到新时代的“示范区”，成为中国经济特区的代表。40 年间，深圳市的 GDP 从 1. 97 亿元到 26 927. 09 亿元，增长13 000 多倍，经济总量超越中国香港，也超过瑞典、罗马尼亚、奥地利等欧洲国家全国的经济总量；2018 年深圳人均 GDP 达 19. 33 万元，约是全国平均水平的 3 倍，比 1979 年的人均 606 元增长了 318 倍；从创办第一家股份制中外合资企业，到登记商事主体近 320 万户，稳居全国大中城市首位；从贫穷落后的小渔村到先进制造业占比超过 71%……深圳书写了世界城市发展史上罕有的奇迹。

深圳等经济特区的创建成功，为进一步扩大开放积累了经验，有力推动了中国改革开放和现代化的进程。1984 年 4 月，党中央和国务院决定进一步开放大连、秦皇岛、天津、烟台、青岛、连云港、南通、上海、宁波、温州、福州、广州、湛江、北海这 14 个港口城市，逐步兴办起经济技术开发区。从 1985 年起，又相继在长江三角洲、珠江三角洲、闽东南地区和环渤海地区开辟经济开放区。1988 年增辟了海南经济特区，海南成为中国面积最大的经济特区。1990 年，党中央和国务院从中国经济发展的长远战略着眼，又做出了开发与开放上海浦东新区的决定。中国的对外开放呈现出新局面。中国的对外开放已从沿海向内地发展，形成经济特区—沿海开放城市—沿海经济开放区—内地这样一个全方位、多层次、宽领域的对外开放格局。

40 年来，我国改革开放事业取得了巨大成就，实现了三个伟大的转折：第一个伟大转折就是从高度集中的计划经济体制向充满生机和活力的社会主义市场经济体制转变；第二个伟大转折是从封闭半封闭的社会向全面开放的社会转变；第三个伟大转折是人民的生活从温饱转向基本小康。从 1978 年到 2017 年，中国平均每年经济增长速度达 9. 5%，经济总量占世界的份额从 1. 8% 增至 15% 左右。中国的发展以人为本，中国人民生活从短缺走向充裕、从贫困走向小康，7 亿多贫困人口成功脱贫，占全球减贫人口总数 70% 以上。到 2017 年 10 月党的十九大召开之前，国内生产总值已达到 80 万亿元，稳居世界第二，对世界经济增长贡献率超过 30%。

随着社会主义市场经济体制的建立，社会生产力飞速发展，综合国力不断增强，人民生活日益改善。但是经历了“黄金发展期”后，改革发展也进入深水区和“矛盾凸显期”，人们收入差距进一步扩大。我国的基尼系数从改革开放前的 0. 16 已连续 10 年超过 0. 45 的国际警戒线，城乡居民之间、垄断行业与非垄断行业之间、最高收入阶层与最低收入阶层之间、城市居民与农民工之间的收入差距过大也引起社会普遍关注。党的十九大报告指出，中国特色社会主义进入新时代，我国社会主要矛盾已经转化为人民日益增长的美好生活需要和不平衡不充分的发展之间的矛盾。因此，进一步思考公平与效率的关系问题对于我国新时期的社会发展具有重要的现实意义。

我国对于公平与效率关系的认识与处理大致经历了“让一部分人先富起来”到“效率优先，兼顾公平”再到“公平与效率的新组合”三个阶段，反映我国对社会主义市场经济认识的进一步深化。公平并不是财富上的平均，而是效用的公平，也是机会平等。党的十七大报告提出，“初次分配和再分配都要处理好效率和公平的关系，再分配更加注重社会公平”；党的十八大后，提出了公平优先兼顾效率的原则，目的是缩小贫富差距，化解社会矛盾，实现社会的可持续发展，从而促进个人的全面自由发展，让全体人民共享改革开放的成果。根据历史的发展和当前的社会形势需要，只有贯彻公平优先原则，才能接近公平与效率相互平衡的理想状态。

2015 年 11 月 27 日至 28 日，习近平总书记在中央扶贫开发工作会议上强调，消除贫困、改善民生、逐步实现共同富裕，是社会主义的本质要求，是中国共产党的重要使命。11 月 29 日，《中共中央 国务院关于打赢脱贫攻坚战的决定》发布，自此，中国正式启动了轰轰烈烈的脱贫攻坚战。2021 年 2 月 25 日，这是永远被铭刻在人类历史上的重要日子。在这一天，中国向世界庄严宣告，中国脱贫攻坚战取得了全面胜利，现行标准下 9 899 万农村贫困人口全部脱贫，832 个贫困县全部摘帽，12. 8 万个贫困村全部出列，区域性整体贫困得到解决，完成了消除绝对贫困的艰巨任务，困扰中华民族几千年的绝对贫困问题得到历史性解决！3 月 9 日，联合国秘书长古特雷斯致函习近平祝贺中国脱贫攻坚取得重大历史性成就。

一个国家的经济是否繁荣、社会是否进步，往往体现在改善民生、提高老百姓生活水平等方面。中国的脱贫攻坚，向全世界展现了“以人民为中心”的制度优越性。首先，彰显了走共同富裕道路的社会主义制度优势。中国共产党的领导是打赢脱贫攻坚战的根本保证，中国特色社会主义制度是打赢脱贫攻坚战的制度优势，系统完备、科学规范、运行有效的制度体系是打赢脱贫攻坚战的制度保障，“以人民为中心”的制度安排为全球贫困治理贡献了中国经验。其次，中国共产党坚持以人民为中心，体现出人民至上、生命至上的价值追求。“大道之行也，天下为公。”中国共产党坚持以人民为中心，不仅希望中国人民过得好，也希望各国人民都过得好。习近平总书记一再强调，中国共产党是为中国人民谋幸福的政党，也是为人类进步事业而奋斗的政党。中国共产党始终把为人类作出新的更大的贡献作为自己的使命。最后，彰显了中国政府和中国人民的世界担当精神。从受援国到援助国，从贫困到全面小康，中国的发展成就举世瞩目，对世界产生了重大影响。中国提出的人类命运共同体理念，逐渐成为全球共识，获得全球认同，推动全球治理体系变革。中国倡导的“一带一路”建设，连接沿线各国人民梦想，致力于实现沿线国家的共同发展和共同富裕。世界银行报告显示，共建“一带一路”将帮助760万人摆脱极端贫困、3 200万人摆脱中度贫困。

如今，中国完成的脱贫壮举，为世界注入源源不断的减贫动能，展现出负责任大国的担当。站在新的历史起点上，中国将一如既往，同世界各国一道，为共建一个没有贫困、共同发展的人类命运共同体而不懈奋斗，为人类和平与发展的崇高事业不断作出新的更大贡献。

在庆祝改革开放40周年大会上，习近平指出，改革开放是我们党的一次伟大觉醒，正是这个伟大觉醒孕育了我们党从理论到实践的伟大创造。改革开放是中国人民和中华民族发展史上一次伟大革命，正是这个伟大革命推动了中国特色社会主义事业的伟大飞跃！他说，改革开放是当代中国命运的关键抉择，是发展中国特色社会主义和中华民族伟大复兴的必经之路，只有改革开放，才能发展中国，才能发展社会主义，才能发展马克思主义。必须坚持党对一切工作的领导，不断加强和改善党的领导；必须坚持以人民为中心，不断实现人民对美好生活的向往；必须坚持马克思主义指导地位，不断推进实践基础上的理论创新；必须坚持走中国特色社会主义道路，不断坚持和发展中国特色社会主义；必须坚持完善和发展中国特色社会主义制度，不断发挥和增强我国制度优势；必须坚持以发展为第一要务，不断增强我国综合国力；必须坚持扩大开放，不断推动共建人类命运共同体；必须坚持全面从严治党，不断提高党的创造力、凝聚力、战斗力；必须坚持辩证唯物主义和历史唯物主义世界观和方法论，正确处理改革、发展与稳定的关系。

当我国的发展站在新的历史起点之时，我们必须顺应经济体制深刻变革、社会结构深刻变动、利益格局深刻调整、思想观念深刻变化，以及党面临的机遇前所未有、面对的挑战也前所未有的新形势新情况，进一步凝聚改革共识、坚定改革方向、完善改革举措，解放和发展社会生产力，不断创新充满活力的体制机制，发展中国特色社会主义，推进国家现代化，让中国人民富裕起来，实现中华民族的伟大复兴。

第九章

09

国际贸易
——不可阻挡的经济全球化

拼图 058　什么是贸易

“贸易”这个司空见惯的词，在 2018 年，伴随美国第 45 任总统**唐纳德·特朗普**（Donald Trump，1946—　）的一系列经济政策而成为全球最热门的词汇，“贸易赤字”“经常项目账户”等专业名词成为街头巷尾的讨论热点。人人都在讨论贸易问题，每个人都能讲出一堆道理。但是，又有谁能把贸易这件事情追根溯源说清楚呢？

2006 年诺贝尔经济学奖获得者**埃德蒙德·菲尔普斯**（Edmund S. Phelps，1933—　）这样讲：贸易的本质就是交易，这一点，毋庸置疑。

贸易的背后是比较优势。国际贸易之所以会产生，是因为不同国家之间的比较优势不一样。比如，美国人力成本高，虽然制造型企业可以在美国生存，但是高昂的劳动力成本会吞噬企业的利润。而美国相对于中国，在技术上有领先的比较优势，而中国相对于美国，在劳动力成本上有更低的价格优势，聪明的美国企业当然会选择把低附加值的制造环节转移到成本更低的中国去生产制造（下一步还要转移到越南、印度——它们的成本比我国更低）。

贸易真正的问题是多边贸易赤字。任何双边贸易都会存在顺差和逆差，仅看双边贸易情况，不足以得出结论，关键在于多边！这个时候你不能怪商品太诱人，而应从内部思考，是不是应砍掉不合理、不必要的支出，或者想办法提高收入，或者借助一些金融产品和工具，让自己的收支更加合理，更加可持续。美国是多边贸易赤字，需要进行内部经济调整和产业转型，使其合理、可持续；不断加大自己的比较优势——服务型贸易，这才是增长点。

按照特朗普的逻辑，如果美国处处都要自己来做，拒绝全球化大分工，那么就要牺牲掉美国的比较优势，让更多的原本可以从事更高附加值工作的人去从事低附加值的制造工作，从而进一步降低美国低收入人群的工资。

拼图 059 “古典经济学之父”——亚当·斯密

亚当·斯密

亚当·斯密（Adam Smith，1723—1790），出生在苏格兰法夫郡的寇克卡迪，是英国经济学家、哲学家、作家，经济学的主要创立者。他强调自由市场、自由贸易以及劳动分工，被誉为“古典经济学之父”“现代经济学之父”。斯密认为，重商主义者把金银财宝和真正的财富混淆在一起，实际上对一个国家来说，真正的财富不是金银，而是生产创造的商品和劳务。因此，作为扩大生产的手段之一，社会分工可以提高劳动生产率，促进生产的发展和产量的增加，从而实现国民财富的增长。那么，分工的原则是什么？斯密引导人们从生产的角度去看待国际贸易问题，首先就一个国家应按照什么样的原则来进行国际贸易提出了完整的命题，即“绝对优势说”，指出作为扩大生产的手段之一，社会分工可以提高劳动生产率，促进生产的发展和产量的增加，从而实现调节财富的增长。就是每个人都生产自己最擅长的那种产品，然后进行交换。他指出，如果自己生产出某种物品，比购买它的花费还多，就应该去购买而不是自己生产，这是每一个精明的人都明白的道理。裁缝不想自己做鞋子，要向鞋匠购买鞋子；鞋匠不想自己做衣服，而要雇用裁缝制作；农村的居民，与其自己做鞋子和衣服，还不如专心生产粮食，然后用粮食去交换。这种个人之间的分工原则也适用于国家之间。所以，在 1776 年出版的《国富论》这本古典经济学的奠基之作中，斯密写道：“如果其他国家提供的某种商品，比我们自己生产更便宜，那么，与其我们自己生产它，还不如输出我们最擅长生产的商品，去跟外国交换。”比如，苏格兰可以在暖房中种植葡萄，酿造出上等的美酒，但它的成本比国外要贵 30

倍。在这种情况下，如果只是鼓励在苏格兰生产酒类，而禁止所有外国酒的进口，显然是愚蠢的。一个国家应该出口那些在本国生产更有效率的商品，进口那些在国外生产更有效率的商品，按照这样一种原则进行国际贸易，贸易双方都能比闭关自守获得更多的好处。

拼图 060　比较优势说

斯密的“绝对优势说”暗含这样一个假设，就是参加贸易的双方，至少各有一种具有优势的商品，能在国家间销售。但如果一个国家所有商品生产，相对于另一个国家都处于劣势，那么这两个国家之间还会有国际贸易吗？为了回答这个问题，英国经济学家**大卫·李嘉图**（**David Ricardo，1772—1823**）于 1817 年提出了他的“比较优势说”。他认为，如果优势国家生产优势更大的产品，劣势国家生产劣势较小的产品，并开展贸易，则双方都能得到好处。迄今为止，这一理论依然为世界各国的经济学家所普遍接受，萨缪尔森在他风靡全球的《经济学》一书中，称它为“国际贸易不可动摇的基础”。

比较优势说

一切经济活动最终都是为了得到金银货币，除开金矿银矿外，只有从事贸易，即商品流通、低买高卖来积累金银。一国之内这样的活动，只能使一部分人获利，另一部分人受损，并不能增加一国的金银货币总量，于是产生对外贸易，以顺差促进金银流入。16—17 世纪欧洲各国实行重商主义的政策，对金银进行管理，禁止出口。西班牙法律规定，运金银出口者处死刑。

比较优势说的推演过程均非常复杂，为方便理解，讲个故事。甲乙两人，甲养牛耕地每天能够有 40 元的收入，运输每天收入 60 元，平均 50 元/日；乙养车（拖拉机）及耕地每天能够有 50 元的收入，运输每天收入 100 元，均 75 元/日。如果两人合作，乙把耕地全给甲耕种，日均收入 60 元；甲把运输都给乙，日均收入 80 元。甲乙两人的优势不同，合作可以都受益。把这个原理扩展到两个任意国家的两种产品，就明白了什么是比较优势，即：如果优势国家生产优势更大的产品，劣势国家生产劣势较小的产品，并开展贸易，则双方都能得到好处，也就是“两优相权取其重，两劣相权取其轻”。

拼图 061　穆勒——贸易利益的共享机制

约翰·斯图亚特·穆勒（John Stuart Mill，1806—1873）是李嘉图的得意门生。3 岁学希腊文，7 岁时熟读柏拉图对话，次年学习拉丁语，13 岁时对经济学有相当的见解。一生著作等身，其中《政治经济学原理》一书流芳百世，提出了国际贸易相互需求原理。他提出，贸易利益的分配取决于贸易双方的商品交换比例，即贸易条件；而贸易条件又随着双方相互需求的变动而改变，其第一次从理论上解决了两国之间贸易的共享机制问题。

穆勒的国际价值学说是对古典学派国际贸易理论尤其是李嘉图的相对成本理论的重要补充和发展，在国际贸易学说史上具有重要的地位和影响。国际价值法则的规范表述为：“一国的生产物总是按照该国的全部输出品适足抵偿该国的全部输入品所必需的价值，与其他国家的生产物相交换。这一国际价值法则只是更为一般的价值法则，我们称之为供给和需求方程式的延伸。”

穆勒用国际需求方程式说明国际交换比例的确定及其变动。他认为，一方的供给构成了对对方商品的需求，因此，供给和需求也就是相互需求。商品的价格是商品和货币的比例，是卖方需求货币、买方需求商品的相互需求决定的，因此价格中的商品和货币的比例也就等于整个商品供给和商品货币需求的比例。由于供给和需求的变化，使商品的价格常会自行调整，使供求达到均衡。他假设两个国家生产和交换两种产品，这两种产品的交换比例，必须等于相互需求对方产品总量的比，这样才能使两国贸易达到均衡。穆勒用物物交换说明相互需求变动决定贸易条件变动，把商品与货币的关系变成商品对商品的关系，得出国际需求方程式。

国际需求方程式，又称相互需求方程式，基本含义是：在国际贸易中，两种商品交换的比例取决于贸易双方对对方商品的需求程度，即每一国的出口量正好等于对方的进口量。国际交换的比例随着两国需求状况的变化而变化，其变化范围总处在两国国内的交换比例之间。

（1）两国国内交换比价确定了国际交换比价的变化范围。

（2）贸易一方的出口量正好等于对方的进口量是国际交换比价唯一确定的条件。

（3）国际交换的比价随着贸易双方需求的变化而变化。

在国际需求方程式与贸易利益的分配上，穆勒指出，根据相互需求方程式，贸易形成的条件取决于贸易双方的相互需求原理，贸易双方的需求强度决定了贸易利益在双方的分配状况，即哪国对进口商品的需求强度越大，则国际交换比价越不利于该国，反之，对进口商品的需求强度越小，国际交换的比价越有利于该国。换一种说法就是，国家交换比价越接近于该国的国内交换比价，对该国越不利。

假定中、日的茶壶和茶杯交换比例为1∶3，两国的彼此需求相等，都为这一比例的100倍，即日本对中国的茶壶的需求量为100×1＝100，中国对日本的茶杯需求量为100×3＝300，这时，国际需求方程式为：也（100×1）∶(100×3)＝1∶3。如果两国的相互需求强度发生变化，则国际交换比例将进行调整，形成新的需求方程式。假定中国对日本的茶杯需求量由原来3个的100倍下降为80倍，而日本对茶壶的需求量仍为100倍，这时，日本为了得到中国的茶壶，必须降低茶杯的交换价值。假定交换比例为1∶4，这一交换比例的变化，一方面将刺激中国对茶杯的需求，使其对茶杯的需求量由 80×3 上升为 80×4，另一方面将抑制日本对茶壶的需求，其市场需求量可能为 80×1，于是，新的需求方程式为：（80×1）：（80×4）＝1∶4。相反，如果日本对中国的茶壶需求强度变小，中国对茶杯的需求强度不变，则交换比例可能在 1∶3 以上。

穆勒的相互需求理论对比较成本理论作了两点补充：一是补充了国际贸易为双方带来利益的范围，二是补充了贸易利益如何进行分配的问题。但是这一理论有其局限性。这个原理只适用于经济规模相当，相互需求对市场价格有显著影响的两个国家。如果两个国家经济规模相差悬殊，小国的需求相对于大国来说微不足道，那么，大国的国内交换比例，也就是两国间的贸易条件。例如在石油输出国组织成立以前，委内瑞拉和美国在汽车和石油方面的贸易关系就是这样。委内瑞拉是小国，在美国市场上占的份额很小，它从美国进口汽车，对汽车的需求并不能因此而增加多少，它向美国出口石油，对美国石油市场影响也不大。因此，委内瑞拉和美国进行贸易，只能按照美国的价格购买汽车、出售石油，两国之间的贸易条件，实际上是美国国内汽车与石油的交换比例。

举个例子，农夫甲擅长育种，农夫乙擅长种地，两人分工合作，由甲为乙提供良种，秋收后乙再按一定比例偿还甲稻谷。甲每消耗 100 斤稻谷，能选育出 10 斤良种，这些良种交给乙种下去可比一般的种子增产 200 斤。那么增产的 200 斤稻谷应如何分配呢？这要取决于乙的偿还比例。1∶10 是甲的上限，1∶20 是乙的下限，在这个比例中只有 1∶10 和 1∶20 之间由甲乙两人商定。如果乙特别依赖甲的种子，他会支付较高的代价；如果甲特别愿意与乙合作，他将索取较少的稻谷。与之相同，贸易利益的分配取决于贸易双方的商品交换比例，即贸易条件把需求原理引入了贸易机制。一个国家的产品和外国相交换比例（贸易条件）取决于它对这些国家的产品的需求和外国对它的商品需求的数量和需求增加程度的比较，外国对它的产品需求愈是超过它对外国商品的需求，贸易条件对它愈是有利。也就是说，它的一定数量的商品将会换回更多的外国商品，它从国际贸易中会获得更大的利益。

拼图 062 李斯特——幼稚工业保护论

落后国家的工业很多都是幼稚工业，经不起先进国家廉价商品的冲击，只有对其加以保护，才能促使它们成熟，去参与国际市场的激烈竞争。当英国工业化的车轮滚滚向前时，德国仍然是个农业国家，停留在中世纪田园生活的时代。在这个国家，政治家和有识之士的最大愿望就是德国进入工业国家的行列，能与英国分庭抗礼。他们迫切地感到，德国必须有自己的经济学，没有别的理由，只因德国是个后进的国家，因此，德国的经济学必须是后进国家的经济学。于是一个有名的贸易理论——幼稚工业保护论便应运而生了，**弗里德里希·李斯特**（Friedrich List，1789—1846）成为当时的代表人物。

1841 年，李斯特出版了他一生最重要的著作——《政治经济学的国民经济体系》，分析了德国的历史和现实，系统地阐述了贸易保护的思想。作为贸易保护的立论基础，李斯特先提出了经济发展的阶段说。人类发展分为五个时期，即未开化时期、畜牧时期、农业时期、农工时期、农工商时期。不同时期应采取不同的贸易政策。只有后期才能实行自由贸易，否则就会吃亏。

在政治经济学方面，李斯特对亚当·斯密和李嘉图是批判者。他抨击了英国古典学派的自由放任和“世界主义”政策，认为它忽视了国家的作用和不同国家经济发展的民族特点，因而竭力反对自由贸易政策，主张实行保护关税制度。李斯特认为，财富的生产比财富本身重要得多。向国外购买廉价商品，似乎可以增加财富，看起来比较划算。但从长远来看，将会阻碍德国工业发展，使德国长期处于从属国地位。李斯特说：“财富的生产力比之财富本身，不晓得要重要多少倍。”他强调生产力是树，财富是果；生产力才是财富的源泉。保护性关税能够保护生产力增长。采取保护关税的政策，起初会使工业品的价格提高，但经过一定时期，生产力提高了，商品生产费用就会跌落下来，商品价格甚至会跌落到国外进口商品的价格以下。李斯特所主张的生产力论和在这个理论基础上提出的保护关税政策当时确实促进了德国工业的发展。他力主建立关税同盟，并于1819年发起建立了德国商人和制造商联合会；1834年建立了全德关税同盟；1835年开始建立全国统一铁路网，实现交通统一。通过不懈努力，李斯特提出的通过经济统一实现政治统一的方式得以实施，关税同盟的建立使贸易壁垒被打破，德意志经济快速发展，在很短的时期内就赶上了先进的资本主义国家。

作为古典经济学的怀疑者和批判者，李斯特的奋斗目标是推动德国在经济上的统一，这决定了他的经济学是服务于国家利益和社会利益的。他的主要思想包括国家主导的工业化、贸易保护主义等。其以具体行动促成德意志关税同盟，废除各邦关税，使德国经济获得统一，并对后世德国的统一产生影响。但他的一生串连着一系列的失败和困苦。1846年，李斯特建立英德联盟的计划和参与德国关税同盟工作的愿望一直得不到实现，他陷入深深的失望中。当年11月30日，李斯特在一个小镇开枪自杀，结束了57岁的生命。

拼图063　普雷维什——发动机还是绊脚石

1949年5月，主张保护贸易的阿根廷经济学家和政治家**劳尔·普雷维什（Raúl Prebisch，1901—1986）**向联合国拉丁美洲和加勒比经济委员会递交了一份题为《拉丁美洲的经济发展及其主要问题》的报告，系统和完整地阐述了他的“中心—外围”理论。他提出，在传统的国际贸易关系中，发达国家居于中心地位，占有国际贸易的大部分利益，而广大发展中国家得到的好处很少。在这份报告中，普雷维什指出：“在拉丁美洲，现实正在削弱陈旧的国际分工格局，这种格局在19世纪获得了很大的重要性，而且作为一种理论概念，直到最近仍继续发挥着相当大的影响。在这种格局下，落到拉丁美洲这个世界经济体系外围部分的专门任务是为大的工业中心生产粮食和原材料。”也就是说，在传统的国际劳动分工下，世界经济被分成了两个部分：一部分是“大的工业中心”，另一部分则是“为大的工业中心生产粮食和原材料”的“外围”。在这种“中心—外围”的关系中，“工业品”与“初级产品”之间的分工并不像古典或新古典主义经济学家所说的那样是互利的，恰恰相反，由于技术进步及其传播机制在“中心”和“外围”之间的不同表现和不同影响，这两个体系之间的关系是不对称的。对此，普雷维什进一步指出：“从历史上说，技术进步的传播一直是不平等的，这有助于使世界经济因为收入增长结果的不同而划分成中心和从事初级产品生产的外围。”

中心—外围理论

为此，普雷维什主张利用保护贸易政策改善外围国家的被动处境。一是利用保护贸易政策改善需求弹性。利用高关税和数量限制等措施，可以降低进口工业制成品的需求弹性。利用出口补贴、出口退税等措施使出口产品价格便宜，可以提高初级产品的需求弹性。二是利用保护贸易政策提高本国工业化程度，以彻底改变“外围”的地位。各国在国际经济体系中处于“中心国”还是“外围国”，是以各国的工业化程度为划分标准的。民族工业在建立和发展初期难以经受外来产品的强大竞争压力，自由放任的外贸政策将会把这些工业扼杀在摇篮中，因此，外围国家必须推行保护贸易政策。三是建立区域性共同市场，以利于外围国家的工业化发展。普雷维什主张发展中国家建立区域性共同市场，认为这会带来两方面的好处：一方面是可以使几个发展中国家联合起来共同抵御工业化国家的商品入侵；另一方面是共同市场内部的商品流动和商品竞争，有利于提高幼稚工业的活力和效率，可以弥补实施保护贸易政策所产生的某些负效应。四是主张中心国家向外围国家开放市场。普雷维什认为，外围国家的保护贸易政策“不会妨碍世界贸易的增长速度”。他指出，中心国家应该向外围国家开放市场，这会起到一种实际上的互惠作用：外围国家向中心国家的出口增长后，随之而来的便会是增加从中心国家的进口。因为外围国家外汇收入增加后，便会从工业国进口机器设备以提高本国的劳动生产率。

他的“中心—外围”理论，以及对外围国家贸易发展战略的建议，为战后发展中国家的经济增长作出了重大贡献。1981 年，他也因此获得了“第三世界基金奖”。

拼图 064　里昂惕夫之谜

华西里·里昂惕夫（Wassily Leontief，1905—1999） 在 1953 年和 1956 年的两次研究中发现了一个难以解释的现象：按照传统理论，美国这个世界上具有最昂贵劳动力和最密集资本的国家，应主要出口资本密集型产品，进口劳动密集型产品。但事实恰好相反，美国出口量最大的却是农产品等劳动密集型产品，进口量最大的却是汽车、钢铁等资本密集型产品。这被称为“里昂惕夫之谜”。

随着经济的发展，对外贸易及资本流动的国际扩展，不但隐含着各国进出口结构的不断变动，而且也推动了各国产业结构的变化。就国际贸易理论的发展来看，大体经历了三个阶段：亚当·斯密绝对成本理论、李嘉图的比较利益理论、赫克歇尔—俄林的资源禀赋理论。其中最具有代表性的是李嘉图的比较成本理论和赫克歇尔—俄林的资源禀赋理论。但问题在于，不少国家在很多时候并不符合比较优势理论。对此，里昂惕夫自己解释说，可能是由于美国劳动力素质高，体现了较多的智力投资，如果将这一部分智力资本加上，美国的出口产品仍是资本密集型的，进口产品仍是劳动密集型的。这样的解释听起来是合理的，但是后来有人发现里昂惕夫之谜反映的这一情况在发展中国家也是存在的，于是，智力投资这种说法就很难自圆其说了。经济学家特拉维斯则认为，赫克歇尔—俄林原理只有在国家间的贸易渠道畅通无阻以及不存在保护关税等贸易障碍的情况下才是有效的。美国哈佛大学的维农教授用他创立的产品生命周期理论做了另外的解释，维农教授认为，产品在介绍期和成长期所花费的成本是较高的，而且产品在成长期，由于需求量大，厂商可以通过技术垄断而得到超额利润。

直到 1966 年，美国经济学家**雷蒙德·弗农**（**Raymond Vernon，1913—　**）提出了“产品周期理论”，才解开了“里昂惕夫之谜”。在弗农看来，科技创新在对外贸易中具有相当重要的作用，即创新产品初始垄断优势以及其后技术转移与扩散形成的垄断优势的丧失，决定着国际贸易的格局变化，从而推动一国产业结构的演进。

产品周期理论

关于这一点，我们可以从美国产业结构变化中看得更清楚。从 20 世纪 80 年代起，美国政府就加大了对 R&D（研究与开发）的支持力度。1994 年美国 R&D 开发投资达 1 730.2 亿美元，超过日本和德国两国 R&D 投资的总和（1 707.4 亿美元），占美国 GDP 的 2.61%。这样，高技术产业对美国经济增长的贡献率就从 1986—1990 年的 14% 左右提高到 1991—1995 年的 28% 以上，1996 年接近 35%，而作为传统支柱产业的建筑业和汽车业的贡献率分别为 14% 和 4%。经过技术改造，美国的汽车等传统产业的竞争力也普遍提高。2017 年，美国出口的以飞机、车辆和集成电路及微电子组件等高技术和知识类产品为主的前 20 类商品出口额为 6 379.12 亿美元，约占美国出口总额的 41.23%。

里昂惕夫由于在投入—产出分析方面的贡献而获得过各种荣誉，使他“过于自信”。到 20 世纪 70 年代初，他已只有诺贝尔经济学奖未曾获得，但在非正式的潜在获奖名单上，他总是处在第一位。1971 年诺贝尔奖公布那天，里昂惕夫当时正在纽约乘电梯，当他在电梯里听到一位俄国出生的哈佛经济学家获奖的消息时，自信一定是自己获了奖。他赶忙去买了一份报纸看这条重大新闻，然后发现是他的哈佛大学同事西蒙·库兹涅茨获了奖。不过，两年以后，里昂惕夫就如愿以偿，因发展了投入—产出分析方法且这种方法在经济领域产生了重大作用，荣获了 1973 年诺贝尔经济学奖。

拼图 065　俄林的要素禀赋说

1919 年，瑞典经济学家**伊·菲·赫克歇尔**（Eli F. Heckscher，1879—1959）发表了《对外贸易对收入分配的影响》一文，率先将生产要素的分析纳入贸易研究的领域，认为“两国在生产要素相对稀缺的差异是比较成本之差异，因而也是国际贸易的一个必要条件，另一不可或缺的条件是一种商品的生产要素结合比例与另一种商品的要素结合比例不同”。作为赫克歇尔的学生，**戈特哈德·贝蒂·俄林**（Bertil Gotthard Ohlin，1899—1979）深受启发，认为赫克歇尔的思想是其构建国际贸易相互依存理论的组成部分。他进一步传承发展了赫克歇尔的理论，在分析中引入了新的要素，如科学技术、熟练劳动等，形成了后来的要素禀赋说，实际上是使要素禀赋说更加丰富、实用、立体化和动态化了，从而使国际贸易理论进入了一个新的发展阶段。这也是西方学者将生产要素禀赋说又冠以“赫克歇尔—俄林定理”之名的原因。

作为要素禀赋理论的完成者，俄林因其最重要的著作《区间贸易和国际贸易》一书，在 20 世纪 30 年代轰动世界。西方经济学界对俄林的评价极高，认为他是现代国际经济学研究的开拓者和现代国际贸易理论的奠基人。俄林于 1923 年向当时由凯恩斯主编的英国皇家经济学会会刊《经济学杂志》投寄了一份介绍国际经济学中要素禀赋定理方面的论文。这一定理后来使他与詹姆斯·米德一起获得了 1977 年度诺贝尔经济学奖。然而，凯恩斯当时却断然拒绝发表该篇论文，并在退稿时误将签署审稿意见的便条一起退还给了俄林，便条上签署了凯恩斯本人的意见："文章毫无意义，理应退回——约翰·梅拉德·凯恩斯"。俄林说："当我接到退稿时，我想便条也许是被误放入手稿里的。我仍保留着那张便条，并视之为一份宝贵的纪念物。"凯恩斯所退回的那篇论文以后从未被发表过。

要素禀赋说的基本原理可归结为两点：一是国际贸易的起因，二是国际贸易的影响。如果一个国家的某种生产要素比较丰富，在生产中密集使用了这种要素的产品必然具有出口优势，应该成为出口品；而进口品则是那些比较密集地使用本国比较稀缺的生产要素的产品。说白了就是"靠山吃山，靠水吃水"，根据自己的资源特点安排生产。北方生产煤、木、粮、油，南方生产水产等都是这个道理。为使论证严谨并符合现实，俄林引入了汇率这一新的变量。这使产品的价格和成本能直接比较，当某种产品生产中所需的大量的要素价格在A地区较B地区便宜，同时只需少量的其他要素，显然，在A地能以较低成本生产并向B地出口，A地进口的则是在B地供给丰裕且能以较低成本生产的商品。总之，在商品和要素价格相互影响相互决定的机制中，俄林以生产要素供给即要素禀赋的差异来说明国际贸易发生的基本原因。可见在要素禀赋差异—要素价格差异—生产成本差异—商品价格差异的互为因果、环环相扣的因素链中，生产要素禀赋差异处于核心地位。

关于国际贸易的影响，由于各种要素不能完全相互替代，所以把国际贸易商品大致分成以下五个类别：劳动密集型、资本密集型、土地密集型、资源密集型和技术密集型。俄林认为：国际交换可以消除不同国家之间的商品价格差异，进而消除生产要素的价格差异。到了1949年，萨缪尔森发表了《再论国际要素价格均等》一文，对要素价格均等进行了严谨论证，修正并完善了生产禀赋论。假定只有两个国家美国和英国；生产两种商品粮食和纺织品；每种商品由两种生产要素土地和劳动力生产出来；生产函数呈现出线性齐次的特点，即以相同比例改变所有投入要素，产出也以相同比例变化；满足边际生产力递减规律；现实中商品表现出的要素密集性不同，粮食为"土地密集型"商品，纺织品则为"劳动密集型"商品；两国的土地与劳动均为同质的投入要素；国际贸易中所有商品均能完全自由移动，没有关税和运输成本，且竞争导致两国商品市场价格比例均等；两国间的生产要素不能自由移动；两国对具有比较利益的商品实行不完全的专业分工即都生产两种产品。根据上述假定条件，萨缪尔森运用数学方法推导得出的重要结论是："两国的实际要素价格必然完全相等。"因此，各地应放宽贸易限制，推行贸易自由化，否则国际分工的利益无法实现。鉴于萨缪尔森所做的理论贡献，经济学界又将"赫克歇尔—俄林模型"称为"赫克歇尔—俄林—萨缪尔森理论模型"。

拼图 066　自由贸易之岛——一个解决关税问题的路径

关于关税同盟的理论，最早可以追溯到德国经济学家、历史学派的先驱李斯特的贸易思想，其对德国的振兴起到了巨大的作用。

1789 年，美国宪法规定，取消 13 个州各自的关税，形成了第一个关税同盟。1834 年德意志各邦之间建立了关税同盟，此后，这个同盟进一步扩大到所有德语地区，成为全德关税同盟，它为 1870 年俾斯麦统一德国奠定了基础。同盟公约的内容包括：废除内部关税，统一对外税则，提高进口税率，关税收入按比例分配给盟内各邦等。此外，还有 1865 年建立的法国和摩纳哥关税同盟；1924 年瑞士和列支敦士登公国建立的关税同盟；1948 年比利时、荷兰、卢森堡建立的关税同盟；1958 年欧洲经济共同体各国缔结的关税同盟；1960 年一度建立的欧洲自由贸易联盟；以及中非关税及经济联盟和南部非洲关税同盟；还有安第斯条约组织，包括玻利维亚、哥伦比亚、厄瓜多尔和秘鲁。东非共同市场是近期建立起来的关税同盟。东南亚国家联盟、欧共体及由其发展演变而成的欧盟都有一些这样的味道。

关税同盟取消了成员国之间的贸易限制，对外实行统一的关税，这有利于在同盟内加深国际分工、扩大国际贸易，同时也会造成对关税同盟外成员国的贸易歧视。一是它避免了自由贸易区需要以原产地原则作为补充，保持商品正常流动的问题。在这里，代替原产地原则的是筑起共同的“对外壁垒”，从这个意义上看，关税同盟比自由贸易区的排他性更强一些。二是它使成员国的“国家主权”出让给经济一体化组织的程度更多一些，以致一旦一个国家加入了某个关税同盟，它就失去了自主关税的权利。现实中比较典型的关税同盟是1958年建立的欧洲经济共同体。

2012年，由东盟发起，提出了共同建立一个现代、全面、高质量以及互惠共赢的经济伙伴关系合作框架的构想。历时八年，2020年11月15日，由中国、日本、韩国、澳大利亚、新西兰和东盟十国共15方成员制定的《区域全面经济伙伴关系协定》（RCEP）正式签署。RCEP是亚太地区规模最大、最重要的自由贸易协定谈判，达成后将覆盖世界近一半人口和近1/3贸易量，15个成员国人口达到了22亿，GDP达到29万亿美元，出口额达到5.6万亿美元，吸引外商投资流量3 700亿美元，基本都占全球总量的30%左右。RCEP建成之后，将成为世界上规模最大、涵盖人口最多、成员构成最多元、发展最具活力的自由贸易区。签署RCEP，是地区国家以实际行动维护多边贸易体制、建设开放型世界经济的重要一步，对深化区域经济一体化、稳定全球经济具有标志性意义。中国正加速推进《区域全面经济伙伴关系协定》（RCEP）落地实施，协定司法审查、货物贸易关税减让承诺表转换方案制定已完成，原产地累积规则实施技术准备取得实质进展，对协定涉及的701条约束性义务的85%已做好履行准备。

拼图067　我国对外贸易的发展历程

改革开放以来，中国顺应经济全球化趋势，不断扩大对外开放，在平等互利的基础上积极同世界各国开展经贸合作。经过多年发展，对外贸易成为中国经济最为活跃、增长最快的部分之一，中国也成为跻身世界前列的贸易大国。中国对外贸易的发展，将中国与世界更加紧密地联系起来，有力推动了中国的现代化建设，也促进了世界的繁荣与进步。

1949年中华人民共和国成立以后，坚持独立自主、自力更生，逐步开展对外经济贸易交流，但受到当时国际政治环境和国内计划经济体制等因素制约，对外贸易发展相对缓慢。1978年，中国进入改革开放的新时期。大力发展对外贸易成为中国加快现代化建设、改变落后面貌、促进经济发展和提高综合国力的重要途径。40多年来，中国利用世界经济较长时期繁荣、经济全球化深入发展的机遇，扩大对外开放，吸引利用外商投资，引进先进技术，改造提升国内产业，在全面参与国际分工和竞争过程中，实现了对外贸易的跨越式发展。2001年12月11日，历经16年谈判，中国成为世界贸易组织第143个成员。中国经济融入全球经济的进程加快，中国对外贸易的活力进一步增强。根据加入世界贸易组织的承诺，中国扩大了在工业、农业、服务业等领域的对外开放，加快推进贸易自由化和贸易投资便利化。在履行承诺过程中，中国深化外贸体制改革，完善外贸法律法规体系，减少贸易壁垒和行政干预，理顺政府在外贸管理中的职责，促进政府行为更加公开、公正和透明，推动开放型经济进入一个新的发展阶段。

自2012年开始，中国与中东欧17国建立了领导人会晤机制，又称“17+1合作”或“1+17”领导人会晤，每年举办一次。2021年2月9日，国家主席习近平在中国—中东欧国家领导人峰会上发表题为《凝心聚力，继往开来　携手共谱合作新篇章》的主旨讲话。他指出，9年来，中国—中东欧国家合作经历了时间和国际形势复杂变化的考验，形成了符合自身特点并为各方所接受的合作原则。一是有事大家商量着办。坚持相互尊重，合作不附带政治条件；坚持大小国家一律平等，共商共建共享，照顾彼此关切。二是让合作方都有收获。聚焦务实合作，推动合作均衡发展，坚持经济和人文结合、贸易和投资并重。同9年前相比，中国同中东欧国家贸易额增长近85%，双向旅游交流人数增长近4倍，中欧班列已经覆盖大部分中东欧国家，一大批合作项目成果喜人。三是在开放包容中共同发展、互学互鉴、取长补短。坚持以协商合作弥合差异、解决分歧；遵循普遍接受的国际规则，符合市场原则，欢迎其他国家和国际组织积极参与，实现共赢、多赢。四是通过创新不断成长。率先探索跨区域合作同共建“一带一路”倡议对接，率先实现“一带一路”合作协议在地区全覆盖。

中国对外贸易的发展不仅推动了中国经济的现代化和综合国力的提升，提高了中国人民的生活水平，也使中国成为世界上增长最快的经济体之一，促进了经济全球化向有利于世界各国和地区共同繁荣的方向发展。2008 年国际金融危机爆发以后，中国政府及时采取一系列政策措施刺激经济、扩大内需，稳定进出口规模。2009 年，世界货物贸易进口量下降 12.8%，中国进口量增长 2.9%，是世界主要经济体中唯一保持增长的国家。中国因素支撑了许多受危机冲击国家的出口，刺激了全球大宗商品市场需求，提振了人们的信心，对世界经济复苏和增长起到巨大拉动作用。世界贸易组织在对中国进行第三次贸易政策审议时指出，应对金融危机期间，中国在刺激全球需求方面发挥了建设性作用，为世界经济稳定作出了重要贡献。中国对外贸易的发展提高了中国与贸易伙伴的国民福利。中国在全球制造业环节的规模经济优势和加工成本优势，部分地消化了上游生产要素的价格上涨，起到了抑制全球通货膨胀、提高贸易伙伴消费者实际购买力的作用。中国对外贸易的发展为贸易伙伴提供了广阔市场。中国迅速扩张的进口已成为世界经济增长的重要推动力，为贸易伙伴扩大出口创造了巨大市场空间。中国工业化、城镇化正在快速推进，内需持续增长，不断扩大和开放的市场将为贸易伙伴提供越来越多的发展机会。中国是对最不发达国家开放市场程度最大的发展中国家之一。中国全面参与并推动了全球经济治理机制的改革。中国政府积极倡导以“均衡、普惠、共赢”作为多边贸易体制改革的目标，努力承担与自身发展水平及国力相适应的国际责任，推动建立公平、公正的国际经济贸易新秩序，不断加强与新兴国家在经济、金融、贸易和投资等领域的合作，促进国际经济秩序朝着公正、合理、共赢的方向发展。

第十章

10

国际金融
——零和博弈的无硝烟战争

拼图068　造币收入

本币国际化是许多国家梦寐以求的目标，一旦实现，货币发行国就可以从中获得巨大的利益。大家知道，对当今任何一个主权国家来说，私人造币都是绝对禁止的，因为谁有权发行货币，谁就可以得到丰厚的“造币收入”。所谓“造币收入”是指纸币的票面价值和印刷成本之间的差额，比如一张钞票的面额是100美元，而它的印刷成本只有20美元，那么这张钞票的造币收入便是80美元。如果你有权得到造币收入，就可以“点纸成金”，这将意味着对别人劳动的不平等占有。此为特权，只要它开动一下印钞机，其他国家辛辛苦苦生产的产品，就可以归到它的名下。

世界各国都在储备外汇，目的是防范出现意外事件，以便于应急支付。那么这些外汇存在哪里呢？当然不能存入本国的国库，为了对外支付，只能存在货币发行国的银行。这样其实质是其他国家省吃俭用省下来的外汇，没有用于国内的经济建设，却为货币发行国的经济建设提供了充足的资金来源。

造　币

在当今世界上，绝大多数跨越国境的货币收支，如国际贸易中的货币结算，国际金融市场上的资金借贷和本息偿还，跨国公司的利润汇出，等等，都是用国际货币来进行的。这就使国际货币成为一种非常紧俏的资源，要得到这种资源，必须与国际货币的发行国发展贸易往来，进行多方面的合作。因此，本国货币的国际化，有利于加强发行国的贸易地位，提高它在国际舞台上的影响力（包括经济上和政治上的）。

拼图069　货币怎样才能走出国门

本国货币走出国门，最终取决于本国的经济实力，具体地说，包括庞大的经济总量，与世界各国密切的贸易联系，以及拥有高度发达的资本市场。

世界各国都有自己的货币，这些货币在本国内流通，是有法律保障的，无论在繁华的都市，还是在偏僻的边陲小镇，都可以畅通无阻地使用。但是，一旦走出国门，大多数本国货币就会失去往日的威风，蜕变成印着阿拉伯数字的精美纸片。只有美元、英镑、日元、德国马克等为数不多的几种货币，最终走出了国境，被世界所普遍接受，可以在国际市场上计价和结算，我们称之为国际货币。

按历史进程来看，先是英镑。19 世纪 30 年代，英国率先完成了工业革命，经济实力大为增强。英国人依靠其"世界工厂"的经济地位，对外大肆扩张。"日不落帝国"的旗帜插遍了中国、印度和美洲，整个世界都变成了它的原材料产地和产品倾销市场，亚洲的茶叶、非洲的黑奴、美洲的种植园，无不在殖民者庞大的国际贸易网中。于是，英国成了世界的金融中心，英镑在世界范围内获得了广泛的使用。当时的世界贸易，有 90% 使用英镑结算，许多国家将黄金变成英镑，存入伦敦的银行。这样，英镑便成了独一无二的国际货币。

再是美元，第二次世界大战摧毁了英国人的梦想，却没有妨碍美国人的发财致富。战争结束时，美国的对外贸易额占整个世界的 30%，工业制成品占整个世界的一半以上，并且拥有价值 250 多亿美元的黄金，约为世界黄金储量的 75%。于是，美国爬上了世界经济霸主地位，开始了美元统治世界的时代。在以后的 30 多年里，美元等同黄金，其他国家的货币只有通过美元才能与黄金挂钩，美元成了居于中心地位的国际货币，独霸整个世界，没有哪种货币能与之抗衡。

不过，"盛极而衰"的定律同样没有放过美元，从 20 世纪 70 年代开始，美元的地位逐步走向没落，随着日本和欧洲的崛起，日元和德国马克却如日中天，形成了现在的美元、日元和德国马克三分天下的局面。当下，又出现了部分人们自由结算的新天地。

这种局面说明，一部国际货币的更迭历史，就是各国经济实力对比变化的历史。

看来，货币走出国门，并非易事，至少得有以下几个方面的因素：

一是庞大的经济总量。本币走出国门以后，将被世界各国所持有，因而形成对本国产品的劳务的潜在需求。这种需求独立于国内经济政策的引导范围之外，是很不稳定的，如果没有庞大的结算总量作支撑，不稳定的需求很容易演化为对国内市场的冲击，进而影响货币发行国宏观经济的稳定。

二是与世界各国密切的贸易联系。国际货币发行国的生产效率，必须处于世界领先地位，只有这样，其他国家才愿意进口其先进技术和设备，进而愿意接受该国的货币，并形成相对稳定的贸易群体，群体内部才可能将该国货币，用于计算和结算。如果缺少广泛而密切的联系，“走出去”只能是一句空话。

三是有高度发达的资本市场。本币国际化的先决条件是，货币发行国必须有一个高效率的资本市场，目的是为其他国家获得本币，为国际支付提供便利。国际经验也如此，世界三大主要的国际金融中心——伦敦、纽约和东京，都是与英镑、美元及日元作为国际货币的职能密不可分的。当然，一个对外开放的资本市场，无疑会增加本国执行货币政策的难度，这就需要有完善的金融监控手段和强有力的货币调控工具，能够应对各种金融震荡和冲击。

拼图070　为货币定价——购买力平价理论

货币的价格即汇率的确定，取决于两种兑换货币的购买力之比。影响汇率的因素很多，有供求关系、国际金融投机、货币当局的干预等。

我们经常遇到货币为商品定价的情况，比如说一台电视机的价格是8 000元，一辆小汽车值15万元，在这里，货币是一种定价的手段，用工业术语来说，是价值尺度。那么作为价值尺度，货币本身也有价格，也需要定价吗？是的，在国与国之间的货币收支中，这种情况经常出现。

前面说过，对任何一个主权国家而言，外币是禁止流通的。异国使用时需要兑换，这是基本的常识。兑换过程中，必须确定不同货币之间的兑换比率，经济学上称之为汇率。实际上是用一种货币表示另一种货币的价格，所以说货币也是有价格的，但货币的价格——即汇率如何确定呢？这是目前国际金融理论的核心问题之一。不过在一战前汇率的确定不成其为问题，货币确定其含金量，持货币可自由兑换黄金。两国货币的汇率，就是货币的含金量之比。比如当时英镑含金量113.0格令，1美元含黄金23.3格令，两国的货币铸币平价是4.9，因而英镑对美元的汇率是1∶4.9。此为固定汇率。

一战期间，各国为了应付军费开支，大量地发行纸币，使其含金量无法保证。于是铸币平价失去了作用，此后汇率决定成了国际理论的核心。1922年，瑞典学者**古斯塔夫·卡塞尔（Gustav Cassel，1866—1945）**出版了《1914年以后的货币和外汇》一书，提出了著名的购买力平价理论，即汇率取决于两种货币的购买力之比。

购买力平价理论可以解决长期汇率的确定问题，但却对汇率的短期波动无能为力。实际上，对于每天都在变动的汇率，一种简单的解释就是：供求规律作用的结果。外币多了，本币贬值；外币少了，本币升值。

影响货币供求关系的因素很多，其中贸易收支和利率变动是最基本的，尤其是利率变动，更受人们的重视。利率作为金融资产的“价格”，它的变动会影响资金的流动，利率高它就流入，利率低就流出。搞金融的对此不可有半点疏忽。

拼图071　汇率是一个变幻莫测的魔方

在现代社会中，汇率变动的影响如此广泛，令人眼花缭乱，目不暇接，以至于有些人称它是一个变幻莫测的魔方。

在经济学的领域里，一个最让人捉摸不定的问题，恐怕就是汇率变动的影响。1995年以前，为了阻止日元升值，日本政府可谓是煞费苦心，时至今日，面对美元升值、日元走低的局面，日本国内又是一片苦叹。1997年7月的泰铢暴跌，致使整个东南亚风雨飘摇，11月20日韩元狂泻，又令美元走强，黄金价格持续上涨，与此同时，远在大洋彼岸的美国德克萨斯仪器公司的股票也下跌了13%。在现代经济社会中，汇率变动的影响是如此的广泛，令人咋舌。

1985年9月，美国财长詹姆斯·贝克邀请英、德、日、法四国财长到纽约广场饭店开会，敦促日元升值，史称"广场会议"。原因是60年代以后，日本始终保持对美贸易的巨额顺差，致使美国对外贸易30年来连续赤字，压得美国翻不过身，喘不过气来。这场"鸿门宴"使日本经济至今伤痛未止。但日本人的聪慧也让美国人大吃一惊，1990年，日本绕过出口受阻，直接投资总额超过200亿美元，当纽约的洛克菲勒中心被日本买下时，美国人才恍然大悟，觉得自己成了"殖民地"。原因是日元升值，直接投资省钱了，这就是购买力之比决定的。

1994年，人民币曾经大幅对外贬值，这有利于出口，刺激生产。但必须在可控范围之内，只能引起轻松的通胀，如果像东南亚那样的贬值，危机就会马上跟来。当然那是"热钱"搞的鬼。

对于汇率和股市的关系，我们只能大致地把握。在通常情况下，本币升值，对股票市场是个利好的消息，反之，贬值则是个利空的消息。

拼图072　国际金融市场——世界经济的"配电站"

国际金融市场承担着各国货币的兑换功能，在全球范围内调剂资金的盈缺，联通着世界的每一个角落，为国际贸易和国际投资提供了高效率服务。

说到了金融市场就不得不说欧洲的金融市场。欧洲货币市场是国际金融市场的核心。大规模的货币兑换和资金融通，主要是在这个市场上完成的。它发端于欧洲美元市场，20 世纪 50 年代朝鲜战争爆发后，苏联政府鉴于美国冻结了中国在美的所有资金，便将其美元存款从本国取出，存入伦敦银行。于是，欧洲美元市场的雏形就出现了。

20 世纪 50 年代末开始，美国国际收支逆差扩大，出现了由“美元荒”变成“美元灾”的现象，主要是欧洲市场积存了大量美元，为欧洲美元市场的形成提供了物质基础。到 60 年代，美国为控制资金外流，采取限制政策，欧洲却放松了外汇管制，松动银行规制。这一松一紧，不仅使世界各地的借款者涌向欧洲，把美国的大公司也拉了过去。顾客到欧洲去了，美国等地的银行也尾随而至。设分行，揽业务，很快形成欧洲货币市场的完整网络。随着规模和经营范围的不断扩大，其名称和含义也在发生变化，在区域概念上，市场范围由伦敦扩展至欧洲各大城市，如巴黎、苏黎世、法兰克福等，后来又扩展到欧洲之外的新加坡、开曼群岛和巴哈马等。在货币概念上，也不只限美元，而是泛指在发行国境外流通的一切货币。因此确切地说，欧洲货币市场，实际上是指在货币发行国境外进行该国货币存储和放贷的市场，如纽约的英镑市场，伦敦的美元市场，以及东京的英镑和美元市场等。

欧洲货币市场的突出特点是：不受任何国家的金融法规制约，因而存款利率高，贷款利率低，世界各大金融机构和大公司、大企业，甚至各国政府，都纷纷将手中的剩余资金存入欧洲货币市场。另外，这个市场的贷款利率低，资金都被吸引过去，一般交易额通常在 50 万亿美元以上，使其成为世界上最大的金融“配电站”。

当今世界的三大国际金融市场——伦敦、纽约和东京，同时又是世界著名的欧洲货币市场，伦敦、纽约、东京处于不同时区，但现代通信设施将它们联成一体。伦敦金融交易市场每日营业开始，先和东京的尾市衔接，参照东京确定开盘价格。几个小时后，纽约金融交易市场开业，伦敦和纽约共同营业时段，国际金融市场的交易达到了高潮。三大市场是“你方唱罢我登场”，满足市场的需要。

它的负面影响，主要是巨额国际资本的频繁流动，导致了电汇市场的不稳定，影响一些国家国内货币政策的执行，国际金融市场上的货币投机，加剧了世界各国的经济和金融动荡。1992 年英镑和意大利货币的贬值，1995 年的墨西哥危机，东南亚金融危机等，都是国际金融市场一体化发展的负面影响的表现。

拼图 073　国际经济活动的反映——国际收支平衡表

一个国家按照某种特定的格式，将所有的国际经济活动系统地记录下来，形成一个账单，即国际收支平衡表。

各国之间的经济、政治、文化等方面的交往，必然产生国家之间的债权债务关系，到期要进行清算，这就引起国家之间的外汇收支。二战以后，情况发生了变化。没有外汇收支的交易，如无偿援助、补偿贸易等在国际经济中的重要性大大增强，为便于一国当局掌握对外经济的全貌，国际收支的概念不再以支付为基础，而是以交易为基础。只要经济活动已经发生，不管付款与否，都计入当年的国际收支，如果实际经济活动没有发生，即使已经预付了款项，也不能计入当年的国际收支。由此，国际收支成为经济活动的“统计表”，而不再是外汇支付账目。这样说来，还不够贴切，于是，1945 年，当时的国际联盟建议改为“国际贸易账户”，但由于人们长久以来使用“国际收支”这个名称而未被采纳。一项经济活动只要发生在本国居民和外国居民之间，就可以纳入国际收支，仍用“国际收支”。

国际收支是一个不折不扣的“大杂烩”，从日常生活用品到导弹、飞机，从生猪、野兔到图书杂志，从有形的产品到无形的技术、劳务，以及资金借贷和本息偿还，只要是涉外的经济活动，都可以装进国际收支平衡表这个“百宝囊”中。与生物界有门、纲、目、科、属、种的划分一样，平衡表也对各类交易进行了严格的、细密的分类，杂而不乱。按照国际货币基金组织规定，平衡表由三方面项目构成：一是经常项目，包括进出口、各种劳动费利息股息和利润等；二是资本项目，主要包括直接投资和资金借贷；三是外汇储备，在国际收支平衡表中，它的作用是抹平经常项目和资本项目的收支差额，因此叫平衡项目。

平衡表的编制主要体现在“借方”和“贷方”，平衡的余额叫顺差或逆差。

拼图 074　凯恩斯与怀特的较量——国际货币主权的成功转换

1944 年 7 月，二战的硝烟未尽，来自 45 个国家的 300 多代表就聚集在美国的布雷顿森林市，召开了一个人才济济、钩心斗角的群英会。会议的中心议题是：结束两次世界大战之间那种混乱的国际经济秩序，寻求国际货币合作的新方式。围绕着这个问题，英国著名经济学家凯恩斯和美国财政部官员怀特发生了激烈争论，史称“凯恩斯与怀特之争”。

这次会议最后以怀特的方案为基础，以凯恩斯计划为参照，形成了一个折衷的货币合作协定，称“布雷顿森林体系”。这个体系体现了“黄金规则”，前面所说，美国有 250 亿美元黄金，英国负债累累，积重难返，要求发行 300 亿美元给各国用于贸易结算，形成了 1 盎司黄金相当于 35 美元的价格，随时兑换，于是美元便成了关键性的国际货币。实行可调整的固定汇率制，波动范围控制在 1% 以内，市场干预由美国说了算。又成立了一个国际银行，即我们现在常说的国际货币基金组织（International Monetary Fund，简称 IMF）。各成员国出资，美国出大头，因此也由美国说了算。

这在当时只有戴高乐独具慧眼，提出了异议，英国刚刚“金蝉脱壳”，美国将来再出了赤字就可以印钞票弥补，这是过分的特权，侵占成员国的商品和劳务，后来又出现了著名的“特里芬难题”，枪毙了这个体系。但在战后的 30 年中，这个体系对世界金融格局产生了深刻的影响，造就了一个相对稳定的国际金融环境，促成 20 世纪五六十年代的世界经济繁荣，使国际贸易和国际投资获得了巨大的发展。

拼图 075　索罗斯的寓言

美国臭名昭著的金融专家——**乔治·索罗斯（George Soros，1930— ）**被称作东南亚金融危机的罪魁祸首。他有句名言：“在市场中留有投机空间是政府的错误。”1997 年 7 月 2 日，泰国宣布放弃固定汇率制，实行浮动汇率制，引发一场遍及东南亚的金融风暴。索罗斯等国际货币投机大鳄闻腥而动，他们“高卖低买”，首先从东南亚各国银行大量地贷出该国货币，在外汇市场上恶意抛售，兑换美元，致使该国货币狂跌，然后再以较低的价格购回，除归还银行贷款和利息外，还可以获得巨大利润，使东南亚的金融形成了“墙倒众人推”之势。扫荡了整个东南亚金融市场后，索罗斯仍不肯轻易罢休，他开始对港币进行大量的远期买盘，准备重现东南亚战役的辉煌。起初，港元汇率一路下滑，金融市场一片混乱。香港金融管理局立即入市，中央政府也全力支持。在一连串反击行动下，索罗斯在香港的“征战”无功而返，损失惨重。

香港经济与东南亚有千丝万缕的联系，又是国际金融中心，对资本流动没有任何限制，面对着投机资本的巨大冲出，港元能一枝独秀、固若金汤，始终维持与美元的固定汇率，的确是个奇迹。究其原因：香港特有的汇率安排——联系汇率制功不可没；1983 年 10 月，中英政府开始就香港问题谈判，香港出现了大量抛售港币，收购美元的现象，为了应对，港币采取了与美元 1∶7.8 的固定汇率，向外汇基金缴纳美元；现钞回流后，可按相同比例，从外汇基金将美元赎回。这样一来，香港拥有了 900 多亿美元的外汇储备，当时居世界第三位。而这种联系汇率本币是一种固定汇率，有两个自动平衡机制：一是港元受到冲击和有资本外逃，将会使外汇减少。发钞行就得向外汇基金交回港元、赎回美元，这将减少港币的供应量，改变港币和美元的对比关系，达到稳定汇率的目的。二是发钞行向外汇基金的套汇活动。如果 1∶7.8 的比例发生偏离，出现了 1∶7.9 的状况，发钞行就会按 1∶7.8 的比例，以外汇基金赎回美元，然后按外汇市场 7.9

的汇率卖出，从中牟利，缓解投机者抛售港元的压力以求稳定。再加上我国中央政府强有力的支持，使香港在迎击东南亚金融危机中成为国际投机者的“滑铁卢”。

拼图 076　金融与行为的探索

金融学的“大爆炸”始于 1952 年，是年，**哈里·马科维茨（Harry M. Markowitz，1927—　）**的论文《资产组合选择——投资的有效分散化》在《金融杂志》上发表，该文堪称现代金融理论史上的里程碑，标志着现代组合投资理论的开端，马科维茨也因为创立了证券组合理论而成为金融经济学领域的先驱。该论文最早采用风险资产的期望收益率（均值）和方差（或标准差）代表的风险来研究资产组合和选择问题。这篇论文中，马科维茨第一次给出了风险和收益的精确定义，通过把收益和风险定义为均值和方差，马科维茨将强有力的数理统计方法引入了资产组合选择的研究中，发展了一个概念明确的、可操作的、在不确定条件下选择投资组合的理论——这个理论进一步演变成为现代金融投资理论的基础，被誉为“华尔街的第一次革命”。

马科维茨的理论也影响了他的同时代学者。20 世纪 60 年代，**威廉·夏普（William F. Sharpe，1934—　）**将马科维茨的分析方法进一步发展为著名的“资本资产定价模型”，用来说明在金融市场上如何确立反映风险和潜在收益证券价格。在模型中，夏普把马科维茨的选择理论中的资产风险进一步分为资产的“系统”（市场）风险和“非系统”风险两部分。前者是由总体股价变动引起的某种资产的价格变化，后者则是由影响股价的某些特殊要素引起的资产价格变动。夏普提出的一个重要理论是，投资的多样化只能消除非系统风险，而不能消除系统风险。亦即投资任何一种证券，都必须承担系统风险。假设有两种具有相同 β 系数的有价证券组合，一种是由非系统风险大的股票构成，另一种是由非系统风险小的股票构成。“有风险”的有价证券组合比“安全”的有价证券收益更大吗？夏普的资本定价模型给予了否定的回答。两种有价证券组合的系统风险（即不可避免的风险）相同，风险更大的股票对理性的投资者没有影响。

夏普对经济学的主要贡献是在有价证券理论方面对不确定条件下金融决策的规范分析，以及资本市场理论方面关于以不确定性为特征的金融市场的实证性均衡理论。从资本资产定价模型的实际应用方面看，夏普早在20世纪60年代初就进行的研究一直是激烈争论的焦点。人们的注意力最近从系统风险的计量上转移到更复杂的划分风险的方法上来了。但是，资本资产定价模型在金融经济学中的重要性是不容忽视的。

拼图077　MM理论

1958年，**默顿·米勒（Merton Miller，1923—　）**与**弗兰科·莫迪利安尼（Franco Modigliani，1918—2003）**合作发表了《资本结构、公司财务与资本》一文，阐述了关于公司理财“MM理论”的基本思想。米勒的公司财务理论，解释了什么因素决定公司在应计债务和分配资产方面的选择。他的这一理论基于这样一种假设，即股票持有者可以像公司一样进入同样的资本市场，因此，公司保证股东利益的最佳办法就是最大限度地增加公司财富。米勒认为，通过资本市场所确立的公司资本资产结构与分配政策之间的关系，同公司资产的市场价值与资本之间的关系，是一个事物的两个方面。因而，在完全竞争（撇开税影响）条件之下，公司的资本成本及市场价值与公司的债务—资产率及分配率是互为独立的。也就说，一定量的投资，无论是选择证券融资还是借款，对企业资产的市场价值并无影响；企业的分配政策对企业股票的价值也不起作用。

米勒进一步提出，对资不抵债公司的税收优惠，虽然会影响一个给定的经济部门的总债务率，但对个别企业债务—资产率却无关痛痒。这无疑在“MM理论”的基础上又向前迈进了一大步。米勒在将该理论应用于金融领域的其他方面，也颇有建树。这些引人注目的观点以后导致了大量的反对性研究，但是“MM理论”已经证明比许多人想象的适用期更长，米勒的这个定理在21世纪仍然是几乎所有公司财务的实验性研究的出发点。

由于在金融经济学方面出色的、开创性的工作，马科维茨与夏普及米勒分享了1990年诺贝尔经济学奖。

拼图078　特里芬的难题

特里芬的难题——任何一种主权货币来充当唯一的国际货币都兜不住。因为它都会遇到信心和清偿之间的矛盾，即货币供给少会导致国际清偿能力的不足，而满足了清偿力的需要又难以保证币值的稳定从而损害人们对国际货币的信心。

天才无须创造。当有历史以来第一个国际货币制度——布雷顿森林体系刚刚建立不久，并且正在给世界经济带来繁荣的时候，有人竟神奇地指出了它的先天不足，并预言了它的“死期”，从而给国际金融世界出了一道难题。这个人就是美国耶鲁大学教授，著名国际金融专家**罗伯特·特里芬**（Robert Triffin，1960—　）。

二战结束时，美国不仅是军事上的战胜国，而且在经济上也以胜利者的姿态崭露头角。当时它拥有250多亿美元的黄金储备，约占世界总量的75%，成为国际上实力最雄厚的经济大国。这样财大气粗的美国“挟黄金以令诸侯”，建立了一个体现自己意志的货币合作协定——布雷顿森林体系。其核心内容之一就是以美国的黄金储备为保证，向世界各国提供美元，由美元来充当唯一的国际货币。美国政府承诺“美元和黄金一样可靠”，各国可按照1盎司黄金等于35美元的官方价格，随时用美元向美国兑换黄金。但问题是：既要保证美元按固定官价兑换黄金，又要为国际贸易的发展提供足够的国际清偿力，即美元。结果是黄金外流，只能印钞维持，到20世纪50年代出现“美元荒”，1958年成“美元灾”，1960年美国的短期债务超过了黄金储备，信用动摇，发生了抛售美元，抢购黄金的美元危机。这就是著名的特里芬难题。

60 年代中期，越南战争爆发，美国国际收支进一步恶化，黄金储备降至120 亿美元，打破35 美元/盎司黄金的官价，1971 年8 月15 日，尼克松新政，切断了美元和黄金的联系。其他国家还拥有的700 多亿美元，到底还值多少黄金？美国政府至今也未作回答。

第十一章

11

股票与期货——新的资本市场和融资产品不断催生

在金融活动领域中，作为与货币市场相对应的理论概念，资本市场（长期资金市场）是金融市场的重要组成部分，通常是指进行中长期（一年以上）资金（或资产）借贷融通活动的市场，主要部分和典型形态是证券市场，交易对象主要是中长期信用工具，如股票、债券、投资基金等有价证券。

拼图 079　股票——股份公司发行的所有权凭证

股票是股份公司为筹集资金而发行给各个股东作为持股凭证并借以取得股息和红利的一种有价证券。股票是资本市场的长期信用工具，可以转让、买卖，股东凭借股票可以分享公司的利润，但也要承担公司运作错误所带来的风险。

股　票

股票最早出现在资本主义国家，至今已有 400 多年的历史，它伴随着股份公司的出现而出现。1602 年，诞生于荷兰的东印度公司是世界上最早的股份有限公司。伴随着股份公司企业经营规模扩大与资本需求不足，要求一种方式来让公司获得大量的资本金，于是产生了以股票形式集资入股、股东共同出资经营的股份公司形态。1611 年，东印度公司的股东们在阿姆斯特丹股票交易所进行着股票交易，这是世界上第一个股票市场，后来还有了专门的经纪人撮合交易。现在，股份有限公司已经成为最基本的企业组织形式之一；而股票成为大企业筹资的重要渠道和方式，亦是投资者投资的基本选择方式；股票市场与债券市场成为证券市场的重要基本内容。股票是一种永不偿还的有价证券，股份公司不会对股票的持有者偿还本金。一旦购入股票，就无权向股份公司要求退股，股东的资金只能通过股票的转让来收回，将股票所代表着的股东身份及其各种权益让渡给受让者，而其股价在转让时受到公司收益、公司前景、市场供求关系、经济形势等多种因素的影响。所以说，投资股票是有一定风险的。

股票的作用：①股票上市后，上市公司就成为投资大众的投资对象，因而容易吸收投资大众的储蓄资金，扩大了筹资的来源。②股票上市后，上市公司的股权就分散在千千万万个大小不一的投资者手中，这种股权分散化能有效地避免公司被少数股东单独支配的危险，赋予公司更大的经营自由度。③股票交易所对上市公司股票行情及定期会计表册的公告，起了一种广告效果，有效地扩大了上市公司的知名度，提高了上市公司的信誉。

股票市场的分类：股票等证券市场按证券进入市场的顺序可以分为发行市场和交易市场。一级市场（Primary Market）也称为发行市场，它是指公司直接或通过中介机构向投资者出售新发行的股票的市场。所谓新发行的股票包括初次发行和再发行的股票，前者是公司第一次向投资者出售的原始股，后者是在原始股的基础上增加新的份额。二级市场（Secondary Market）也称股票交易市场，是投资者之间买卖已发行股票的场所。这一市场为股票创造流动性，即能够迅速脱手换取现值。二级市场通常可分为有组织的证券交易所和场外交易市场，但也出现了具有混合特型的第三市场和第四市场。三级市场是指原来在证交所上市的股票移到以场外进行交易而形成的市场，换言之，第三市场交易是既在证交所上市又在场外市场交易的股票，以区别于一般含义的柜台交易。四级市场指大机构（和富有的个人）绕开通常的经纪人，彼此之间利用电子通信网络直接进行的证券交易。场外市场（场外交易）是相对于证券交易所交易而言的，凡是在证券交易所之外的股票交易活动都可称作场外交易。由于这种交易起先主要是在各证券商的柜台上进行的，因而也被称为柜台交易（OTC）；场外交易市场与证交所相比，没有固定的集中场所，而是分散于各地，规模有大有小，由自营商来组织交易；场外交易市场无法实行公开竞价，其价格是通过商议达成的；场外交易比证交所上市所受的管制少，灵活方便。

从另一个角度来区分，股票市场分为四个板：主板和中小板是一板市场；创业板是二板市场；全国性场外市场是三板市场，俗称“新三板”；四板市场是指区域性股权交易场所。一板市场也称为主板市场，指传统意义上的证券市场（通常指股票市场）。相对于创业板市场而言，主板市场是资本市场中最重要的组成部分，很大程度上能够反映经济发展状况，有“晴雨表”之称。上市企业多为大型成熟企业，具有较大的资本规模以及稳定的盈利能力。二板市场的规范名称为“第二交易系统”，亦称创业板，主要是一些小型高科技公司的上市场所，是与现有主板相对应的一个概念。它的明确定位是为具有高成长性的中小企业和高科技企业融资服务，是一条中小企业的直接融资渠道，是针对中小企业的资本市场。它的主要特征有：①前瞻性市场；②上市标准低；③市场监管更加严格；④推行造市商制度；⑤实行电子化交易。三板市场的全称是“代办股份转让系统”，于2001年7月16日正式开办。目前在三板市场由指定券商代办转让的股票有61只，其中包括水仙、粤金曼和中浩等退市股票。作为我国多层次证券市场体系的一部分，三板市场一方面为退市后的上市公司股份提供继续流通的场所，另一方面也解决了原STAQ、NET系统历史遗留的数家公司法人股流通问题。四板市场（区域性股权交易场所）是我国多层次资本市场的重要组成部分，处于我国资本市场金字塔的底部，是基础性市场，是地方金融资源聚集的综合性平台。四板和新三板都是场外交易市场，与场内市场相比，区域性场外市场受到两个因素的限制：一是股东人数不超过200人；二是交易方式不能采取撮合交易，目前只能协议交易。

股票作为一种所有权证书，最初是采取有纸化印刷方式的，如上海的老八股。在这种有纸化方式中，股票纸面通常记载着股票面值、发行公司名称、股票编号、发行公司成立登记的日期、该股票的发行日期、董事长及董事签名、股票性质等事项。随着现代电子技术的发展，电子化股票应运而生，这种股票没有纸面凭证，它一般将有关事项储存于电脑中心，股东只持有一个股东账户卡，通过电脑终端可查到持有的股票品种和数量，这种电子化股票又称为无纸化股票。目前，我国在上海交易所和深圳交易所上市的股票基本采取这种方式。

拼图 080　期货——将风险从经营者转移给投机者的工具

与现货完全不同，现货是实实在在可以交易的货（商品），期货不是货，而是以某种大众产品如棉花、大豆、石油等及金融资产如股票、债券等为标的标准化可交易合约。因此，这个标的物可以是某种商品（例如黄金、原油、农产品），也可以是金融工具。

期货市场最早萌芽于欧洲，是从现货远期交易发展而来的。早在古希腊和古罗马时期，就出现过中央交易场所、大宗易货交易，以及带有期货贸易性质的交易活动。中国古代也有由粮栈、粮市构成的商品信贷及远期合约制度。1571 年伦敦开设了世界第一家商品远期合同交易所——皇家交易所。历史上最早的期货市场是江户幕府时代的日本。由于当时的米价对经济及军事活动造成很重大的影响，米商会根据食米的生产以及市场对食米的期待而决定库存食米的买卖。但真正将期货发展并加以完善成现代意义期货的还是美国人。1848 年，82 位美国商人发起组织了芝加哥期货交易所，这是世界上第一家现代意义上的期货交易所；1851 年，芝加哥期货交易所引进远期合同；1865 年，芝加哥谷物交易所推出了一种被称为“期货合约”的标准化协议，取代原先沿用的远期合同。20 世纪 70 年代，芝加哥的 CME 与 CBOT 两家交易所曾进行多项期货产品的创新，大力发展多个金融期货品种，令金融期货成为期货市场的主流；80 年代，芝加哥交易所开始发展电子交易平台。90 年代末，各国交易所出现收购合并的趋势。

期货的交易特征有三点：一是双向性。期货交易与股市的一个最大区别是期货可以双向交易，期货可以买多也可卖空。价格上涨时可以低买高卖，价格下跌时可以高卖低买。做多可以赚钱，而做空也可以赚钱，所以说期货无熊市。二是费用低。对期货交易国家不征收印花税等税费，唯一费用就是交易手续费。国内三家交易所手续在万分之二、万分之三左右，加上经纪公司的附加费用，单边手续费亦不足交易额的千分之一。三是杠杆作用。杠杆原理是期货投资魅力所在。期货市场里交易无须支付全部资金，国内期货交易只需要支付5%保证金即可获得未来交易的权利。由于保证金的运用，原本行情被以十余倍放大。假设某日铜价格封涨停（期货里涨停仅为上个交易日结算价的3%），操作对了，资金利润率将达60%（3% ÷5%），是股市涨停板的6倍。

期货的交易功能有三点：一是发现价格。由于期货交易是公开进行的对远期交割商品的一种合约交易，在这个市场中集中了大量的市场供求信息，不同的人从不同的地点，对各种信息的不同理解，通过公开竞价形式产生对远期价格的不同看法。期货交易过程实际上就是综合反映供求双方对未来某个时间供求关系变化和价格走势的预期。这种价格信息具有连续性、公开性和预期性的特点，有利于增加市场透明度，提高资源配置效率。二是回避风险。期货交易的产生，为现货市场提供了一个回避价格风险的场所和手段，其主要原理是利用期现货两个市场进行套期保值交易。在实际的生产经营过程中，为避免商品价格的千变万化导致成本上升或利润下降，可利用期货交易进行套期保值，即在期货市场上买进或卖出与现货市场上数量相等但交易方向相反的期货合约，使期现货市场交易的损益相互抵补。锁定企业的生产成本或商品销售价格，保住既定利润，回避价格风险。三是套期保值。在现货市场上买进或卖出一定数量现货商品的同时，在期货市场上卖出或买进与现货品种相同、数量相当、但方向相反的期货商品（期货合约），以一个市场的盈利来弥补另一个市场的亏损，达到规避价格风险的目的。期货交易之所以能够保值，是因为某一特定商品的期现货价格同时受共同的经济因素的影响和制约，两者的价格变动方向一般是一致的，由于有交割机制的存在，在临近期货合约交割期，期现货价格具有趋同性。

拼图081　银行——依法成立的经营货币信贷业务的金融机构

银行的产生和发展是同货币商品经济的发展相联系的，前资本主义社会的货币兑换业是银行业形成的基础。货币兑换业起初只经营铸币兑换业务，以后又代商人保管货币、收付现金等。这样，兑换商人手中就逐渐聚集起大量货币资金。当货币兑换商从事放款业务，货币兑换业就发展成了银行业。

银行一词源于意大利语Banca，其原意是长凳、椅子，是最早的市场上货币兑换商的营业用具。英语转化为Bank，意为存钱的柜子。一般认为最早的银行是1407年在意大利威尼斯成立的银行。在我国，之所以有“银行”之称，则与我国经济发展的历史相关。在我国历史上，白银一直是主要的货币材料之一。“银”往往代表的就是货币，而“行”则是对大商业机构的称谓。把办理与银钱有关的大金融机构称为银行，最早见于太平天国洪仁玕所著的《资政新篇》。

银　行

最早的银行业发源于西欧古代社会的货币兑换业。最初货币兑换商只是为商人兑换货币，后来发展到为商人保管货币、收付现金、办理结算和汇款，但不支付利息，而且收取保管费和手续费。17世纪，一些平民通过经商致富，成了有钱的商人。他们为了安全，把钱存放在国王的金库里。这里要注意的是，那个时候还没有纸币，所谓存钱仅是指存放黄金。因为那时实行“自由铸币”制度，任何人都可以把金块拿到铸币厂铸造成金币，所以铸币厂允许顾客存放黄金。但是很不幸，这些商人没有意识到，铸币厂是属于国王的，如果国王想动用铸币厂里的黄金，根本无法阻止。1638年，英国国王查理一世同苏格兰贵族爆发了战争，为了筹措军费，他征用了铸币厂里平民的黄金，贷款给国王。虽然被征用的黄金最终都还给了原来的主人，但是商人们感到，铸币厂不再安全了。于是，他们把钱存到了金匠那里。金匠为存钱的人开立了凭证，以后拿着这张凭证，就可以取出黄金。很快地，商人们发现了，需要用钱的时候，根本不需要取出黄金，只要把黄金凭证交给对方就可以了。再后来，金匠恍然大悟，原来自己开立的凭证，居然具有货币的效力！他们抵抗不住诱惑，就开始开立"假凭证"。但神奇的是，只要所有客户不是同一天来取黄金，"假凭证"就等同于"真凭证"。这就是现代银行中"准备金制度"的起源，也是"货币创造"机制的起源。银行体系可以将信用货币的数量放大，实物货币就做不到这一点。此时是17世纪60年代末，现代银行就是在那个时候诞生的。

综上我们可以看出，银行的业务一方面以吸收存款的方式把社会上闲置的货币资金和小额货币集中起来，然后以贷款的形式借给需要补充货币的人去使用，在这里，银行充当贷款人和借款人的中介；另一方面银行为商品生产者和商人办理货币的收付、结算等业务，它又充当支付中介。总之，银行起信用中介作用。商业银行的基本职能包括：信用中介、支付中介、信用创造、金融服务。银行的盈利渠道分别是贷款、银行类保险、销售理财基金类产品、金融机具的销售、金融智能终端业务消费获利、对冲业务、票据业务等。

拼图082　保险——一种契约的经济关系

保险是用来规划人生财务的一种工具，是市场经济条件下风险管理的基本手段，是金融体系和社会保障体系的重要支柱。从经济角度看，保险是分摊意外事故损失的一种财务安排；从法律角度看，保险是一种合同行为，是一方同意补偿另一方损失的一种合同安排；从社会角度看，保险是社会经济保障制度的重要组成部分，是社会生产和社会生活"精巧的稳定器"；从风险管理角度看，保险是风险管理的一种方法。

公元前 2500 年前后，古巴比伦王国国王命令僧侣、法官、村长等收取税款，作为救济火灾的资金。古埃及的石匠成立了丧葬互助组织，用交付会费的方式解决收殓安葬的资金。古罗马帝国时代的士兵组织，以集资的形式为阵亡将士的遗属提供生活费，逐渐形成保险制度。随着贸易的发展，大约在公元前 1792 年，正是古巴比伦第六代国王汉谟拉比时代，此时期商业繁荣，为了援助商业及保护商队的骡马和货物损失补偿，在汉穆拉比法典中，规定了共同分摊补偿损失之条款。公元前 916 年，在地中海的罗德岛上，国王为了保证海上贸易的正常进行，制定了《罗地安海商法》，规定某位货主遭受损失，由包括船主、所有该船货物的货主在内的受益人共同分担，这是海上保险的滥觞。在公元前 264 年—公元前 146 年，布匿战争期间，古罗马人为了解决军事运输问题，收取商人24% ~36% 的费用作为后备基金，以补偿船货损失，这就是海上保险的起源。公元前 133 年，在古罗马成立的各雷基亚（共济组织），向加入该组织的人收取 100 阿司和一瓶敬人的清酒。另外每个月收取 5 阿司，积累起来成为公积金，用于丧葬的补助费，这是人寿保险的萌芽。到中世纪，意大利出现了冒险借贷，冒险借贷的利息类似于今天的保险费，但因其高额利息被教会禁止而衰落。1384 年，比萨出现世界上第一张保险单，现代保险制度从此诞生。保险从萌芽时期的互助形式逐渐发展成为冒险借贷，再发展到海上保险合约，最后发展到海上保险、火灾保险、人寿保险和其他保险，并逐渐成为现代保险。

海上保险

保险具有经济补偿、资金融通和社会管理功能，这三大功能是一个有机联系的整体。经济补偿功能是基本的功能，也是保险区别于其他行业的最鲜明的特征。资金融通功能是在经济补偿功能的基础上发展起来的。社会管理功能则是保险业发展到一定程度并深入到社会生活诸多层面之后产生的一项重要功能，它只有在经济补偿功能和资金融通功能实现以后才能发挥作用。资金融通的功能是指将形成的保险资金中闲置的部分重新投入到社会再生产过程中。保险人为了使保险经营稳定，必须保证保险资金的增值与保值，这就要求保险人对保险资金进行运用。保险资金的运用不仅有其必要性，而且也是可能的。一方面，由于保险保费收入与赔付支出之间存在时间差；另一方面，保险事故的发生不都是同时的，保险人收取的保险费不可能一次全部赔付出去，也就是保险人收取的保险费与赔付支出之间存在数量差。这些都为保险资金的融通提供了可能。社会管理功能是指对整个社会及其各个环节进行调节和控制的过程中，正常发挥各系统、各部门、各环节的功能，从而实现社会关系和谐、整个社会良性运行和有效管理。

拼图083　基金——一种基于委托关系的间接投资

广义的基金是指为了某种目的而设立的具有一定数量的资金。主要包括信托投资基金、公积金、保险基金、退休基金，各种基金会的基金。从会计角度透析，基金是一个狭义的概念，意指具有特定目的和用途的资金。我们提到的基金主要是指证券投资基金。

证券投资基金按不同的角度可分为以下类别：①根据基金单位是否可增加或赎回，可分为开放式基金和封闭式基金。开放式基金不上市交易，通过银行、券商、基金公司申购和赎回，基金规模不固定；封闭式基金有固定的存续期，一般在证券交易场所上市交易，投资者通过二级市场买卖基金单位。②根据组织形态的不同，可分为公司型基金和契约型基金。基金通过发行基金股份成立投资基金公司的形式设立，通常称为公司型基金；由基金管理人、基金托管人和投资人三方通过基金契约设立，通常称为契约型基金。我国的证券投资基金均为契约型基金。③根据投资风险与收益的不同，可分为成长型、收入型和平衡型基金。④根据投资对象的不同，可分为货币基金、债券基金、混合型基金、股票基金四大类。

基金最早的形式是对冲基金。在 20 世纪 20 年代美国的大牛市时期，这种专门面向富人的投资工具数不胜数，但其他基金也有可能更早出现。在 1969—1970 年的经济衰退期和 1973—1974 年股市崩盘时期，很多早期的基金都损失惨重，纷纷倒闭。70 年代的衰退时期，对冲基金一度乏人问津，直到 20 世纪 80 年代，随着金融自由化发展，对冲基金才有了更广阔的投资机会，从此进入了快速发展阶段。20 世纪 90 年代，世界通货膨胀逐渐减少，同时金融工具日趋成熟和多样化，对冲基金遍地开花。交易员和投资者更加关注对冲基金，是因为其强调利益一致的收益分配模式和“跑赢大盘”的投资方法。接下来的十年中，对冲基金的投资策略更加层出不穷，包括信用套利、垃圾债券、固定收益证券、量化投资、多策略投资等。21 世纪的前十年，对冲基金再次风靡全球。2008 年，全球对冲基金持有的资产总额已达 1.93 万亿美元。

基金风险。投资对冲基金可以增加投资组合的多样性，投资者可以此降低投资组合的总体风险敞口。对冲基金经理使用特定的交易策略和工具，为的就是降低市场风险，获取风险调整收益，这与投资者期望的风险水平是一致的。理想的对冲基金获得的收益与市场指数相对无关。虽然“对冲”是降低投资风险的一种手段，但是和所有其他的投资一样，对冲基金无法完全避免风险。1993—2000 年，对冲基金的波动程度只有同期标准普尔 500 指数的 2/3 左右。

透明度及监管事项。由于对冲基金是私募基金，几乎没有公开披露的要求，有人认为其不够透明。还有很多人认为，对冲基金管理公司和其他金融投资管理公司相比，受到的监管少，注册要求也低，而且对冲基金更容易受到由经理人导致的特殊风险，比如偏离投资目标、操作失误和欺诈。2010 年，美国和欧盟提出的监管新规要求对冲基金管理公司披露更多信息，提高透明度。另外，投资者特别是机构投资者，也通过内部控制和外部监管，促使对冲基金进一步完善风险管理。随着机构投资者的影响力与日俱增，对冲基金也日益透明，公布的信息越来越多，包括估值方法、头寸和杠杆等。

和其他投资相同的风险。对冲基金的风险和其他的投资有很多相同之处，包括流动性风险和管理风险。流动性指的是一种资产买卖或变现的容易程度；与私募股权基金相似，对冲基金也有封闭期，在此期间投资者不可赎回。管理风险指的是基金管理引起的风险。管理风险包括：偏离投资目标这样的对冲基金特有风险、估值风险、容量风险、集中风险和杠杆风险。估值风险指投资的资产净值可能计算错误。在某一策略中投入过多，就会产生容量风险。如果基金对某一投资产品、板块、策略或者其他相关基金敞口过多，就会引起集中风险。这些风险可以通过对控制利益冲突、限制资金分配和设定策略敞口范围来管理。

有人认为，某些基金，比如对冲基金，为了在投资者和经理能够容忍的风险范围内最大化回报，会更偏好风险。

风险管理。大多数国家规定，对冲基金的投资者必须是老练的合格投资者，应当对投资的风险有所了解，并愿意承担这些风险，因为可能的回报与风险相关。为了保护资金和投资者，基金经理可采取各种风险管理策略。《金融时报》称："大型对冲基金拥有资产管理行业最成熟、最精确的风险管理措施。"对冲基金管理公司可能持有大量短期头寸，也可能拥有一套特别全面的风险管理系统。除了评估投资的市场相关风险，投资者还可根据审慎经营原则来评估对冲基金的失误或欺诈可能给投资者带来损失的风险。应当考虑的事项包括：对冲基金管理公司对业务的组织和管理，投资策略的可持续性。

基金投资的操作技巧。第一，先观后市再操作。基金投资的收益来自未来，比如要赎回股票型基金，就可先看一下股票市场未来发展是牛市还是熊市。再决定是否赎回，在时机上做一个选择。如果是牛市，那就可以再持有一段时间，使收益最大化。如果是熊市就是提前赎回，落袋为安。第二，转换成其他产品。将高风险的基金产品转换成低风险的基金产品，也是一种赎回，比如：将股票型基金转换成货币基金。这样做可以降低成本，转换费一般低于赎回费，而货币基金风险低，相当于现金，收益又比活期利息高。因此，转换也是一种赎回的思路。第三，定期定额赎回。与定期投资一样，定期定额赎回，既可完成日常的现金管理，又可平抑市场的波动。定期定额赎回是配合定期定额投资的一种赎回方法。

拼图 084 信托——一种财产管理权的信用委托

信托与银行、保险、证券一起构成了现代金融体系。信托业务是一种以信用为基础的法律行为，一般涉及三方面当事人，即投入信用的委托人，受信于人的受托人，以及受益于人的受益人。信托业务是由委托人依照契约或遗嘱的规定，为自己或第三者（即受益人）的利益，将财产上的权利转给受托人（自然人或法人），受托人按规定条件和范围，占有、管理、使用信托财产，并处理其收益。由于信托是一种法律行为，因此在采用不同法系的国家，其定义有较大的差别。历史上出现过多种不同的信托定义，但时至今日，人们也没有对信托的定义达成完全的共识。

原始的信托行为发源于数千年前古埃及的“遗嘱托孤”。信托最早的文字记载是公元前 2548 年古埃及人写的遗嘱，其中指定其妻继承财产，其子为受益人，并为其子指定了监护人。从法律的角度讲，信托源于《罗马法》“信托遗赠”制度。《罗马法》中规定：在按遗嘱划分财产时，可以把遗嘱直接授予继承人，若继承人无力或无权承受时，可以按信托遗赠制度，把财产委托或转让给第三者处理。古罗马的“信托遗赠”已形成了一个比较完整的信托概念，并首次以法律的形式加以确定。从操作的层面上说，现代信托起源于英国的“尤斯制”。在封建时代，英国人普遍信奉宗教，按照当时的基督教义，信徒“活着要多捐献，死后才可以升入天堂”。这使得教会的土地不断增多。根据当时英国的法律，教会的土地是免征役税的。教会土地激增，意味着国家役税收入逐渐减少。这无疑影响到了国王和封建贵族的利益。于是，13 世纪初英王亨利三世颁布了一个《没收条例》，规定凡将土地赠与教会团体的，要得到国王的许可，凡擅自出让或赠与者，要没收其土地。当时英国的法官多数为教徒，为帮助教会摆脱不利的处境，通过“衡平法院”，参照《罗马法》的信托遗赠制度，创造了尤斯制度。尤斯制度的具体内容是：凡要以土地贡献给教会者，不做直接的让渡，而是先赠送给第三者，并表明其赠送目的是维护教会的利益，第三者必须将从土地上所取得的收益转交给教会。随着封建制度的彻底崩溃和资本主义市场经济的确立，以及契约关系的成熟，使商业信用和货币信用的分工日益精细繁复，尤斯制度逐渐演变为现代信托。

现代信托制度于19世纪初传入美国。最初，与英国一样，信托也是由个人承办执行遗嘱、管理财产等民事业务。为促使资本集中，以盈利为目的的金融信托公司应运而生。美国最早完成了个人信托向法人信托和民事信托向商事信托的转移。美国于1822年成立的纽约农业火险放款公司，后更名为农民放款信托投资公司，是世界上第一家信托投资公司。可以说现代信托公司源于保险，公司制的信托理财产品最早是通过保险业务员向大众销售，最后又从保险业分离出来。美国是信托业最为发达的国家。无论是信托资产的规模，还是信托产品的丰富，抑或是监管体系的完善，美国信托业都处于遥遥领先的地位；美国亦是当今世界信托业最为创新的国家，在美国的金融体系中，信托机构与商业银行享有同等地位。从资产拥有情况来看，美国的信托资产、银行资产和保险资产三分天下。

随着经济的不断发展和法律制度的进一步完善，我国于2001年出台了《中华人民共和国信托法》，对信托的概念进行了完整的定义：本法所称的信托，是指委托人基于对受托人的信任，将其财产权委托给受托人，由受托人按委托人的意愿以自己的名义，为受益人的利益或者特定目的，进行管理或者处分的行为。

信托按不同的方式可以分为以下类型：①以信托关系成立的方式为标准，信托业务基本可以分为任意信托和法定信托。任意信托又被称为自由信托或明示信托，主要指委托人、受托人、受益人自由自愿形成信托关系，而且这种自由自愿意思在信托契约中明确地表示出来，大部分信托业务都属于任意信托。法定信托是与任意信托相对应的一种信托形式。主要指由司法机关确定当事人之间的信托关系而成立的信托。②以信托财产的性质为标准，信托业务分为金钱信托、动产信托、不动产信托、有价证券信托和金钱债权信托。金钱信托也叫资金信托，它是指在设立信托时委托人转移给受托人的信托财产是金钱，信托终了，受托人交还的信托财产仍是货币资金。金钱信托是各国信托业务中运用比较普遍的一种信托形式。如日本的金钱信托占全日本信托财产总额的90%。在我国信托机构从事的信托业务中，金钱信托占有很大的比重，主要包括信托贷款、信托投资、委托贷款、委托投资等形式。有价证券信托是指委托人将有价证券作为信托财产转移给受托人，由受托人代为管理运用。不动产信托是指委托人把各种不动产，如房屋、土地等转移给受托人，由其代为管理和运用，如对房产进行维护保护、出租房屋土地、出售房屋土地；等等。动产信托则是指以各种动产作为信托财产而设定的信托。动产包括的范围很广，但在动产信托中受托人接受的动产主要是各种机器设备，动产信托具有较强的融资功能。金钱债权信托是指以各种金钱债权作为信托财产的信托业务，如银行存款凭证、票据、保险单、借据；等等。例如，西方国家信托机构办理的人寿保险信托就属于金钱债权信托。③以信托目的为标准，信托可以划分为担保信托、管理信托、处理信托。担保信托是指以确保信托财产的安全，保护受托人的合法权益为目的而设立的信托。附担保公司债信托是西方国家信托机构广泛开展的一项信托业务。管理信托是指以保护信托财产的完整，保护信托财产的现状为目的而设立的信托。处理信托是指改变信托财产的性质、原状以实现财产增值的信托业务。④以信托事项的法律立场为标准，信托可以分为民事信托和商事信托。民事信托是指信托事项所涉及的法律依据在民事法律范围之内的信托。民事法律范围主要包括：民法、继承法、婚姻法、劳动法等法律，信托事项涉及的法律依据在此范围之内的为民事信托。商事信托是指信托事项所涉及的法律依据在商法规定的范围之内的信托。商法

（也叫商事法）主要包括：公司法、票据法、海商法、保险法等。信托事项涉及的法律依据在此范围之内的为商事信托，例如，涉及公司的设立、改组、合并、兼并、解散、清算，有价证券的发行、还本付息等事项的信托为商事信托。⑤按照委托人的不同，信托可以分为个人信托和法人信托，及个人法人通用的信托。个人信托是指以个人（自然人）为委托人而设立的信托。个人有生命期的限制，由此个人信托又可以分为两种：一是生前信托，二是身后信托。法人信托是指由具有法人资格的企业、公司、社团等作为委托人而设立的信托。主要包括：附担保公司债信托、动产信托、雇员受益信托、商务管理信托；等等。⑥以受托人承办信托业务的目的为标准，信托可以分为营业信托与非营业信托。营业信托是指受托人以收取报酬为目的而承办的信托业务。世界各国绝大部分的信托业务属于营业信托。非营业信托是指受托人不以收取报酬为目的而承办的信托业务。⑦从受益人的角度对信托进行划分，可以将信托分为四类：自益信托、他益信托、私益信托、公益信托。⑧以信托涉及的地理区域为依据，信托可以分为国内信托和国际信托。信托业务所涉及的范围限于一国境内，或者说信托财产的运用仅限于一国的范围之内即是国内信托。国际信托是指信托业务所涉及的事项已超出了一国的范围，引起了信托财产在国与国之间的运用。⑨以业务范围为标准，可以将信托分为广义和狭义两种。广义信托包括信托和代理两类业务。但严格来说，信托与代理是不同的，从当事人来看，信托有三个当事人，而代理只有两个当事人；从财产上看，信托需要转移财产权，代理则不需要转移财产权；从权限上看，信托业务中受托人以自己的名义从事业务，并有较大的权限，而代理业务中代理人以被代理人的名义从事业务，直接受被代理人的制约。狭义信托仅仅指财产所有权需要转移的信托业务，即我们在信托定义里所规定的信托。

拼图085　租赁——资产使用权的出租获利

租赁是指按照达成的契约协定，出租人将拥有的特定财产（包括动产和不动产）在特定时期内的使用权转让给承租人，承租人按照协定支付租金的交易行为。租赁存在的主要原因有以下方面：节税，降低交易成本，降低不确定性。

租　赁

最初的租赁物主要是土地、建筑物等不动产。1952 年，世界上第一家专业租赁公司——美国租赁公司正式成立。其后租赁范围逐步扩展到以企业生产、加工、包装、运输、管理所需的机器设备等动产领域。租赁业已经成为一个充满生机和活力的产业。据美国租赁协会统计，1989 年该国租赁契约金额为 1 224 亿美元，占当年全部资本投资的 33%，可见租赁业在资本投资中所占的重要地位。现代租赁就是在企业需要机器设备时，由租赁公司直接购入该项设备之后再转租给企业，以“融物”代替“融资”，为企业开辟了一条获取机器设备的新途径。其主要理念源于“只有通过资产的使用——而不是拥有资产，才能形成利润”。

租赁可从不同的角度进行分类。①从租赁的目的分，可分为融资租赁和经营租赁。融资租赁是设备租赁的基本形式，以融通资金为主要目的。其特点：一是不可撤销；二是完全付清；三是租期较长。经营租赁是以获得租赁物的使用权为目的。其主要特点：一是可撤销性；二是期限一般比较短；三是不完全付清性；四是出租人不仅负责提供租金信贷，而且要提供各种专门的技术设备，租金一般比融资租赁高。②从征税角度来分，有正式租赁和租购式租赁。正式租赁是指一项符合国家有关税法，能真正享受租赁税收优惠待遇的租赁交易。正式租赁的出租人可享有加速折旧、投资减税等税收优惠；承租人支付的租金可作为费用，从应纳税的收入中扣除，而且还能分享出租人获得的一部分减税，因此，租金较为廉价。租购式租赁是非正式租赁和有条件的销售租赁。它是指承租人在租期届满时，可以名义价留购设备并获得所有权的租赁交易。许多国家把它看成一项分期付款交易，一般来讲租金很高。③从交易的程度分，有直接租赁、杠杆租赁、回租租赁和转租赁等。直接租赁是指一项由出租人独自承担购买出租设备全部资金的租赁交易。杠杆租赁是较为广泛采用的一种国际租赁方式，是一种利用财务杠杆原理组成的租赁形式。杠杆租赁主要有以下几个优点：一是某些租赁物过于昂贵，租赁公司不愿或无力独自购买并将其出租，杠杆租赁往往是这些物品唯一可行的租赁方式。二是杠杆租赁中出租人仅出一小部分租金却能按租赁资产价值的100%享受折旧及其他减税免税待遇，这大大减少了出租人的租赁成本。三是在正常条件下，杠杆租赁的出租人一般愿意将上述利益以低租金的方式转让给承租人一部分，从而使杠杆租赁的租金低于一般融资租赁的租金。四是在杠杆租赁中，贷款参与人对出租人无追索权，较一般信贷对出租人有利，比一般信贷安全。杠杆租赁的对象大多是金额巨大的物品，如民航客机等。回租是承租人将其所拥有的物品出售给出租人，再从出租人手里将该物品重新租回。采用这种租赁方式可使承租人迅速回收购买物品的资金。转租赁是指承租人经出租人同意，将租赁物转租给第三人的行为。

租赁业作为我国一个新兴的行业，它的兴起与发展打破了传统信贷和金融机构体系的束缚，为金融体制的改革注入了新的活力。金融体制改革要求金融机构和信贷方式从过去比较单一和集中，向多元化、多形式方向发展，以形成一个以中央银行为领导的、以国有商业银行为主体的各种金融机构并存和分工协作的金融体系；并使信用方式和金融工具适应市场经济的需要而相应发展。租赁机构是整个金融体系中一种新兴的非银行信用机构。它的建立一方面为中国的金融业注入了竞争机制；另一方面也在旧的信贷体制中打开了一道缺口，使生产企业在技术改造上对金融方式和贸易方式有了新的选择。

国内很多行业的租赁市场极为火爆。但是，目前全国资产在3 000万元以上的从事工程机械租赁的专业租赁公司只有80多家，其余均为中小企业和个体户，而在发达国家具有相当规模的工程机械租赁企业就有数千家。中国工程机械年需求量为2 000亿~3 000亿元，而租赁业务只为需要量的10%，与高达80%的国际平均水平相差甚远。中国的汽车租赁市场仍处于起步阶段，在近500家国内汽车租赁企业中，绝大多数企业规模很小，缺乏抵御市场风险和市场拓展的实力。其中，有80%的企业运营车辆不足50辆，70%的企业正式员工人数不足5名，85%的企业汽车租赁站点数低于2个。中国的租赁渗透率仅达到万分之三，可以说，中国租赁市场有较大的发展潜力，国内租赁业可涉及的领域大致可包括：房产租赁、设备或仪器租赁、汽车租赁、电池租赁、航空租赁、人才租赁、书籍音像租赁、服装租赁、玩具租赁、户外运动用品租赁；等等，行业渗透相当广泛。房屋租赁市场是中国房地产市场的重要组成部分，它盘活房屋存量、优化资源配置、搞活市场流通，正成为新的投资和消费热点。

拼图086　“量化对冲”——定性投资的数量化手段与实践

“量化对冲”是“量化”和“对冲”两个概念的结合。“量化”是指借助统计方法、数学模型来指导投资，其本质是定性投资的数量化实践。“对冲”是指通过管理并降低组合系统风险以应对金融市场变化，获取相对稳定的收益。量化对冲程序化交易的对象主要包括股票、债券、期货、现货、期权；等等。量化对冲产品的操作流程是，先用量化投资的方式构建股票多头组合，然后空头股指期货对冲市场风险，最终获取稳定的超额收益。常见的量化对冲策略包括：股票对冲、事件驱动、全球宏观、相对价值套利四种，任意一只对冲基金既可采取其中某一策略也可同时采取多种投资策略，目前全球使用占比最高的策略是股票对冲策略，占比达32.5%。在量化选股的具体方法方面，量化投资一般会选出几百只股票进行投资分析来分散风险，适合风险偏好低，追求稳定收入的投资者。量化分析师们在制定规则之后建立某个模型，先用历史数据对其进行回测，看是否能赚钱；如果可以，就再注入小额资金，积累样板外的实盘交易。实盘后如有盈利，就扩大资金量判断其是否对投资结果带来影响。最后运行的模型，都是经过千锤百炼的。

随着证券市场规模的不断扩大，金融衍生产品不断推出，投资策略和盈利模式发生了根本性改变，投资复杂程度日益提高，导致证券市场投资者的构成比例出现了相应的变化。专业投资管理人的占比越来越大，且有加速之势。另外，量化对冲投资策略以其中低风险稳定收益的特性，将成为机构投资者的主要投资方向之一。量化对冲产品有以下几方面特点：①投资范围广泛，投资策略灵活；②无论市场上涨还是下跌，均以获取绝对收益为目标；③更好的风险调整收益，长期中对冲基金在获取稳定收益的同时提供了更好的防御性；④与主要市场指数相关性低，具备资产配置价值。

2000年以来，全球对冲基金市场经历了快速增长、衰退、反弹三个阶段。2008年金融危机前，全球对冲基金规模由2000年的3 350亿美元上升至1.95万亿美元。受金融危机影响，全球对冲基金规模一度缩减。2009年之后，在全球经济复苏背景下对冲基金规模又开始反弹，截至2013年11月底，全球对冲基金共管理着1.99万亿美元的资产。从目前对冲基金的全球分布来看，北美地区（美国为主）是全球对冲基金市场发展最成熟的地区，且近年来占比有所扩大，截至2013年11月该地区对冲基金规模占据全球的67.5%。其次是欧洲地区，占比达22.2%。最后是亚太地区，占比达7.3%。

拼图087　股价的预测——两种思维带来两种不同的结果

凯恩斯认为，股价是完全不可预测的东西，炒股和赌博是同一性质，当然赌技越好，在股市这个“赌场”中就会多赢。但对于股票之神巴菲特，这种说法无疑是否定了他的成功。尽管巴菲特承认股价是不能预测的，但是对于股票发行公司的分析可以使自己有更好的选择。当一只股票的价格远远低于实际价值时，将其买下长期持有，只要市场环境处于正常状态，那么投资者早晚会因此获利。这一理论的正确性毋庸置疑，但是接受这种说法的人并不多。大多数人还是认为股票分析和天气预报没什么两样，下不下雨都是一半对一半的事情。有些居心叵测的人甚至说投资界的厄运是巴菲特带来的，暗中称呼巴菲特为“巫师”。这样的评价有失偏颇，巴菲特绝对有一套很实用的理论。巴菲特将风险分为两类：一类是在特定环境下可以被掌控的，另一类则是完全不可控的。称职的投资者应该努力地找出那些可控的股票，并且不断地积累寻找和控制第一类股票的经验。没有人可以估测股价，但是这种做法可以使最终的结果与之前的预测无限地接近，有比较大的概率获利。那些资金充足的投资者，完全可以按照巴菲特的理论大胆地进行实践，通过进入公司董事会施加影响力，从而获得成功。如此复杂的理论分析是反对者们无法接受的，他们的投资方法一成不变，认为投资股票的风险完全体现在市场表现上。波动大代表风险大，但是获利的金额和机会也会更大；如果一只股票的价格波动很小，那么投资风险就小，获利的空间也不大。他们提出了一种理论，投资者想要赚更多的钱，就必须冒更大的险，去买那些价格波动大的股票；如果不想冒险那么只能买那些风险小的股票，赚一点小钱。如果这种说法是正确的，那么买股票还要人来干什么？只要放几台计算机，就可以安安稳稳地赚钱了。华尔街现在也确实实现了证券预测和自动化操作，但实际情况远不是这么简单，例如，某家公司发行股票价格和价值都是在 100 美元的情况下，市场的成交价可能在 90 ~ 100 美元，或者范围更大。一只股票在同一阶段，价格与价值完全有可能走向不同的方向，价格与价值保持一致的情况太少见了。一只股票的价格是由许多因素决定的，这些因素更多是过去的因素投资者想要预测股票的价格，想要在股市中获利，必须要同时考虑过去、现在和未来，然后再以发展的眼光去看问题，需要关注的不仅仅是过去。我们不能准确预测股价，但是应该考虑一切引起股价变化的所有可能性，多算胜，少算不胜，并非绝对不能够预测股价。而不可控的股票往往才有大的机会，有时候爱赌才会赢，成也预测，败也预测。

原北京大学国家发展研究院教授、美国乔治·梅森大学经济学博士薛兆丰在其《经济学讲义》一书中，对“股价究竟能不能预测”提出了他的观点。其认为，凡事皆有规律，我们能够通过对事物的学习和研究，对已知现象的把握，总结出一些规律，这些规律能够帮助我们预测未来。这些研究能够对预测股价有一定帮助。预期收入流决定资产的现值。人们时刻在形成、比较、交换和修正对未来的预期，这些预期的变化直接决定着资产现值的变化。消息披露过程决定价格变化节奏。有新的消息披露出来，资产的价格就有变化；没有新的消息，资产的价格就不会发生变化。但是由于信息披露的节奏是随机的，所以价格的波动也仍然是随机的。在股票市场上，消化新信息的过程是非常短暂的，例如，2013 年 9 月 18 日，美国联邦储备局宣布一个重大的货币政策，两点整新消息刚一宣布，股票市场就做出了剧烈的反应，而芝加哥的股票市场反应仅比纽约快了几毫秒。消化一条信息的时间只需要几毫秒，这些消息对预测股价还有价值吗？普林斯顿大学教授**伯顿·马尔基尔（Burton G . Malkiel）**在他的投资经典著作《漫步华尔街》中直言，“股市对股票的定价非常有效，连被蒙住眼睛的猴子朝报纸股票行情版投掷飞镖，完全随机地选出的投资组合，也能获得和专家管理的投资组合一样的业绩”，他是教我们，不要再做研究了，买一揽子股票放在那里，就等着它升值好了。

拼图 088　股票的价格与投资之间的关系——规避投资风险的技巧

1969 年，美国经济学家托宾提出了“托宾 Q”这一著名的理论，作为企业股票市值对股票所代表的资产重置成本的比值，将资本市场与实业经济联系起来，揭示了货币由资本市场而作用于投资的一种可能。在西方国家，Q 比率多在 0.5 和 0.6 之间波动。因此，许多希望扩张生产能力的企业会发现，通过收购其他企业来获得额外生产能力的成本比自己从头做起的代价要低得多。托宾的Q理论提供了一种有关股票价格和投资支出相互关联的理论。如果Q高，那么企业的市场价值要高于资本的重置成本，新厂房设备的资本要低于企业的市场价值。这种情况下，公司可发行较少的股票而买到较多的投资品，投资支出便会增加。如果Q低，即公司市场价值低于资本的重置成本，厂商将不会购买新的投资品。如果公司想获得资本，它将购买其他较便宜的企业而获得旧的资本品，这样投资支出将会降低。反映在货币政策上的影响就是：当货币供应量上升，股票价格上升，托宾的Q上升，企业投资扩张，从而国民收入也扩张。

企业或个人用积累起来的货币购买股票（股票投资）的目的是获得收益，它是由“收入收益”和“资本利得”两部分构成的。收入收益是指股票投资者以股东身份，按照持股的份额，在公司盈利分配中得到的股息和红利的收益。资本利得是指投资者在股票价格的变化中所得到的收益，即将股票低价买进，高价卖出所得到的差价收益。

股票投资成本由“机会成本”与“直接成本”两部分构成。机会成本是指当投资者打算进行投资时面临着多种选择，如选择了股票投资，就必然放弃其他的投资，即放弃了从另外的投资中获取收益的机会，这种因选择股票投资而只好放弃别的投资获利机会，就是股票投资的机会成本。直接成本是指股票投资者花费在股票投资方面的资金支出，它由股票的价格、交易费用（委托买卖佣金、委托手续费、记名证券过户费、实物交割手续费）、税金和为了进行有效的投资，取得市场信息所花费的开支四部分构成。

股票投资是一种高风险、高收益的投资，投资者应掌握好两个原则。一是风险分散原则。投资者在支配个人财产时要牢记：“不要把鸡蛋放在同一个篮子里。”与房产、珠宝首饰、古董字画相比，股票流动性好，变现能力强；与银行储蓄、债券相比，股票价格波幅大。各种投资渠道都有自己的优缺点，尽可能地回避风险和实现收益最大化，成为个人理财的两大目标。二是量力而行原则。股票价格变动较大，投资者不能只想盈利，还要有赔钱的心理准备和实际承受能力。投资者必须结合个人的财力和心理承受能力，拟定合理的投资政策。

在进行股票投资时，投资者一方面希望收益最大化，另一方面又要求风险最小，两者的平衡点，亦即在可接受的风险水平之内，实现收益最大化的投资方案，构成最佳的投资组合。根据个人财务状况，心理状况和承受能力，投资者分别具有低风险倾向或高风险倾向。低风险倾向者宜组建稳健型投资组合，投资于常年收益稳定、低市盈率、派息率较高的股票，如公用事业股。高风险倾向者可组建激进型投资组合，着眼于上市公司的成长性，多选择一些涉足高科技领域或有资产重组题材的“黑马”型上市公司。

股票投资是投资理财的重要手段。股票具有很强的政策性、规范性和技术性。要取得预期回报，必须掌握一定的投资分析方法，避开风险与陷阱。做到选股十个坚决不买：①大市不好时坚决不买；②情绪冲动时坚决不买；③放天量的个股坚决不买；④暴涨过的个股坚决不买；⑤大除权的个股坚决不买；⑥有硬伤、有问题、有疑问的个股坚决不买；⑦没有未来的个股坚决不买；⑧处于下跌趋势的个股坚决不买；⑨长期盘整的个股坚决不买；⑩利好公开的个股坚决不买。在买入股票亏损时，最好找国内一些技术分析服务机构看看有没有专业人士免费咨询该如何处理，股票的投资灵动性很重要，不要一味地死扛死补。

拼图089　疯狂的股价——经济泡沫的破灭与止损

在股市发展史上，1987 年是个特别的年份，这一年华尔街上的纽约股票市场爆发了历史上最大的一次崩盘事件“黑色星期一”。6.5 小时之内，纽约股指损失 5 000 亿美元，其价值相当于美国全年国民生产总值的 1/8。道琼斯指数一天之内重挫了 508.32 点，跌幅达 22.6%。美国股市暴跌狂潮在全球引起巨大恐慌，许多百万富翁一夜之间沦为贫民，数以万计的人精神崩溃，跳楼自杀。然而，太平洋另一头已经开始狂欢的人并没有被这些泡沫的破裂所震慑到，相反，则是将疯狂演绎到底。

1987 年前后的台湾，经济高速发展，过去 35 年里只有 4 年 GDP 增速低于 10%。经济的腾飞促使谋求更多的财富成为社会热潮，也催生了更多人一夜暴富的念头。在资金泛滥的冲击下，各种资产价格随之暴涨，除了土地和房地产价格在短时间内翻了两番，地下钱庄和投资公司的月利息率达到4%，甚至6%以上。巨大的资金流贪婪地寻找各种投资机会，股票市场就成了最大的蓄水池。台湾股市先是从 1985 年的 636 点起步，用了一年多的时间冲破 1 000 点大关。随后从 1986 年 10 月开始仅一年时间，就飙涨到 4 673 点，整整翻了将近 5 倍，之后更是继续一路上涨。尽管到牛市顶点的过程中也历经了两次大回撤，但最后总能扭头继续高歌，并朝 10 000点奔去。到达 10 000 点的时候，没有人觉得这很疯狂，人们甚至觉得大盘下一个即将到达的目标是 15 000 点，然后，天空才是尽头。在 1987 年到 1990 年的三年牛市过程中，任何一个人采取“扔飞镖”式的随机选股策略，都可以获得平均 8. 5% 的月回报率；再或者你随便丢硬币选出股票持有一个月，也能平均挣到 10%；坐庄更是成了暴利手段；比如有只股票叫易航，这家公司只有几艘船。但庄家把它包装成各种高大上的概念，最终股价从 1. 6 涨到 200；就算公司再烂，只要被庄家相中，市值也能飞上天；一只叫作“新奇毛纺”的股票，该股在一开始价格低于 7 元新台币，没有内在价值，仅具有壳资源。因为被庄家相中，之后在 25 个交易日中有 22 次涨停，且有 13 个交易日均为涨停价成交；一只本地银行股总市值超过摩根大通、美洲银行、富国银行等总和，但是其利润却只有这五家银行的 5%；到了 1989 年第四季度的时候，台湾市场整体市盈率已接近 100 倍。这种疯狂持续到了 1990 年，台币升值速度放缓，贸易顺差也不再走高。终于，在政策面没有致命利空的情况下，大盘开始掉头向下。然而所有人经历了之前的下跌都会被拉回来之后，每个人都认为下跌就是买入机会。可惜，这种打了兴奋剂的癫狂，在药效过后，剩下的只有疲软与不支。大盘从 1990 年 2 月最高点 12 498 点一路暴跌至 10 月的2 560点，10 个月跌掉了将近 10 000 点，消灭了一大批中产阶级和富裕阶层。

无独有偶，“一夜暴富”的还有隔壁的岛国——日本。1985年日美英法德签订了《广场协议》，旨在通过人为干预来迫使日元对美元升值。随后两年多的时间里日元对美元上升了近一倍（1美元兑换220日元变成了1美元只能兑120日元）。1986年1月日经指数13 000点，1987年9月26 000点，1988年日本股市总市值超过当年GDP，1989年12月日经股指创下接近39 000点历史纪录。和台湾全民炒股后家庭主妇开始消费升级一样，一向默默无闻的日本家庭主妇也会花上500美元喝着一杯点缀着金粉的精致咖啡；在大量资金的冲击下，日本的地价也开始猛涨；据当时媒体报道，仅仅是日本天皇居住的东京皇居的土地价格就超过了整个法国的土地估价；更有人戏称，在东京的银座地区，如果把一张一万日元的纸币扔在地上，甚至买不到它所覆盖的那一小片土地。大量的钱炒热股市之后，日本社会进入一个人人巨资购地作抵押，然后贷款再次购地或炒股的恶性死循环。在那段时间里，日本政府与银行几乎从来没有质疑过，一旦贷款者无力偿还巨额贷款，它们该如何收场。从1990年初开始，日本股市急速下行，到当年12月股市已损失约合2万亿美元，到1990年年底，日本股市彻底崩盘，当时日本报纸的头条几乎全部被公司破产新闻霸占；所有投资活动在那一年戛然而止，此前日本民众根本停不下来的购买欲望也被低迷的经济打倒；一家家房屋贷款公司相继破产；被不良贷款所充斥的日本银行也不得不采用合并重组的方式来获得新生。而后，也就是日本那“失去的十年”。

1987年狂欢的背后，是1990年的落寞。庆幸的是，在这些狂欢的市场里也还是有给予人希望的力量，那就是一直坚守价值投资的巴菲特。同样是经历1987的“黑色星期一”，在暴跌那一刻，可能巴菲特是整个美国唯一一个没有时刻关注正在崩溃的股市的人。他的办公室里根本没有电脑，也没有股市行情机。整整一天，他和往常一样安安静静待在办公室里，打电话、看报纸、看上市公司的年报。尽管在这场暴跌里，他的损失也不小。但他之所以能够在别人恐惧的时候有所淡定，还是因为在市场狂热的时候，他不会去盲从。他是一个非常谨慎的人，只有在非常有把握的情况下，他才会重仓出手。“我从不试图通过股市赚钱。我们购买股票是在假设它们次日关闭股市，或者在5年内不重开股市的基础上。”他追求的确定性并不是来自股市的波动和股价的涨跌，而是来自公司内在价值的持续增长。也正是这样的价值坚守，1995—1999年，他拒绝投资市场上热火朝天的高科技股票，也因此得以安然度过2000年的泡沫破灭。

对于股市疯狂背后的奥秘，美国经济学家、金融计量领域的重要开拓者**罗伯特·恩格尔（Robert F. Engle，1942— ）**进行了深刻的剖析。在恩格尔看来，随着电子化交易的发展，未来的金融计量经济学可以使金融市场的做市商、经纪人和交易者，借助于统计分析，自动地根据特定市场环境和目标做出最优的策略。他所建立的一系列描述经济时间序列数据时变波动性模型及统计分析方法，为金融分析家们在资产定价、资产配置和风险评估方面找到了捷径。另一位是**克莱夫·格兰杰（Clive W. J. Granger，1934—2009）**，其被认为是世界上最伟大的计量经济学家之一，他在利用数学模型分析时间序列数据方面的实证研究，给全世界打开了一扇窥探经济运行规律，特别是金融市场运行规律的大门。正因如此，我们可以对股市和汇市浩如烟海的数据进行分析整理，并预测今后的走势。格兰杰曾经在上海交大做了“股票市场的价格预测问题”的主题演讲，他认为对于一个成熟市场而言，股市的理想状态是不会有大起大落的，有大起大落则说明市场是不充分的或者不是有效的。他表示对于中国现在大牛市的行情不能做出直接预测，但看好中国现在的经济发展对股市的拉动作用，经济繁荣和股票市场的繁荣是联系在一起的。他同时也建议对于股市泡沫要有充分准备。如果股民感觉到泡沫的存在，那么最好撤回一半投资，涨则可以继续赚钱，跌则不至于亏得太厉害。

由于恩格尔和格兰杰在计量经济领域的突出贡献，两人共同获得了2003年度诺贝尔经济学奖，这也是继首届1969年和2000年之后计量经济学第三度获奖。

拼图090 现代投资组合理论的发展——两次“华尔街革命”

20世纪50年代之后，金融学理论发生了两次所谓的“华尔街革命”。1952年，马科维茨在《金融杂志》上发表了《资产组合选择——投资的有效分散化》一文，该文堪称现代金融理论史上的里程碑，标志着现代组合投资理论的开端，马科维茨的研究被认为是金融经济学理论的前驱工作，被誉为“华尔街的第一次革命”。该理论主要是针对化解投资风险的可能性，认为有些风险与其他证券无关，分散投资对象可以减少个别风险，由此个别公司的信息就显得不太重要。“不要把所有的鸡蛋放在一个篮子里”就是多元化投资组合的最佳比喻，而这已成为现代金融投资中的一条真理。

夏普进一步将马科维茨的分析方法发展为著名的“资本资产定价模型”。他把马科维茨的选择理论中的资产风险进一步分为资产的“系统”（市场）风险和“非系统”风险两部分。前者是由总体股价变动引起的某种资产的价格变化，后者则是由影响股价的某些特殊要素引起的资产价格变动。他的模型论证了“高风险高收益”的合理性，这一发现不仅将投资人，尤其是基金管理者的注意力集中于系统性风险上，也为投资人评价某一资产定价是否合理，从而制订投资策略提供了行动指南。

1958年，米勒和莫迪利安尼共同提出了关于公司理财的“MM理论”，解释了什么因素决定公司在应计债务和分配资产方面的选择。米勒认为，在完全竞争（撇开税的影响）条件之下，公司的资本成本及市场价值与公司的债务—资产率及分配率是互为独立的。也就是说，一定量的投资，无论是选择证券融资还是借款，对企业资产的市场价值并无影响；企业的分配政策对企业股票的价值也不起作用。他进一步提出，对资不抵债公司的税收优惠，虽然会影响一个给定的经济部门的总债务率，但对个别企业债务—资产率却无关痛痒。这些引人注目的观点导致了大量的反对性研究，但是“MM理论”已经证明比许多人开始想象的更适用。米勒的这个定理在21世纪仍然是几乎所有公司财务的实验性研究的出发点。

“华尔街的第二次革命”是指1973年“布莱克—斯科尔斯”期权定价公式的问世。美国经济学家**迈伦·斯科尔斯**（Myron Samuel Scholes，1941—　）与**费西尔·布莱克**（Fischer Black，1938—1995）在合作发表的《期权定价和公司债务》一文中，给出了著名的“布莱克—斯科尔斯”期权定价公式，该法则已成为金融机构涉及金融新产品的思想方法。之后，**罗伯特·C. 莫顿**（Robert Carhart Merton，1944—　）对“布莱克—斯科尔斯”公式所依赖的假设条件做了进一步削减，在许多方面对其做了推广。斯科尔斯和莫顿也由此获得1997年诺贝尔经济学奖，而布莱克由于因病去世终未获此殊荣。期权定价模型（OPM）由布莱克与斯科尔斯在20世纪70年代提出，该模型认为，只有股价的当前值与未来的预测有关；变量过去的历史与演变方式与未来的预测不相关。模型表明，期权价格的决定非常复杂，合约期限、股票现价、无风险资产的利率水平以及交割价格等都会影响期权价格。

在现代金融市场主流理论中，有效市场假说（EMH）占据着重要的地位。它充分说明了获取信息对投资的重要性，可谓“得信息者得天下”。它的提出者是美国经济学家**尤金·法玛**（Eugene F. Fama，1939—　），1970年，他在《金融》杂志上发表了关于EMH的经典论文《有效资本市场：理论与实证研究回顾》，不仅对过去有关EMH的研究做了系统的总结，还提出了研究EMH的一个完整的理论框架，以有效市场假说下的价格走势的随机游走模型为基础提出了强制性的统计证据。同一时期，芝加哥经济学派代表人物之一**拉尔斯·彼得·汉森**（Lars Peter Hansen，1952—　）发现了在经济和金融研究中极为重要的广义矩估计，利用稳定控制理论和递归经济学理论研究风险在定价和决策中的作用。行为金融学代表人物**罗伯特·希勒**（Robert J. Shiller，1946—　）在金融市场、行为经济学、宏观经济学、不动产、统计方法及市场道德判断、公共选择等方面，运用数学分析和行为分析相结合的方法研究投机市场中的价格波动；分析投机泡沫，尤其是证券和房地产市场泡沫；分析金融、保险、公共财政在普通民众未来生活中的广泛影响等。在资产价格实证分析理论诞生以前，人们对股市波动规律的认知是一个极具挑战性的世界级难题。人们无法预期股票和债券在接下来三五天内的价格，但是却可以预测更长期的走势，例如在未来三年至五年内的走势，“可预期性”这一看似矛盾却又令人惊喜的发现，正是基于法玛、汉森和希勒的研究贡献，三人也因此共同获得了2013年诺贝尔经济学奖。

拼图091　我国的股票市场发展历程

我国的股票发行经历了清政府、北洋政府、国民政府，新中国人民政府。1916年，孙中山与沪商虞洽卿共同建议组织上海交易所股份有限公司。1920年2月1日，上海证券物品交易所在总商会开创立会。该年6月，上海证券物品交易所正式设立，运作模式引用日本所，7月1日，上海证券交易所开业，采用股份公司形式，交易标的分为有价证券、棉花等七类。这就是近代中国最早的股票。

新中国股市从20世纪80年代开始尝试，本着试得好就上、试不好就停的理念建立。1984年7月，北京天桥股份有限公司和上海飞乐音响股份有限公司经中国人民银行批准向社会公开发行股票。1986年9月26日，中国第一个证券交易柜台——静安证券业务部的开张，标志着新中国从此有了股票交易。新中国第一股——上海飞乐音响股份有限公司在南京西路1 806号静安证券业务部正式挂牌买卖，当天上市的100股股票不到一个半小时即被抢购一空。1986年11月14日，邓小平会见纽约证交所董事长约翰·范尔霖，并向其赠送了中国第一股——飞乐音响股股票。1990年3月，政府允许上海、深圳两地试点公开发行股票，两地分别颁布了有关股票发行和交易的管理办法。1990年12月1日，深圳证券交易所试营业。1990年11月26日，上海证券交易所成立。同年12月29日正式营业。

中国股市最大的特点是国有股、法人股上市时承诺不流通，因此各股票只有流通股在市场中按照股价进行交易，然而指数却是依照总股本加权计算，从而形成操盘上的“以少控多”的特点。在1995年之前的股市运作中，最大的利空通常是中国股市试点要停、股市要关门这类消息。后受“3.27 国债期货事件”影响，中国期货市场于 1995 年进行全面整顿清理，中国股市成为扶持的对象，这样股市才由此迎来了真正地利好，转而进入了大发展的时期。

目前，中国股市面临着两难困局。一难在“进”。上市公司入市，在现行发行制度下，常常是市盈率高，发行价高，圈钱效应突出。在一级市场吃尽了二级市场的投资利润前提下，投资二级市场，缺乏吸引力。二难在“出”。不合格上市公司一旦退市，会损害诸多投资机构和中小投资者利益。特别是一些小股民，难以承受上市公司退市的巨大损失。因此，监管部门一方面要严格发行制度，让真正业绩优良、值得在二级市场投资的上市公司入市；另一方面要推动投资者教育，让所有投资者必须清醒地意识到投资的无限风险和无限收益是并存的，在此基础上，大力淘汰不合格上市公司，给中国资本市场营造出真正的“碧水蓝天”。如此，资本市场的价格曲线表现才会真正地随供求关系变化而变化，更多的资金才会进场，追逐更好业绩的上市公司，资本市场才会真正获得健康地发展，直接融资手段才真正可持续，投资者收益才真正可持续。

新中国期货市场产生的背景是粮食流通体制的改革。1988 年，我国开始通过研究国外的期货市场制度，来解决国内农产品价格波动问题，拉开了中国期货市场研究和建设的序幕。20 世纪 90 年代，我国的现代期货交易所应运而生。1992 年，郑州设立期货交易所，展开另一波期货热炒风潮，最多时曾经一度同时开设超过 50 家期货交易所，超过全球其他国家期货交易所数目的总和。国务院在 1994 年及 1998 年，两次大力收紧监管，暂停多个期货品种，勒令多间交易所停止营业。1998 年后，中国大陆合法的商品期货交易所只剩下上海期货交易所、大连期货交易所、郑州期货交易所，前者经营能源与金属商品期货，后两者经营农产品期货。2006 年，中国金融期货交易所在上海挂牌成立，首项推出的产品为沪深 300 股指期货。我国现有的四家期货交易所，其上市期货品种的价格变化对国内外相关行业产生了深远的影响。

作为我国金融体系的绝对核心，银行业维持了健康和稳定运行，不可否认的是，受金融危机以及国内经济结构调整的影响，国内银行业正面临一系列不可忽视的深刻挑战，但在后金融危机时代，我国银行业仍然面临着异常复杂的外部经营环境。中国的大部分银行的盈利比例为：贷款30%、银行类保险10%、销售理财基金类产品10%、金融机具的销售5%、金融智能终端业务消费获利30%、对冲业务5%、票据业务10%等。国外银行的盈利比例为：贷款15%、银行类保险15%、销售理财基金类产品15%、金融机具的销售10%、金融智能终端业务消费获利35%、对冲业务5%、票据业务5%等。全球经济一体化及经济金融环境的不确定性，也使商业银行面临的风险显现出复杂性、突发性、扩散性和快速传播性等新特征。在市场竞争方面，随着金融市场发育程度和开放程度的不断提高，大型银行面临的竞争格局、竞争的空间范围和竞争对手已经并正在继续发生深刻的变化。这些都是中国银行业未来发展面临的挑战。因此，我国银行业应该以长期的信誉和实力为保障，以信贷和网络优势为依托，以广泛的客户资源和信息资源为平台，以沿海发达城市为重点，全面优化和提升传统优势业务，进一步整合和深化现有投资银行业务，积极拓展财务顾问、银团贷款、杠杆融资、企业并购等新型投资银行业务，加强对边缘投资银行业务的前瞻性研究，完成投资银行业务的组织体系构造，力争实现投资银行业务的规模化经营。

第十二章

12

创新理论
——新产业、新经济和新业态

拼图092　创新理论鼻祖——熊彼特

创新，是一个民族进步的灵魂，也是一个国家或地区兴旺发达的不竭源泉。目前，全世界已经普遍达成共识，未来世界的竞争，本质上是创新的竞争。

要了解创新理论的形成和发展，首先要从被誉为“创新理论鼻祖”的**约瑟夫·熊彼特**（Joseph Alois Schumpeter，1883—1950）说起，他是一位有深远影响的美籍奥地利政治经济学家，其与同时代的凯恩斯，用“既生瑜，何生亮”来形容再贴切不过了。两人之间既惺惺相惜，也充斥着不屑与论争。1912年，其发表《经济发展理论》一书，提出了“创新”及其在经济发展中的作用，轰动了当时的西方经济学界。《经济发展理论》创立了新的经济发展理论，即经济发展是创新的结果。近年来，熊彼特在中国声名日隆，特别是一谈到“创新”，熊彼特的“五种创新”理念即被人引用和提及，几乎到了“言创新必称熊彼特”的程度。不仅仅是中国，作为“创新理论”和“商业史研究”的奠基人，熊彼特在西方世界的影响也正在被重新发现，他提出的“创造性毁灭”，在西方世界的被引用率仅次于亚当·斯密的“看不见的手”。

创新理论鼻祖——熊彼特

熊彼特有两条著名的假说：①企业规模越大，技术创新就越有效率，也就是说，大企业比小企业更具创新性；②技术创新与市场集中度之间存在正相关性，在保证技术创新成果方面，市场支配力是必需的。他根据创新浪潮的起伏，以重大的创新为标志划分，把资本主义经济的发展分为三个长波：①1787—1842年是产业革命发生和发展时代；②1842—1897年为蒸汽和钢铁时代；③1898年以后为电气、化学和汽车工业时代。他指出，经济发展每个长周期包括六个中周期，每个中周期包括三个短周期。短周期约为 40 个月，中周期约为 9—10 年，长周期为 48—60 年。第二次世界大战后，许多著名的经济学家也研究和发展了创新理论，20 世纪 70 年代以来，门施、弗里曼、克拉克等用现代统计方法验证熊彼特的观点，并进一步发展创新理论，被称为“新熊彼特主义”和“泛熊彼特主义”。进入 21 世纪，在信息技术推动下，知识社会的形成及其对创新的影响进一步被认识，科学界进一步反思对技术创新的认识，创新被认为是各创新主体、创新要素交互作用下的一种复杂涌现的现象，是创新生态下技术进步与应用创新的创新双螺旋结构共同演进的产物，关注价值实现、关注用户参与的以人为本的创新 2.0 模式也成为新世纪对创新重新认识的探索和实践。

熊彼特的创新理论主要有以下几个基本观点：

第一，创新是生产过程中内生的。他说：“我们所指的‘发展’只是经济生活中并非从外部强加于它的，而是从内部自行发生的变化。”尽管投入的资本和劳动力数量的变化，能够导致经济生活的变化，但这并不是唯一的经济变化；还有另一种经济变化，它是从体系内部发生的。这种变化是那么多的重要经济现象的原因，所以，为它建立一种理论似乎是值得的。这另一种经济变化就是“创新”。

第二，创新是一种“革命性”变化。熊彼特曾做过这样一个形象的比喻：你不管把多大数量的驿路马车或邮车连续相加，也决不能得到一条铁路。“而恰恰就是这种‘革命性’变化的发生，才是我们要涉及的问题，也就是在一种非常狭窄和正式的意义上的经济发展的问题。”这就充分强调创新的突发性和间断性的特点，主张对经济发展进行“动态”性分析研究。

第三，创新同时意味着毁灭。一般来说，“新组合并不一定要由控制创新过程所代替的生产或商业过程的同一批人去执行”，即并不是由驿路马车的所有者去建筑铁路，而恰恰相反，铁路的建筑意味着对驿路马车的否定。所以，在竞争性的经济生活中，新组合意味着对旧组织通过竞争而加以消灭，尽管消灭的方式不同。如在完全竞争状态下的创新和毁灭往往发生在两个不同的经济实体之间；而随着经济的发展，经济实体的扩大，创新更多地转化为一种经济实体内部的自我更新。

第四，创新必须能够创造出新的价值。熊彼特认为，先有发明，后有创新；发明是新工具或新方法的发现，而创新是新工具或新方法的应用。“只要发明还没有得到实际上的应用，那么在经济上就是不起作用的。”因为新工具或新方法的使用在经济发展中起到作用，最重要的含义就是能够创造出新的价值。把发明与创新割裂开来，有其理论自身的缺陷；但强调创新是新工具或新方法的应用，必须产生出新的经济价值，这对于创新理论的研究具有重要的意义。所以，这个思想为此后诸多研究创新理论的学者所继承。

第五，创新是经济发展的本质规定。熊彼特力图引入创新概念以便从机制上解释经济发展。他认为，可以把经济区分为“增长”与“发展”两种情况。所谓经济增长，如果是由人口和资本的增长所导致的，并不能称作发展。“因为它没有产生在质上是新的现象，而只有同一种适应过程，像在自然数据中的变化一样。”“我们所意指的发展是一种特殊的现象，同我们在循环流转中或走向均衡的趋势中可能观察到的完全不同。它是流转渠道中的自发的和间断的变化，是对均衡的干扰，它永远在改变和代替以前存在的均衡状态。我们的发展理论，只不过是对这种现象和伴随它的过程的论述。”所以，“我们所说的发展，可以定义为执行新的组合。”这就是说，发展是经济循环流转过程的中断，也就是实现了创新，创新是发展的本质规定。

第六，创新的主体是“企业家”。熊彼特把“新组合”的实现称之为“企业”，那么以实现这种“新组合”为职业的人便是“企业家”。因此，企业家的核心职能不是经营或管理，而是看其是否能够执行这种“新组合”。这个核心职能又把真正的企业家活动与其他活动区别开来。每个企业家只有当其实际上实现了某种“新组合”时才是一个名副其实的企业家。这就使得“充当一个企业家并不是一种职业，一般来说也不是一种持久的状况，所以企业家并不形成一个从专门意义上讲的社会阶级”。熊彼特对企业家的这种独特的界定，其目的在于突出创新的特殊性，说明创新活动的特殊价值。但是，以能否实际实现某种“新组合”作为企业家的内在规定性，这就过于强调企业家的动态性，这不仅给研究创新主体问题带来困难，而且在实际生活中也很难把握。

熊彼特认为，创新引起模仿，模仿打破垄断，刺激了大规模的投资，引起经济繁荣，当创新扩展到相当多的企业之后，盈利机会趋于消失，经济开始衰退，期待新的创新行为出现。整个经济体系将在繁荣、衰退、萧条和复苏四个阶段构成的周期性运动过程中前进。他首先用“纯模式”来解释经济周期的两个主要阶段—繁荣和衰退的交替：创新—（为创新者）带来超额利润—引起其他企业仿效—第一次创新浪潮—对银行信用和资本品的需求—经济步入繁荣；创新的普及—超额利润消失—对银行信用和资本品的需求—经济收缩，由繁荣步入衰退。

对经济周期的四阶段：繁荣、衰退、萧条、复苏，熊彼特用创新引起的“第二次浪潮”来解释之。第一次创新浪潮—对银行信用和资本品的需求—生产资本品的部门扩张—生产消费品的部门扩张—第二次浪潮—物价—投资机会—投机现象出现。随着创新的普及，超额利润消失，经济进入衰退期。第二次浪潮与第一次浪潮有重大的差别。第二次浪潮中许多投资机会与本部门的创新无关。这样，第二次浪潮中不仅包含了纯模式不存在的失误和过度投资行为，而且它不具有自行调整走向新均衡的能力。

“资本主义的创造性破坏”——当景气循环到谷底的同时，也是某些企业家不得不考虑退出市场，或是另一些企业家必须要“创新”以求生存的时候。只要将多余的竞争者筛除或是有一些成功的“创新”产生，便会使景气提升，生产效率提高，但是当某一产业又重新有利可图的时候，它又会吸引新的竞争者投入，然后又是一次利润递减的过程，回到之前的状态。

所以说每一次的萧条都包括一次技术革新的可能，这句话反过来也可以陈述为：技术革新的结果便是可预期的下一次萧条。在熊彼特看来，资本主义的创造性与毁灭性因此是同源的。但熊彼特并不认为资本主义的优越性是由其自己产生的动力不停地推动自身发展，他相信资本主义经济最终将因为无法承受其快速膨胀带来的能量而崩溃于其自身的规模。熊彼特在研究中发现，1972 年，美国全部非官方的技术开发投资中，5000 人以上的企业提供 87%，而 250 万个中小企业所占的比重只有 4%。大企业的人才、实验室、全球的推销推广系统和真金白银都是小企业不具备的。

拼图 093　罗默和他的内生经济增长模型

保罗·罗默（Paul M. Romer，1955—　），美国经济学家，创新驱动和新增长理论的主要建立者之一。1986 年，罗默建立了内生经济增长模型，把知识完整纳入经济和技术体系之内，使其作为经济增长的内生变量。他探讨了纠正新古典经济增长模型的局限性的一些可能途径，用内生的技术来解释经济的增长。他提出了四要素增长理论，即新古典经济学中的资本和劳动（非技术劳动）外，又加上了人力资本（以受教育的年限衡量）和新思想（用专利来衡量，强调创新）。罗默在内生增长领域做出的杰出贡献，导致了经济增长分析的全面复兴。1992 年，罗默在世界银行发展经济学年会上进一步把上述思想运用到发展中国家和地区的发展战略的研究中，并认为：能否提供和使用更多的创意或知识，将直接关系到一国或地区经济能否保持长期增长。例如，毛里求斯在 20 世纪七八十年代实施了开放政策，吸引了中国香港的企业家把新思想和知识运用到那里，从而带动了该国经济发展，摆脱了赤贫状况。2019 年，罗默与 400 余名中国企业家、专家学者会聚在四川成都，共同探讨企业内生增长动力的规律与路径。他从企业如何探索新的可能性、如何协同发展、如何创新商业模式等方面建言献策。“培养想象力是促进企业内生增长的根本因素。”罗默说，商业模式的创新比技术创新更重要，企业的发展需要一边探索新的可能性，一边过滤掉那些不合实际的想法，并不断做规划，“最好的规划是简单的，一定要避免过度、过远的规划”。2018 年，由于在创新、气候和经济增长方面研究的杰出贡献，保罗·罗默和威廉·诺德豪斯共同获得了当年的诺贝尔经济学奖。

拼图 094　克鲁格曼和他的贸易模式分析

保罗·克鲁格曼（Paul R. Krugman，1953—　），美国经济学家，协同创新、组织创新理论的主要建立者。主要研究领域包括国际贸易、国际金融、货币危机与汇率变化理论。他创建的新国际贸易理论，分析解释了收入增长和不完全竞争对国际贸易的影响。2008 年，由于在贸易模式上所做的分析工作和对经济活动的定位，他荣获了诺贝尔经济学奖。

“协同创新”是指创新资源和要素有效汇聚，通过突破创新主体间的壁垒，充分释放彼此间“人才、资本、信息、技术”等创新要素活力而实现深度合作。这是一项复杂的创新组织方式，其关键是形成以大学企业研究机构为核心要素，以政府金融机构、中介组织、创新平台、非营利性组织等为辅助要素的多元主体协同互动的网络创新模式，通过知识创造主体和技术创新主体间的深入合作和资源整合，产生系统叠加的非线性效用。协同创新的主要特点有两点：①整体性，创新生态系统是各种要素的有机集合而不是简单相加，其存在的方式目标功能都表现出统一的整体性；②动态性，创新生态系统是不断动态变化的，因此，协同创新的内涵本质是：企业、政府、大学、研究机构、中介机构和用户等为了实现重大科技创新而开展的大跨度整合的创新组织模式，协同创新是通过国家意志的引导和机制安排，促进企业、大学、研究机构发挥各自的能力优势，整合互补性资源，实现各方的优势互补，加速技术推广应用和产业化，协作开展产业技术创新和科技成果产业化活动，是当今科技创新的新范式。

协同创新是各个创新主体要素内实现创新互惠，知识的共享，资源优化配置，行动最优同步，高水平的系统匹配度。而协同创新的有效执行关键在于协同创新平台的搭建，可以从两方面对协同创新平台进行宏观布局。一是面向科技重大专项或重大工程的组织实施，建设一批可实现科技重点突破的协同创新平台，如新药创制、核高基、海洋科学与工程等重大专项。通过重大专项和重大工程的部署实施，瞄准目标产品和工程，集成各类科技资源，坚持产学研用结合，加强各类承担主体的联合，建设支撑科技重大专项和重大工程的组织实施。二是面向产业技术创新，建设国家层面支撑产业技术研发及产业化的综合性创新平台，加快科技成果转化、产业化。特别是面向培育战略性新兴产业的协同创新平台，以重大的高新技术产业化带动新兴产业发展形成未来主导产业，协调相关创新组织，统筹加强科研设施建设和研发投入，促进战略性新兴产业的形成、崛起，形成具有国际竞争力的主导产业，带动产业结构调整。

除此之外，需要制定有利的政策与保障措施来支持和发展协同创新平台：一是建立协同创新平台的中央财政投入渠道，稳定支持培育具有产业技术综合竞争实力、具有较大产业化价值的研发组织。国家重大项目安排要优先向协同创新平台倾斜。在保障政府投入的基础上，发挥多方积极性，进一步吸收社会资金参与协同创新平台的建设与发展，形成国家与地方、企业联合共建机制。探索稳定支持与项目支持相结合、中央支持与地方支持相结合、财政资金投入与企业和社会资金投入相结合的多种支持方式和渠道。调动各种资源，加强集成与衔接，避免重复建设。二是要主动加强与现有人才发展规划、计划和工程的衔接，吸引和聚集优秀的创新人才，开展广泛的国际国内交流与合作。在不危害国家安全、不泄密的前提下，吸引来自世界各国优秀人才共同参与我国科技创新，提高基础研究、高技术前沿研究领域与产业创新的国际竞争力。

组织创新，是指应用行为科学的知识和方法，把人的成长和发展希望与组织目标结合起来，通过调整和变革组织结构及管理方式，使其能够适应外部环境及组织内部条件的变化，从而提高组织活动效益的过程。任何组织机构，经过合理的设计并实施后，都不是一成不变的。它们如同生物的机体一样，必须随着外部环境和内部条件的变化而不断地进行调整和变革，才能顺利地成长、发展，避免老化和死亡。企业组织结构老化的主要特征：企业经营业绩下降；企业生产经营缺乏创新；组织机构本身病症显露；职工士气低落，不满情绪增加等。当一个企业出现上述征兆时，应当及时进行组织诊断，以判断企业组织机构是否有开发创新的需要。

组织创新的内容随着环境因子的变动与组织管理需求发展方向而各不相同。一般可涉及以下方面：一是功能体系的变动。即根据新的任务目标来划分组织的功能，对所有管理活动进行重新设计。二是管理结构的变动。对职位和部门设置进行调整，改进工作流程与内部信息联系。三是管理体制的变动，包括管理人员的重新安排、职责权限的重新划分等。四是管理行为的变动，包括各种规章制度的变革等。上述开发工作往往需要经历一定的时间，从旧结构到新结构也不是一个断然切换的简单过程，一般需要较长的过渡、转型时期。所以，作为领导者要善于抓住时机，发现组织变革的征兆，及时地进行组织开发工作。

从熊彼特假说到保罗·克鲁格曼获诺奖，再度力挺规模经济。与传统经济学对垄断的批评相反，熊彼特认为巨型公司是推动技术进步和经济动态创新的发动机。美国总统卡特的经济顾问，诺贝尔奖获得者舒尔茨在他提交给美国总统的备忘录中写道："从长远来看，科学知识终将转化为新的更先进的产品和生产方式，的确是推动经济增长的最重要的力量。"根据索洛的统计，美国经济增长的80%～90%是由技术进步引起的。

拼图095　诺德豪斯和气候变化经济学

威廉·诺德豪斯（William D. Nordhaus，1941—　），是美国最有影响力的50名经济学家之一，全球研究气候变化经济学的顶级分析师之一。他的经济学研究范围很广，包括环境、价格、能源、技术变革、经济增长、利润和生产率的增长趋势。主要研究领域包括气候变化经济学、增长经济学、工资与价格、生态管理经济学、转型经济学等。他对中国、东欧和苏联的经济改革抱有浓厚兴趣。诺德豪斯在许多研究领域的专业期刊上发表了大量文章，他的研究集中在经济增长的约束程度等领域，极力主张从排放许可制度转向征收碳排放税。20世纪70年代以来，他发展了研究全球变暖的经济学方法，包括整合的经济和科学模型的构建（DICE和RICE模型），将经济学、碳循环、气候科学等一系列研究实现了对接，这让温室效应和气候变暖的成本和收益都可衡量，继而采取措施放缓温室效应，为应对气候变化提供了有效途径。1972 年，诺德豪斯和诺贝尔经济学奖获得者托宾提出“净经济福利指标”。他们主张应该把都市中的污染等经济行为所产生的社会成本从 GDP 中扣除；同时，加上一直被忽略的家政活动、社会义务等经济活动。按此计算，美国从 1940 年到 1968 年，每年净经济福利所得，几乎只有 GDP 的一半。1968 年以后，二者差距越来越大，每年净经济福利所得不及 GDP 的一半。2018 年，由于在可持续发展增长研究领域做出的突出贡献，诺德豪斯获得当年的诺贝尔经济学奖。

拼图 096　麦克法登和离散选择分析

丹尼尔 · 麦克法登

丹尼尔 · 麦克法登（Daniel L. McFadden，1937—　），美国著名经济学家，主要研究领域为计量经济学及经济学理论。以往研究课题为隐含变量模式、选择模式及应用、大规模抽样计量经济学、抽样理论、经济生产理论以及消费理论，以及老龄化趋势经济学、储蓄行为，人口统计学趋势、住房流动性、健康和死亡比例研究，利用计量心理学数据进行的消费者需求分析以及计量经济学模拟方法研究。

麦克法登最为突出的贡献是他对与离散选择分析（即在不限定决策变换中的选择）有关的经济理论和经济计量方法的发展。经济学理论中传统的需求分析假定个人的选择是由一个连续变量所代表的，并由此而认为它不适宜进行离散选择行为的分析。在麦克法登之前，对此类选择所进行的经验性研究缺乏经济理论的支持。在他所创立的新理论的基础上，麦克法登发展了一系列可以用于社会科学诸多领域的微观计量经济学模型。

麦克法登的开创性贡献是他在1974年提出的有条件的逻吉特分析。比如，在对旅行模式进行选择的研究中，可变换方案可能是小汽车、公共汽车和地铁，X可以包括有关时间和费用的信息，而Z有可能覆盖有关年龄、收入和教育的数据。除X和Z之外的个人及可变换方案之间的差异，尽管是研究者所无法观察到的，也决定着个人效用最大化选择。此类模型经常被应用到对城市旅行交通需求的研究之中，它们可以被应用于交通计划之中，用于检验政策措施的效果以及其他社会与环境等方面的变化。比如，这些模型可以解释价格变化，通过改进而获得的可能性，或者人口构成的变动是如何影响使用不同交通方式所占比例的。这些模型在其他领域也具有应用意义，如对居住方式和居住地以及教育的选择等。麦克法登还将他自己的模型应用到对许多社会问题的分析上，比如民用电力、电话服务和为老年人所提供的住所等。

近十年来，麦克法登将兴趣转移到环境经济学方面，研究人们利用自然资源时所愿意支付的价格，用以计算各种自然资源的“存在价值”，并评估自然资源受损时所造成的福利损失。麦克法登在这个领域的研究也再次证明他整合经济理论和计量方法并将之应用到实证研究的大师级功力。

2000年，由于对分析离散选择的原理和方法所做出的发展和贡献，麦克法登获得当年的诺贝尔经济学奖。

拼图097　罗斯和沙普利的市场设计

埃尔文·罗斯（Alvin E. Roth，1951—　）和罗伊德·沙普利（Lloyd S. Shapley，1923—　）一同进行了长时间的研究，从20世纪60年代形成的抽象理论到20世纪80年代的实证研究，他们解决的实际问题包括刚毕业的医生和工作医院的匹配，学生与学校的匹配以及等待器官移植的患者与器官捐献者的匹配等。在研究中沙普利贡献了早期的理论，在后来罗斯的调查中，他发现沙普利的理论在20年后无意中被运用到了美国医生的就业市场中。他的发现激发了后来理论分析的发展和对市场机构的市场设计实践。

稳定配置理论。GS 算法对分配机制的分析依赖于一个更抽象的理念。如果理性人（做出使自己利益最大化的行为的人）仅仅参与无条件限制的相互贸易，那么这种分配的结果就是有效的。如果不是这样，一些个体就会进行新的贸易来使他们更加富有。一种没有任何个体从其他贸易中寻求财富的分配就是稳定的。稳定是合作博弈论中的核心概念，这个博弈论的分支最早的创始人就是沙普利，他在 20 世纪 50 年代到 60 年代就形成了这个理论的主要概念。1962 年，沙普利把稳定这个理念运用在了一个特殊案例中。在与大卫·盖尔合作的一篇短论文中，他分析了两人配对这个案例：个体怎样才能在他们对谁应该成为最合适的配对持不同看法的情况下完成配对。他用婚姻作为阐述观点的一个实例：在尊重他们个人喜好的前提下，怎样使十个男人和十个女人配对。最大的挑战是要设计一个简单的能够实现稳定配对的机制，稳定指的是没有一对夫妻离婚，也没有人寻找新的伴侣来使自己更加幸福。盖尔—沙普利的“延迟接受算法”是以一系列能够直接实现稳定配对的简单法则，它解决了上述问题。GS 算法在男选女和女选男这两种情形下都是适用的。就拿女选男这种情况来说，首先每个女性选择自己觉得最好的男性，其次每个男性对不同的追求者进行挑选（如果有的话），男性留下他认为最有吸引力的追求者（暂时不用接受）并拒绝其他追求者。在第一轮中被拒绝的女性接着选择她们觉得第二好的男性，男性继续在第一次保留下来的和第二次新的追求者中挑选出自己觉得最好的并拒绝其他人。这种情形一直进行到没有女性想继续挑选新的男性。当每个男性都接受了他留下来的追求者后，配对过程就结束了。盖尔和沙普利用数学方法证明了这个算法总能实现稳定的配对。

20 世纪 80 年代初，罗斯开始研究一个非常实际的分配问题：应届毕业医生的就业市场。在美国，从医学院毕业的学生大部分都会到医院当实习医师，他们是劳动力的重要组成部分。在 20 世纪 40 年代，对稀缺的医学院学生的竞争迫使医院在毕业前好几年就要向学生提供实习机会。在学生能证明他们的就业资格之前，甚至在学生还没有决定他们想在医学的哪个领域工作时配对就已经完成了。如果医院提供的实习机会没有被学生接受，那么再向别的候选人提供机会就太晚了。一个充斥着这些问题的市场就没有实现稳定配置，因为不能及时提供足够的能使双方共赢的交易。为了更快地提供更多的实习机会，医院对学生考虑是否接受实习的时间作了严格的限制。相应地，这又迫使学生在不知道后面还会有什么机会的情况下早早地做出决定。为解决这些问题，20 世纪 50 年代，美国推出了一个名为国家住院医师匹配项目（NRMP）的集中交易场所。从 1984 年开始，罗斯在论文中研究了这个交易所使用的算法并发现了它与 GS 算法关系密切。他随之假设出 NRMP 项目成功的根本原因就是它创造了稳定配置方法。在 20 世纪 90 年代初，罗斯继续研究了英国相似的医生就业市场。他发现英国不同地区采用了不同的算法，有的是用了稳定配置而有的没有使用。那些使用了稳定配置的地方都成功地将医生与医院配对了，而用其他算法的都因各种原因以失败告终。

医院和医生

尽管 NRMP 项目是成功的，但它还是存在一些问题。理论上来说，申请人可以操纵原始算法——拒绝他们实际的首选，保留那些他们不喜欢的——以达到更好的结果。因为女性医生的增加，情侣在同一地区寻求实习机会的现象越来越普遍，因此许多申请者不想使用这种机制，这是这个机制不稳定的一种表现。1995 年，罗斯受邀改进原算法来消除以上问题，这个新算法在 1997 年被 NRMP 所采纳并良好运作，此后每年超过 2 万个医生找到了合适的工作岗位。

在现实生活中，一些配对的情况是单方面主动的。一个实例就是等待移植的肾脏或其他器官，在器官移植这个例子中存在很大的挑战，那就是一些捐献者和等待移植的患者器官是不匹配的，而复杂的多人交换又很耗时间。这个配对怎样才能被有效地完成呢？沙普利研究了这个问题，同样是用了稳定的概念，也就是所谓的“首位交易循环”。得益于他们的研究，美国现在的多个州都采用了这个越来越完善的肾脏捐献流程。

上述例子中，共有的一个特点就是在分配过程中没有用到金钱。这种基于GS算法的不考虑金钱的机制是否会限制它的应用呢？答案是不会。沙普利在把金钱考虑进来的情况下（考虑了医生的工资）又检查了最初的医生与医院配对的模型。考虑金钱之后的算法依然运转良好且实现了与原先相似的稳定分配。事实上，把金钱考虑进来之后的分配与拍卖非常相似，这在实际运用中很有价值。一个比较适当的例子是网络拍卖，某些搜索引擎用拍卖的方法来出售它们的广告席位。这么做的公司都从GS算法中获利了，且它们都雇用了顶尖的经济学家来为它们设计新的拍卖方式。

罗斯和沙普利在稳定配置理论及市场设计实践上做出了贡献，因此两人共同获得了2012年度诺贝尔经济学奖。

拼图098　我国的创新能力发展

当前世界各国提升国际竞争力越来越倚重于创新能力，既包括科技创新和文化创新，也包括理论和制度创新。创新能力越强的经济体，发展质量就越高，对经济增长的贡献也就越大。全球新一轮科技革命和产业变革对中国形成了倒逼机制，也提供了大量机会。近年来中国劳动人口总量出现下滑，资源投入也面对约束，传统发展方式难以为继，需要加快实施创新驱动战略，使创新真正成为经济增长的主要引擎。

1977年8月，邓小平在科学和教育工作座谈会上指出，“我们国家要赶上世界先进水平，从何着手呢？我想，要从科学和教育着手。”1978年3月，邓小平在全国科学大会上重新强调了“科学技术是生产力”的著名论断，指出“四个现代化，关键是科学技术的现代化”。1985年3月和5月，中央相继作出《关于科学技术体制改革的决定》和《关于教育体制改革的决定》，明确提出“经济建设必须依靠科学技术、科学技术工作必须面向经济建设”“教育必须为社会主义建设服务，社会主义建设必须依靠教育”。1995 年 5 月 6 日，中共中央、国务院作出《关于加速科学技术进步的决定》，首次提出：中国将坚定不移实施科教兴国战略。党的十四届五中全会在《关于制定国民经济和社会发展“九五”计划和 2010 年远景目标的建议》中，实施科教兴国战略被列为今后 15 年乃至更长时期加速我国社会主义现代化建设的重要方针之一。科教兴国这项基本国策的确立，向世人宣示：作为世界最大发展中国家的执政党，中国共产党将带领亿万人民，自觉坚定地寻找实现社会主义现代化的发展道路，为兴国强国注入强大持久动力。一系列科教领域的创新部署加速推进：促进科技成果转化法制定，国家知识创新工程启动，国家创新体系建设推进，国家最高科学技术奖设立，《面向 21 世纪教育振兴行动计划》实施。“九五”期间，中国在科技攻关领域共取得成果 2 万多项，累计创造综合经济效益4 300多亿元，培养科研人才近 2 万名。

2014 年 2 月 26 日，习近平总书记提出了京津冀协同发展的重大国家战略，全面深刻阐述了其重大意义、推进思路和重点任务，提出了“七个着力”的重要要求。2015 年 4 月 30 日，中共中央政治局会议审议通过《京津冀协同发展规划纲要》，明确了京津冀的功能定位、协同发展目标、空间布局、重点领域和重大措施，为推动京津冀协同发展提供了行动纲领和基本遵循。

七年间，京津冀三地全面贯彻落实创新、协调、绿色、开放、共享五大发展理念，以推动京津冀全面深化改革试验区建设为契机，积极推动一批重大改革创新和试点示范事项在京津冀相继落地，协同发展成效显著。京津冀三地一体化交通网络已经全面铺开，京张高铁开通运营，京哈高铁全线贯通，大兴国际机场北线高速东延段通车，环首都一小时交通圈逐步扩大；生态环境日渐向好，PM2. 5 平均浓度比 2014 年下降了 51%；产业对接协作越来越好，北京与曹妃甸示范产业园等一批重大项目建成投产，大兴国际机场临空经济区总体规划落地实施，自贸区正式挂牌，综合保税区获得批准，支持张承生态功能区绿色发展，共建北京张北云计算产业基地；此外，协同创新步伐越来越快。中关村企业在天津、河北设立了8 800多家分支机构，北京、天津和河北达成了技术合同成交额超过了1400亿元，天津滨海中关村科技园新增注册企业超过2 000家。北京批发和零售业在营资本增长54.56%、天津增长126.92%、河北增长127.70%。从2014年到2020年，三地互投金额从1 495亿元增长到5 304亿元，其中，北京对津冀的投资达到4 273.81亿元。京冀两地GDP保持在6%和7%区间平稳增长。

拼图099　我国的研发投资水平

2020年9月，世界知识产权组织发布《2020年全球创新指数报告》，中国在全球131个经济体中创新能力排名第14位，在许多领域显示出领先优势，是唯一综合排名前30的中等收入经济体。2019年，中国累计投入研发（RD）2.21万亿元，是2012年的2.15倍，是研发全球第二大投资者，研发投资强度达到2.23%，超过欧盟平均水平，研发人员数量居全球第一，形成全球最大的科技人才队伍。2009年至2019年，中国高被引论文数量为30 755篇，占世界的20.0%。2012年至2019年，中国发明专利申请和授权数量分别从53.5万件和14.4万件增加到124.4万件和36.1万件，居世界首位。中国已经确立了其在创新方面的领先地位，在专利、实用新型、商标、工业设计应用和创新产品出口等重要指标上排名第一。2019年全国新增注册企业2万家，市场主体1.2亿家，507家中国企业入围研发，投资2500强，一批具有国际影响力的创新型企业在无人机、电子商务、云计算、人工智能、移动通信等领域不断地成长壮大。

提质增效、创新驱动和绿色低碳是发达经济体共同拥有的发展经验和展现高质量发展的基本特征，谋求更加公平和协调地发展，更是新时代中国特色社会主义的基本要求及特色所在。

2021年5月，华兴资本发布《2021年中国创新经济报告》，报告认为，过去十年，是以移动互联网为标志的十年科技周期。4G 等科技基础设施超前建设、摩尔定律延续及全球技术开放、发达的私募股权市场，以及宽松、友好的创新环境成为过去十年中国经济获得成功的主要因素。而随着互联网用户增速与时长增速双双下滑，流量红利逐渐消失，移动互联网周期走到末端。新一轮十年科技周期逐渐拉开帷幕，我们正处于新周期的起点。从宏观环境、结构变化、产业变革三个角度，未来十年会出现五大趋势：

一是新商业模式。疫情催化加速的新平台、新媒介、新工具、新品牌、新服务、新渠道，背后是科技和数字化渗透下消费和产业互联网的“变”，广大用户对“新”生态的宽容和接受，“小而美”“小而精”细分行业龙头竞争优势的“强”化，这些行业趋势将不可逆转。

二是新产业链。半导体、科技硬件和软件行业目前的“卡脖子”领域范围广、程度深、痛点强，国产替代进程任重道远，但也有望带来弯道超车的机遇和万亿级别的市场容量，通过大力促进科技创新、产业升级和进口替代来进一步维护和提升我国的经济安全和产业安全。

三是新消费群体。“Z 世代”整体消费规模预计到 2035 年将增长 4 倍至 16 万亿元，是未来消费市场增长的关键。“Z 世代”的新消费主义注重“个性、国货、颜值、兴趣、健康”，对国货的接受程度较前代人高。未来，国产美妆、新兴食品饮料、潮流玩具以及社交媒体电商等新消费品牌和服务供应商尤为值得关注。

四是新人工智能时代。人工智能基础技术和市场应用空间巨大，有望引领第四次科技革命。强人工智能将在未来 20 年内逐步实现，软件、硬件与算法之间的隔阂将逐渐消除，万物互联共建智慧社会；国产替代在产业链基础层最具战略意义，在专用集成电路芯片领域成长可期；无人驾驶和智能汽车将引领出行革命，无人驾驶出行服务将彻底改变汽车业态和出行模式，市场规模远超过新车销售。

五是新医健“智疗”行业。未来十年，中国将从“治疗”转向“智疗”，大健康行业迎来“β + α”组合机遇。其中，β 代表政策驱动、产业链转移、多产业联合发展、健康管理意识增强、人口老龄化的宏观背景趋势，α是指互联网、技术进步、医药创新、进口替代、人工智能行业的产业机遇。在此基础上，相信未来会出现更多行业发展空间和优质标的。

习近平总书记指出，当今世界百年未有之大变局加速演进，国际环境错综复杂，世界经济陷入低迷期，全球产业链供应链面临重塑，不稳定性、不确定性明显增加。新冠肺炎疫情影响广泛深远，逆全球化、单边主义、保护主义思潮暗流涌动。科技创新成为国际战略博弈的主要战场，围绕科技制高点的竞争空前激烈。我们必须保持强烈的忧患意识，做好充分的思想准备和工作准备。

当前，新一轮科技革命和产业变革突飞猛进，科学研究范式正在发生深刻变革，学科交叉融合不断发展，科学技术和经济社会发展加速渗透融合。科技创新广度显著加大，宏观世界大至天体运行、星系演化、宇宙起源，微观世界小至基因编辑、粒子结构、量子调控，都是当今世界科技发展的最前沿。科技创新深度显著加深，深空探测成为科技竞争的制高点，深海、深地探测为人类认识自然不断拓展新的视野。科技创新速度显著加快，以信息技术、人工智能为代表的新兴科技快速发展，大大拓展了时间、空间和人们的认知范围，人类正在进入一个“人机物”三元融合的万物智能互联时代。生物科学基础研究和应用研究快速发展。科技创新精度显著加强，对生物大分子和基因的研究进入精准调控阶段，从认识生命、改造生命走向合成生命、设计生命，在给人类带来福祉的同时，也带来生命伦理的挑战。

经过多年努力，我国科技整体水平大幅提升，我们完全有基础、有底气、有信心、有能力抓住新一轮科技革命和产业变革的机遇，乘势而上，大展宏图。同时也要看到，我国原始创新能力还不强，创新体系整体效能还不高，科技创新资源整合还不够，科技创新力量布局有待优化，科技投入产出效益较低，科技人才队伍结构有待优化，科技评价体系还不适应科技发展要求，科技生态需要进一步完善。这些问题，很多是长期存在的难点，需要继续下大气力加以解决。

党的十九大确立了到2035年跻身创新型国家前列的战略目标，党的十九届五中全会提出了坚持创新在我国现代化建设全局中的核心地位，把科技自立自强作为国家发展的战略支撑。立足新发展阶段、贯彻新发展理念、构建新发展格局、推动高质量发展，必须深入实施科教兴国战略、人才强国战略、创新驱动发展战略，完善国家创新体系，加快建设科技强国，实现高水平科技自立自强。

习近平总书记强调，要坚持把科技自立自强作为国家发展的战略支撑，立足新发展阶段，贯彻新发展理念，构建新发展格局，推动高质量发展，面向世界科技前沿，面向经济主战场，面向国家重大需求，面向人民生命健康，深入实施科教兴国战略、人才强国战略、创新驱动发展战略，把握大势、抢占先机，直面问题、迎难而上，完善国家创新体系，加快建设科技强国，实现高水平科技自立自强。要加强原创性、引领性科技攻关，坚决打赢关键核心技术攻坚战。要强化国家战略科技力量，提升国家创新体系整体效能。要推进科技体制改革，形成支持全面创新的基础制度。要构建开放创新生态，参与全球科技治理。要激发各类人才创新活力，建设全球人才高地。

第十三章

13

财富密码
——经济增长理论

把经济增长作为一个专门的、独立的研究领域，是从英国经济学家哈罗德和美国经济学家多马开始的，在此之前，经济学家还没有给经济增长理论另立门户。

拼图100　“刀刃上的增长”——哈罗德—多马增长模型

经济增长要保持长期稳定，就必须满足以下条件：实际增长率 = 有保证的增长率 = 自然增长率。经济增长早就被人们所关注，但增长理论的确立却一波三折。从 19 世纪下半叶到“二战”前，西方经济学家恪守着萨伊的信条，即卖是为了买，因此，供给能够自动创造等额的需求。生产过剩的危机永远不会出现，经济的稳定增长可以自行趋于实现。于是，经济学家便把目光转向微观，看重研究资源配置问题。这一时期的经济学被称为“新古典经济学”。

新古典经济学的乐观情绪，被 1929 年的大危机一扫而光。面对失业和经济萧条，人们不得不放弃萨伊的教条，寻找解决危机的新的经济理论。1936 年，凯恩斯的《就业、利息和货币通论》诞生，提出了一套解决萧条的理论，宏观经济学应运而生。不过，凯恩斯的理论也有缺憾，他的分析是短期的、静态的，在他的理论世界里，人口、资本和技术都不能变动，事实上，从长期来看，这都是些可变的因素。因此，凯恩斯的理论可以解释短期的经济萧条，但对说明长期的经济增长无能为力。

凯恩斯理论的这个缺憾，后来由他的学生——**罗伊·哈罗德（Roy F. Harrod，1900—1978）**给予了弥补。哈罗德早年毕业于牛津，后转入剑桥大学，在凯恩斯的指导下从事经济研究，成为凯恩斯的得意门生，把凯恩斯的分析长期化、动态化，开创了经济增长理论的先河。1939 年，哈罗德发表了《论动态理论》一文，对长期经济增长进行了考察，并在 1948 年出版的《动态经济学导论》一书中，在理论上进一步加以系统化。

几乎与此同时，俄裔美国经济学家**埃弗塞·多马（Evsey D. Domar，1914—1997）**也进行了类似的研究，并建立一个与哈罗德非常相似的模型，后人将他们合二为一，称哈罗德—多马经济增长模型。这个模型分别利用不同的假设，试图说明一个共同的问题：什么条件下的经济增长，既能保证充分就业，又不会导致通胀，而且能够长期、稳定地持续下去。为此，他们使用了三个增长率：

第一个是实际增长率，是经济运行的客观结果。它是两个因素相乘的结果：一个是储蓄率，另一个是投资效果系数。一个国家的国民产业，可以分为两部分，一部分被当前消费掉，另一部分节省下来，被称为储蓄。储蓄占国民产出的比重，就是储蓄率。投资效果系数代表着投资的效果，在相当长的时期内，可以看作是一个稳定的常数。假设一国的储蓄率是20%，投资效果系数为0.25，则我们可以预计，该国经济的实际增长率是5%。

第二个是有保证的经济增长率。从凯恩斯的理论引申而来的，就是储蓄等于投资的重要条件。理由是如果储蓄太多，消费不足，企业产品必然出现积压，企业就会压缩生产，致使经济走向萧条。反之，如果储蓄不足，消费过旺，企业的产品就会供不应求，扩大生产，经济走向高涨，只有储蓄等于投资，经济稳定才有保证。在这种情况下实现的经济增长率，就是有保证的增长率。

第三个是自然增长率。人口增长和技术进步的范围内所允许达到的增长率。假如一国人口按照1%的速度增长，技术进步使劳动生产率按照2%的速度增长，该国经济的自然增长率为3%。

在哈罗德那里，只有上述三个增长率相等，才是经济增长相互协调的“黄金时代”。这是一个十分苛刻的条件，存在吗？存在也是一种“侥幸的偶然”。看来，经济长期稳定增长的道路是如此的狭窄，以至于一些经济学家称之为“刀刃上的增长”。

拼图101　“鱼和熊掌不可兼得”——凯恩斯的传人：罗宾逊和卡尔多

新剑桥学派认为，要保持经济长期稳定的增长，政府就必须使用分配政策，调整利润和工资在国民收入中所占的份额。**琼·罗宾逊（Joan Robinson，1903—1983）**是个凯恩斯主义者，但她熟稔马克思的《资本论》，试图整合凯恩斯和马克思的经济学说，并因此而扬名于世。在迄今为止的经济学史上，名垂史册的著名女经济学家只有两位，一位是罗莎，隶属于马克思主义经济阵营；另一位便是她——在现代经济学家中，唯一闻名世界的女性。**尼古拉斯·卡尔多（Nicholas Kaldor，1908—1986）**是罗宾逊的同事，此人是一位少见的“双料”人物。作为一流的理论家，他的观点得到了当今经济学界的普遍认同；作为一流的政府顾问，他的意见为世界各国政府所倾听，由于这方面的贡献突出，被英国政府授予终身贵族爵位。1956 年，罗宾逊和卡尔多联袂创立了他们的经济增长理论，人称新剑桥经济增长理论。

他们不愧为凯恩斯的弟子，主张靠政府的积极干预，来调整分配格局，维护经济的稳定增长。和李嘉图一样，他们将整个社会划分为两大阶层，工人和资本家，国民收入在他们之间进行分配，工人得工资，资本家得利润。看这两个阶层谁的储蓄多，来调节分配刺激经济发展。

对经济增长来说，储蓄增加意味着资金供给的增加，会降低资金的价格，即降低利息率，这会刺激投资，提高经济增长的速度。储蓄减少则会产生完全相反的结果。这就是剑桥派的基本结论。应用在政策上，就是调整利润和工资在国民经济收入中所占的份额，与“相机抉择”一脉相承。但问题在于，政府的目标是多重的，除了经济增长之外，还需保持分配的相对公平，如果出现这样的情况：收入极端下降，经济增速还在下滑，政府该怎么办？是加剧工人的贫困，来推动经济的回升？还是容忍萧条，不碰收入这个“炸弹”？新剑桥：“不管怎样，我们必须清楚，鱼和熊掌不可得兼。”

拼图 102　索洛的乐观主义增长——给木筏安上发动机

与哈罗德“经济增长就像走钢丝，很难保持长期稳定”的观点相反，新古典经济增长理论是由美国麻省理工学院的**罗伯特·默顿·索洛**（Robert Merton Solow，1924—　）在20世纪50年代开创的。他认为，只需让市场机制充分发挥作用，在经济增长的过程中，技术和资本深化扮演着重要的角色，不仅提高了劳动者的工资，而且避免了利润的降低，因而经济的稳定是一种高水平的稳定，这一点又与马尔萨斯的经济增长观有很大的不同。1987年，因在研究产生经济增长与福利增加的因素方面所做出的特殊贡献，索洛被授予诺贝尔经济学奖。

在索洛的增长模型中，有一个和自然增长率类似的概念，叫均衡增长率。它是由人口增长速度决定的（此处暂不考虑技术进步），实际增长率如果与其相等，则说明经济增长与人口增长的速度协调一致，因而实现了充分就业，又不会因劳动力短缺而造成通胀。这个增长率之所以“均衡”，长期稳定的经济增长将保持这个速度，即使出现了暂时的偏离，经济系统内部自动的调节力量，也会把它拉回到均衡的位置。这是市场机制的力量。如果由于某种原因，经济的实际增长率低于均衡增长率，则必然导致失业，在市场机制的作用下，劳动力供过于求，工资水平就会降低，从而使投资回报上升，刺激企业增加投资，推动经济增长。反过来，如果实际增长率高于均衡增长率，则必然出现劳动力短缺，工资上涨，投资回报下降，抑制投资，降低经济增长速度，并一直持续到实际增长率和均衡增长率相等为止。

如果拿造船过程来做宏观经济运行的比喻，早先的学者认为木筏和藤条是影响木船快速行驶的动力，而索洛认为，要使木船行驶得更快，必须在上面安装一个发动机。索洛的技术进步论无疑是把宏观经济学带向一个新的阶段，即要木船行驶得快，离不开外生动力机。他提出，长期的经济增长主要依靠的是技术进步，而不是靠资本和劳动力的投入。在此之前，大多数经济学家如哈罗德、多马等都强调资本积累和劳动力的重要性，并且他们肯定，资本积累和劳动力才是经济增长的重要动因。按照哈罗德和多马的解释，只要有足够的资本积累和劳动力投入，经济就一定会增长。然而，农业经济增长的事实并非如此。针对于此，索洛做出了一个有意思的举动，他首次将技术进步纳入经济增长的研究，强调技术进步的重要性。他认为，经济的长期增长除了资本和劳动力外，更重要的是技术进步，技术进步才是经济长期增长的重要推动力。

拼图 103　丹尼森残差——知识是规模报酬递增的公共品

国民产出的增长幅度，在扣除了资本和劳动贡献后，总有一部分剩余，即残差。它是由规模经济、资源配置和知识进展三个因素产生的。20世纪50年代，美国经济增长率远远低于西欧和日本，引起了国内的不安。到了50年代末，经济增长问题在美国成了一个紧迫的“政治问题”，引起了全国上下的普遍关注。为了找出美国增长率低下的原因，**爱德华·富尔顿·丹尼森（Edward Fulton denison，1915—　）**作出了突出的贡献，成为对经济增长“最有卓见分析”的经济学家之一。

丹尼森对经济增长问题的研究，跟他的经历有关。1941年获得哲学博士学位后，丹尼森即进入美国商务部工作，任商业经济学室助理主任。他在商务部工作了21年，接触了国内外大量的经济资料。1962年，丹尼森出版了第一本专著：《美国经济增长的原因和我们面临的选择》，破天荒地提出了增长核算的问题，使他声名鹊起。同年，他离开政府部门，到华盛顿的布鲁金斯研究所任高级研究员。

所谓增长核算，就是研究影响经济增长的各个要素，并分别确定它们对经济增长的贡献。他测算出1929—1948年，美国国民收入的年平均增长率是2.9%，其中，只有48%是资本和劳动增长的贡献，其他52%的增长是如何发生的？被称为“丹尼森残差”。这个残差即“规模经济”、资源配置和知识进展。这三项中，“对于单位投入产出量的持续长期增长来说，知识进展是最大的和最基本的原因”。

丹尼森关于经济核算的研究，开创了以因素分析寻求经济增长对策的先河，在整个60年代，赢得了10年空前的成功。他所创立的分析方法，曾被应用于世界上的许多国家——富国和穷国、资本主义国家和社会主义国家。他受到著名经济学家、尼克松政府的内阁成员舒尔茨的高度评价。

前面提到，索洛在经济增长的研究领域里是一个举足轻重的人物，是他真正把经济增长问题转化为一套现代意义上的理论。可是，尽管他强调了技术在经济增长中的重要作用，却没有告诉我们他是怎样决定的。换句话说，在索洛的经济增长模型中，技术进步完全是一个外生变量。那么，是谁将外生的发动机打造成动力源源不断的永动机呢？这是**保罗·罗默**（Paul M. Romer，1955—　）的杰出贡献。

大概在 1980 年，罗默就对索洛模型存在的假设提出了质疑。经过 5 年多的思考，他终于对经济增长给出了自己的解释。这个解释后来被写成论文，于 1986 年发表在顶级经济学刊物《政治经济学杂志》上，题目为《规模报酬递增与长期增长》。至今该文依然是经济增长理论中最经典和最热点的文献之一。在这篇经典的论文中，罗默引入“规模报酬递增”的概念来对持续的增长进行解释。与传统的规模报酬递减假设不同，罗默解释了规模报酬递增的增长源泉——“干中学”。

这里，大家可能对规模报酬不是很了解，所谓边际报酬递减，举个例子来说就是：当资本和劳动力投入越来越多时，它每增加 1 单位投入带来的产出就会越低。也就是说，最开始增加 1 单位资本和劳动力，可能带来 5 单位产出，但如果继续增加 1 单位资本和劳动力，带来的产出可能就只有 3 单位了。如果按照规模递减的假定，经济增长最后的结果只会是人均产出的均衡，而不会出现持续的增长。

那么，有没有什么要素不是规模报酬递减，而是规模报酬递增的呢？罗默给出的答案是肯定的，那就是知识。从经济学角度看，知识是一种公共品。一个人使用知识，并不妨碍别人同时使用。同时，每个人也无权排除别人使用和自己一样的知识。所以，当知识这种要素被作为投入品用于生产时，越来越多的人都会使用它，并不会枯竭。这就是经济学常说的正外部性，正是这种知识的溢出，导致了规模报酬递增。正是有了规模报酬递增，持续的增长才成为可能。

在罗默的经济增长研究中，他认为经济增长存在四要素：除了新古典经济学中的资本和劳动，又加上人力资本和新思想两个新要素。那么，人力资本和新思想是什么呢？在罗默看来，人力资本是可以通过教育来提高的，因而在国际惯例中，它可以凭借受教育的年限来衡量。罗默提出的新思想来自创新，也可以看成“干中学”的一种积累方式。与索洛的技术进步论相比，罗默的内生增长理论将人们对经济增长的认识大大推进了一步。

说到罗默，还有一些有趣的故事。尽管罗默在1986年就已声名鹊起，2015年，他再次轰动了学界，但这一次的轰动，并不是因为他又提出了什么新理论，而是因为他写了一篇“吐槽文”，名为《经济增长理论中的“数学”滥用》。在这篇论文中，罗默痛心疾首地表示，现在的增长理论中用的数学太多、太滥了，而对于逻辑性、思想性的重视则不足，与实证证据的连接也比较缺乏。有意思的是，在论文中，罗默指名道姓地批判了很多大师，批判他们滥用数学。其中，不乏诺贝尔经济学奖得主普雷斯科特，甚至还有他的博士论文导师——同样是诺贝尔经济学奖得主的卢卡斯。

2018年，因在创新、气候和经济增长方面研究的杰出贡献，罗默和威廉·诺德豪斯共同获得了诺贝尔经济学奖。

拼图104　经济波动

技术冲击——经济航行中的颠簸，与经济外环境协调失灵是永远的。在宏观经济领域，除了经济增长一直被诸多经济学家关注外，经济波动也一直被学者们关注和研究。所谓经济波动，就是指随时间推移，经济变量围绕长期趋势的起伏波动。它通常分为周期波动、季节波动和随机波动三类。其中，周期波动就是经济周期；季节波动是经济活动因季节的变化而引起的起伏变化，有一定的规律性；随机波动通常是指短期内由于外在因素或随机事件引起的随机扰动。

其实，经济发展过程中的波动，我们都能够很容易地感受到。比如，经济增速的变化、物价的变化、投资的变化，等等。那么，到底是什么原因导致经济的波动呢？**罗伯特·卢卡斯（Robert E. Lucas，Jr.，1937—　）**给出了一个非常神奇的答案。他认为经济波动的原因有多种，其中一个非常重要的原因就是心理预期。他指出，人们在预期即将发生经济变动时，总是倾向于从自身的利益出发，并根据已获得的所有信息，做出合理而明智的反应。在卢卡斯看来，理性预期是可以改变世界、形成新的经济行为的。卢卡斯由于理性预期宏观经济理论方面的成就而荣获 1995 年诺贝尔经济学奖。然而，他本人未能“理性预期”到自己能够获奖，相反他的前妻丽塔却“理性预期”到了这一点。卢卡斯与丽塔 1982 年分居，1989 年正式办理离婚手续，丽塔提出，若是卢卡斯在 1995 年底前获得诺贝尔奖，她应该分得全部奖金的一半。卢卡斯当时想：“获诺贝尔奖？这不是开玩笑吗？”因此也就漫不经心地答应了。时间过去数年，1995 年 10 月 10 日，传来卢卡斯获得诺贝尔经济学奖的消息。要知道，这个日期离他与前妻约定的最后时限仅仅差 80 来天。卢卡斯之前的随口一说，使得他不得不按离婚合同分走一半奖金给丽塔。为此，卢卡斯后悔不迭，认为丽塔简直是个女巫。

对于卢卡斯关于经济发展中理性预期对经济波动的影响的说法，**芬恩·基德兰德（Finn E. Kydland，1943—　）**和**爱德华·普雷斯科特（Edward C. Prescott，1940—　）**有不同的观点。基德兰德和普雷斯科特认为，经济波动产生的根源在于实际因素。尽管他们排除了货币因素作为经济波动初始根源的可能性，但与理性预期学派经济学家不同，他们认为，技术变动才是经济波动的根源，而非难以捉摸的理性预期。经济发展经历着技术冲击，这种冲击决定了投入，也就是资本和劳动转变为产出的能力，从而引起了产出与就业的波动。另外，技术冲击具有随机性质，它使产出的长期增长路径也呈现出随机的跳跃性。也就是说，当出现技术进步的时候，经济就在更高的起点增长。若技术恶化或下降，经济将出现衰退。当技术冲击最初发生于某一个部门时，由于社会生产各部门之间存在着密切的相互联系，它就会引起整个宏观经济的波动。同样，宏观经济的持续波动可以由连续的、单方向的技术冲击造成，也可以由一次性的、重大的冲击带来。那么，是不是只有技术性的冲击会影响经济，带来经济波动呢？答案是否定的。有时候许多事件并不是技术性的，但会像技术冲击一样影响生产函数。就比如说原材料和能源价格的变化、气候的变化等。它们的变化也会导致经济产出的变化，从而导致经济波动。简单来说，基德兰德和普雷斯科特认为，是技术的变动和冲击导致经济产出的变动，进而发生经济的波动。放到船只航行的比喻说法中，就是航行的颠簸很大一部分来源于技术的冲击。

由于在动态宏观经济学领域中所作的贡献，基德兰德和普雷斯科特共同荣获了2004年诺贝尔经济学奖。

拼图105　“协整理论”——理性预期理论的深化

克莱夫·格兰杰（Clive W. J. Granger，1934—2009），经济时间序列分析大师，被认为是世界上最伟大的计量经济学家之一，因“协整理论”在时间序列数据分析上作出的杰出贡献，荣获2003年诺贝尔经济学奖。

20世纪70年代以前，大部分宏观计量模型都假定分析的经济变量是服从平稳性的。但在实际中，许多经济指标的时间序列并不是平稳的，往往没有固定的期望值，如GDP、房价数据，明显具有一直上升的趋势。格兰杰发现，如果直接将非平稳时间序列当作平稳时间序列来进行回归分析，可能会造成伪回归，即假的回归结果。举个例子，如果我们看到了太阳黑子过去20年间在逐年增长，与此同时中国的GDP在过去20年间也逐年增长，可以明显看出两个变量是有正相关关系的。就有人从中得出以下结论：中国经济增长导致了太阳黑子增多，或者太阳黑子增多导致了中国经济增长。大家也许会感到可笑，但确实有很多人坚信太阳黑子与经济增长存在密切的关系，而事实上这两个变量的相关关系只是一种巧合，这个结论只不过是把两个同样具有时间趋势的变量联系在了一起。这种现象在计量经济学中被称为伪回归或者伪相关。再举个例子，中国高铁里程数与美国 GDP 之间的关系，两个时间序列存在非常明显的正相关关系，即中国的高铁里程数越多，美国的 GDP 也越高。这种假的回归结果与变量的趋势特征有关，即中国的高铁里程数与美国的 GDP 有相同的时间趋势。但对这两个时间序列进行差分，看中国高铁增长率与美国 GDP 增长率的关系，就可以发现两者并不相关。但在现实的经济世界中，许多经济指标的时间序列并不是围绕某一个值波动，而是有一定的趋势，如 GDP、房价数据，明显具有一直上升的趋势。如果直接将这些不围绕某一个值波动的数据进行回归分析，往往会导致这样的结果：本来两个几乎没有关系的变量，回归结果却得出存在相依关系的结论。

这个问题一般怎么解决呢？以往的思路是看这两个变量的增长率之间的关系。是不是就这样结束了呢？当然不是，格兰杰发现，一些本来相关的变量，它们的增长率却可能不存在相关关系。例如，房价增长率与 GDP 增长率可能并不相关，但是你可以认为房价和 GDP 没有相关关系吗？格兰杰的伟大发现——“协整理论”，就是专门处理此类变量的长短期关系，调节长期关系与短期关系的矛盾。

如何理解两个具有一定趋势的变量之间的关系？前文说了，两个趋势变量之间可能会出现伪回归问题，就是两个没有关系的变量被判定为有关系。但是，也有另一种可能，就是这两个变量之间确实存在稳定的关系，也就是协整关系。但是，在短期内看不出这种关系。什么是协整关系呢？协整理论是用来探测变量之间是否真的存在长期均衡相依的关系，并且可以通过误差修正模型把长期关系和短期动态特征结合在一起。协整理论有个优势：一是可以解决传统计量经济模型中忽视伪回归的问题，如中国的高铁里程数与美国的 GDP 之间的正相关关系；二是可以克服建立增长率模型忽视水平变量信息的弱点，解决增长率不相关但是长期趋势相关的问题。我们来举两个例子：

第一个是醉汉与狗的故事。有个醉汉喝醉了酒，在路上摇摇晃晃地走，醉汉的行走路径可以认为是一个随机游走的变量，类似于前文中趋势的变量，这里是随机趋势。设想另外一种情形：我们看到一个醉汉牵着一条狗沿着街边摇摇晃晃地走，这条狗来回跑。如果单独看醉汉或狗的行动轨迹，都是没有规律的，也就是随机游走的。如果一起看，就会发现两个重要特征：第一，二者之间的距离是有规律的——介于0和绳长间，这是长期关系；第二，短期来看，狗和醉汉的行走路径好像看不出有什么关系。两个醉汉沿着街道摇摇晃晃地走，看起来是存在相互关系的，但这种关系是假的，也就是伪相关，只要时间足够长，就可以发现两个醉汉的行走路径是不一样的。醉汉和狗的行走路程存在长期的稳定关系，这种关系叫作协整关系。

时间是检验伪回归或者协整关系的重要标准，只要时间足够长，我们就可以看出两个醉汉之间、醉汉和狗之间是否存在稳定的关系，而现实数据往往无法提供足够长的样本。格兰杰的贡献正是寻找到了识别这种关系的方法。实际上，如果存在协整关系，那么短期关系与长期关系之间存在一定的联系。如果狗和醉汉的短期距离较远，狗一定会朝着醉汉跑，相反，狗会远离醉汉，这就是误差纠正关系。

第二个是一对恋人的故事。有一对恋人，他们的生活轨迹是存在长期稳定关系的，长期内他们的生活距离非常接近，这就说明他们之间存在协整关系。但是，在短期内他们可以距离很远。例如，女生在南昌工作，男生在美国求学，这是短期关系。这种短期距离越远，男生越会朝着女生生活的地方回归，从美国回到上海，再从上海回到南昌。相反，如果两个人天天在一个地方，男生肯定经常要出差或者与朋友同事聚会。这种短期距离决定了向长期均衡关系回归的速度称为误差纠正模型。当然，如果这对恋人的关系不牢固，也就不存在长期的稳定关系，终将成为行色匆匆的路人。最重要的一点是，只要时间足够长，就能够检验他们是伪相关还是长期的稳定关系。时间是检验真爱的重要标准，暂时的亲密或者争吵都不能说明什么问题。

一个更为严谨的例子就是房价和居民收入水平之间的关系，大家看它们的增长率，基本上是没有明显的相互关系，但是这两个非平稳变量在长期肯定存在稳定的关系，房价必然要受到经济基本面或者居民收入水平的支撑，并且房价和居民收入水平之间的偏离程度不能太大，房价必须回归到居民收入的合适位置，太高房价会崩盘，太低房价肯定会飙涨。所以，大部分人认为房价收入比是衡量房价是否过高的标准。

我们知道，经济政策与宏观经济变量往往会相互影响，这是为什么呢？我们要考虑到预期这个因素。**托马斯·萨金特（Thomas J. Sargent，1943— ）**是“理性预期革命”的引领者，在“政策无效性”和“货币中性”等命题的论证中做出了很大的贡献。2011 年，萨金特和他的老同学老同事**克里斯托弗·西姆斯（Christopher A. Sims，1942— ）**分享了诺贝尔经济学奖，他们所创立的向量回归方法和理性预期理论，有助于理解经济政策与宏观经济的因果关系。

形象地解释萨金特的“理性预期”，可以举一个瓜农种瓜的例子。假如今年西瓜价格大涨，农户以此判断明年价格还会上涨，只考虑这一个因素，这就是静态预想，聪明点儿的农户不仅看今年，还看到了上年，总结上年预测今年时的偏差，这就是适应性预期。更聪明点儿的农户在这两者基础上考虑，想到价格已经这么高了，肯定会有更多人种西瓜，西瓜多了，价格就会下降。于是，第三个农户没有“跟风”，避免了价格大起大落带来的损失，这就是理性预期要达到的效果。这个故事看起来很简单，但仔细想一下，如果每个人都是理性预期的，结果会是怎么样呢？可能你们会说大家都不种瓜，然后西瓜价格继续上涨。并不是这样的，理性预期的人并不会这样选择，这说明当前西瓜的价格与未来西瓜种植的关系极为复杂。

同样的道理，一旦考虑了预期的作用，财政政策和货币政策如何影响 GDP 与通货膨胀将会是很复杂的。因此，宏观经济变量的关系通常是双向影响的关系，政策影响经济，经济反过来也影响政策，对未来的预期强化了这种双向影响的关系。私营领域对未来经济活动和政策的预期将影响它们在薪酬、储蓄和投资方面的决定。与此同时，经济政策的决策将受到决策者对私营领域发展预期的影响。例如，中央银行的货币政策会改变企业的决策，而经济运行情况又会反过来影响中央银行对货币政策的执行。我们知道，经济政策与宏观经济变量往往会相互影响，并且关系是复杂的，我们传统的联立方程方法就无法预测和分析政策的效果了。

西姆斯和萨金特分别找到了一种考虑这种政策与经济变量相互作用的方法，西姆斯比较直接，将政策变量和经济变量同等对待，并不去考虑它们之间的结构关系，尽量利用无结构约束的模型去识别它们的因果关系及其相互作用的大小。萨金特将理性预期纳入动态结构模型中，从而理解经济政策与宏观经济变量的相互作用。当然，他们的结论也比较直接，认为政策对宏观经济的影响是复杂的，并不能够轻易下结论。在获奖后，被问及对各国宏观经济形势的看法时，西姆斯很诚恳地希望听众不要对自己的回答抱太大期望，萨金特则不是说不知道就是默不作声。萨金特还经常自称不过是研究数据的书呆子。这不仅反映了两位学者严谨的态度，也说明宏观经济形势确实难以预测。

拼图 106　“国民生产总值（GNP）之父”——库兹涅茨

如果说凯恩斯将操纵经济的大权从神灵那里夺回来并赋予了人类，**西蒙·史密斯·库兹涅茨（Simon Smith Kuznets，1901—1985）**则教会了我们如何去观测经济的走向，以便有效地行使手中的权力。

说起来可能令人难以置信，尽管经济学已经存在了近5个世纪，然而，直到20世纪40年代之前，人们竟然不懂得国民收入的核算。那时的经济学，主要是研究怎样把有限的资源分配到各种用途上，至于这样做会给国民收入产生什么样的影响，却谁都无法回答。这很像一个憨厚的农夫，只知道给庄稼除草、浇水，一年忙到头，却不知道打了多少粮食，是丰收了还是歉收了？粮食够不够吃？现在不同了，经济学已经掌握了国民收入核算的理论和方法，即GNP（国民生产总值）和GDP（国内生产总值）两项统计指标。

这里要简单解释一下两者的区别：GDP指的是在一国国土内所有的生

产要素，包括劳动力、资本和资源等，在一定时期内所生产并实现销售的最终产品和服务的价值总和，它包括本国企业在本国内投资带来的产出，以及由外国企业在东道国投资（即 FDI）所带来的产出；GNP 是指由一国国民所拥有的生产要素，在一定时间内生产并销售的最终产品和服务的价值总和，它仅包括本国国民（企业和个人）在本国和外国投资带来的产出，并不包括外国人在本国投资带来的产出。从根本上而言，两者并不存在本质的区别，它们都是对一国一定时期内产出水平的衡量。但从 GDP 和 GNP 的含义仍然可以看出，它们之间存在的区别，主要体现在前者是根据属地原则来衡量一国财富的，后者则是根据属人原则来衡量一国财富的。GDP 的统计指标能够较为真实地反映一国经济发展所具备的生产效率和竞争能力。1944 年，联合国货币金融大会（布雷顿森林会议）决定把 GDP 作为衡量一国经济总量的主要工具。至今，GDP 仍然是最被广泛认可的经济发展衡量指标。

当今社会，有关 GDP 的总额、构成，以及增长速度的数据，经常见诸报端，我们可以据此来判断经济学形势，并制定政策来引导它们的走向。这是一个了不起的成就，它意味着人类在很大程度上拥有了操纵经济的权利。而这项权利的取得，我们得感谢库兹涅茨的出色工作。

库兹涅茨 1901 年出生于俄国的哈尔科夫，在他刚刚 6 岁的时候，父亲就移居美国，他则随母亲留在俄国，并读完了大学预科。就是从那时起，库兹涅茨对经济学产生了浓厚的兴趣，相信经济学是解决一切社会问题的基础。1922 年，库兹涅茨来到美国，进入哥伦比亚大学攻读经济学，凭借他的天赋和灵性，仅用 4 年时间，就读完了本科、硕士和博士研究生的所有课程，并凭借一篇论贸易周期波动的论文，获得了经济学博士学位。随后，他进入其导师米歇尔领导的国家经济研究局工作，开始进行国民收入方面的研究，并于 1937 年出版了专著《国民收入和资本构成》，概括地说明了国民收入和国民生产总值的定义和估算方法。4 年后，《国民收入及其构成》一书问世，在这部 900 多页两卷本的著作里，库兹涅茨利用大量的统计资料，详细研究了国民收入及其构成的含义，形成了估算国民收入的方法，建立起现代国民收入核算集体的基本结构。正因为如此，著名经济学家索洛称库兹涅茨为“国民生产总值（GNP）之父”。

凯恩斯和库兹涅茨的研究同属于宏观经济学范畴，而且他们之间是相互联系的。如果说凯恩斯创立了宏观经济的生理学，库兹涅茨则是解剖学的奠基者。正是库兹涅茨的工作，在凯恩斯的骨架上补充了经验数据的血肉，从而使凯恩斯的经济学得以迅速地传播。作为判断经济萧条、繁荣和增长的基础，国民收入核算理论同时也是凯恩斯主义经济政策得以实施的前提。因此，如果说凯恩斯将操纵经济的大权从神灵那里夺回来并赋予了人类，库兹涅茨则教会了我们如何去观测经济的走向，以便有效地行使手中的权力。

20 世纪 50 年代开始，库兹涅茨将研究的重心转向了经济增长领域。他通过对历史资料的整理和比较，考察了西方发达国家经济增长的全过程，从各国经济增长的差异中，探索影响经济增长的因素。他所创立的统计分析的方法，成为现代经济增长理论的一个重要分支。为感谢他在国民收入核算和经济增长方面创造性的研究，1971 年，他被授予诺贝尔经济学奖。

库兹涅茨认为，18 世纪后期以来的经济增长，可以看作是现代经济增长，其主要特征是人均国民生产总值的加速增长。在这一过程中，知识存量的增长发挥着至关重要的作用。如果把遗传学方面的知识应用于农业生产，可以培育出高产品种，从而增加农业的产量；人类有关能源、原材料和技术工艺方面的知识拓展，能使相同的投入带来更大的产出，或者打破经济增长的“瓶颈”，为经济增长提供更有力的支撑。不过，知识本身是潜在的生产力，要把它转化为现实的生产力，必须经过一系列中间环节，包括对人力资源进行大量的投资，以便去发现新的知识并用它们去武装人们的头脑，由目光敏锐的企业家去发现知识的商业价值，并把它们应用于生产等。

拼图 107　我国的经济增长

新中国成立 70 多年来，中国经济累计实际增长约 189 倍，目前中国经济总量已超过 100 万亿元，是世界第二大经济体，占全球经济的比重提高到 17% 以上。新中国成立之初，人均国民收入只有几十美元。经过 70 多年的艰苦奋斗，目前中国人均国民收入已经超过 1 万美元。改革开放以来，中国有 7.7 亿农村贫困人口摆脱贫困，中国的减贫人口占同期全球的 70% 以上，困扰中华民族几千年的绝对贫困问题得到历史性解决，小康社会全面建成，中国人民正在向共同富裕的目标扎实迈进。

中国统筹推进疫情防控和经济社会发展工作也取得重要成果。在世纪疫情和百年变局交织中，2020 年，中国经济增长 2.3%，是全球唯一实现正增长的主要经济体，经济总量首次突破百万亿元大关，全年 GDP 达 101.6 万亿元，在世界经济中的份额由 2019 年的 16.3% 上升到 17% 左右。2021 年第一季度中国经济恢复性增长 18.3%，主要受上年同期基数低的影响。从工业、服务业、消费、投资、出口等主要指标来看，当前国民经济持续恢复，内生动力逐步增强，5 月全国城镇调查失业率为 5%，已经低于新冠肺炎疫情暴发之前 2019 年的水平。

与此同时，中国经济高质量发展之路更加坚实。研发经费投入总量稳居世界第二，研发人员总量、发明专利申请量位居世界首位；新产业、新业态、新商业模式经济增加值稳步提升，一大批重大科技成果密集涌现。

“十三五”期间，中国工业增加值由 23.5 万亿元增加到 31.3 万亿元，连续 11 年成为世界最大的制造业国家。制造业的占比比重对世界制造业贡献的比重接近 30%。中国制造业类别最为完整、配套齐全，并深度融入世界产业分工体系，不仅保证中国经济平稳健康发展，也为世界经济的增长和发展作出很大的贡献。包括医药、航空、航天、电子通信、计算机、医疗仪器、信息化学品等在内的位于上游的高技术制造业在“十三五”期间获得快速发展，其增加值年均增速达到 10.4%，在规模以上工业增加值中的占比由“十三五”初期的11.8%提高到15.1%。国家战略性新兴产业中的信息传输、软件和信息技术服务业增加值达到3.8万亿元，同比增长16.9%。占GDP比重由2.5%提升到3.7%。在5G建设和半导体芯片产业方面，中国5G网络建设布局较早，基站总量、网络质量、通信装备制造水平都达到全球领先。目前中国5G基站超过71.8万个，终端连接数超过2亿。5G户均移动互联网接入流量较4G用户高出约50%，单价降到每GB 4.4元。未来还会进一步下降。2020年，中国芯片产业销售收入达到8 848亿元，年均增长20%，为同期全球产业增速的3倍。另外，中国在芯片产业技术创新上也不断取得突破，制造工艺、封装技术、关键设备材料都有明显大幅提升。中国新能源汽车产销量连续6年蝉联世界第一，累计销售550万辆。集成电路产量2 614.7亿块，增长29.6%，集成电路销售收入平均增长率达到20%，继续站稳2 000亿水平线。

2018年，数字经济发展战略上升为中国国家战略，国家层面、省级层面、市级层面积极推动政策制定。党的十九届四中全会提出“健全劳动、资本、土地、知识、技术、管理、数据等生产要素由市场评价贡献、按贡献决定报酬的机制”，首次明确“数据”可作为生产要素之一，参与分配，将数字经济的作用推广到经济社会各领域。河北石家庄的首届中国国际数字经济博览会、重庆的中国国际智能产业博览会、福建福州的数字中国建设峰会等国际性重大展会平台纷纷以“数字经济”为主题开展研讨、交流与展示。未来，中国的数字经济政策将呈现三大延伸：一是向市、县（区）级延伸；二是向细化领域（如工业数字经济、数字文化等）延伸；三是向与传统经济结合落地的方向延伸。面对愈演愈烈的数字经济管制，在美国对中国通信、芯片、人工智能等领域广泛实施301调查、出口管制、禁售等贸易保护主义措施的背景下，中国秉持开放心态，切实推动数字经济领域的务实合作。一方面，利用“一带一路”沿线65个国家广阔的市场潜力和腹地纵深，推进数字鸿沟、数据跨境流通、数据所有权、个人隐私保护等未决议题的探讨，积极引领全球政策导向，寻求更多认同。另一方面，提升全球数字经济领域“中国话”的话语权，梳理和总结数字经济发展的成功经验，分享“先发展、后监管”理念，帮助后发国家和地区理解和学习中国经验，真正将“数字经济”打造成为中国与国际社会友好交流的新窗口、新桥梁。工信部统计数据显示，目前，中国的数据量年均增速超过50%，数据总量在全球的占比达到20%，将成为数据量巨大、数据类型丰富的国家之一。

民营经济贡献七成技术创新成果。改革开放以来，民营企业、民营经济不断发展壮大，在推动发展、改善民生、促进创新、深化改革、扩大开放等方面都发挥了不可替代的重要作用。民营企业、民营经济贡献了50%以上的税收，60%以上的国内生产总值，70%以上的技术创新成果，80%以上的城镇劳动就业，以及90%以上的企业数量。截至2020年底，我国民营企业已经达到4 000多万家，中国民营企业500强的整体规模和质量也都有了明显提高。

2021年是中国共产党成立100周年、“十四五”开局之年，一份份亮眼的首季中国经济成绩单格外“提气”。2021年6月，世界银行驻华代表处发布报告指出，中国消费者和企业信心增强，劳动力市场向好，预期今年中国经济增长将达8.5%，再次体现了国际社会对中国经济发展的信心。中国经济继续呈现稳定恢复态势，稳中加固、稳中向好，对外开放步伐不断加快。2021年前5个月，中国国内生产总值连续稳步增长，全国实际使用外资金额达4810亿元人民币，同比增长35.4%。全国对外非金融类直接投资432.9亿美元，同比增长2.6%。进出口总额近14.76万亿元人民币，规模创历史新高，有力推动了世界经济复苏和增长。

第十四章

14

终极追求
——社会发展理论

“二战”后，亚非拉广大地区的殖民地和附属国纷纷走向了独立。但长期苦难岁月留给这些国家的只有一样东西——贫困。为解决发展中国家的国民经济增长问题，20世纪40年代后期，一门新兴的经济学——“发展经济学”便诞生了。它的主要研究内容是，贫困落后的发展中国家如何在经济发展上追赶发达国家，从而实现工业化，摆脱贫困、走向富裕。“发展经济学”作为一门独立的学科形成至今已有半个多世纪了，尽管它的成长与发展一波三折，但始终与发展中国家的经济发展同步前进。在“发展经济学”的理论探索和发展中，有几位诺贝尔经济学奖得主做出了巨大的贡献，如**西蒙·史密斯·库兹涅茨（Simon Smith Kuznets，1901—1985）**、**威廉·阿瑟·刘易斯（William Arthur Lewis，1915—1991）**、**阿马蒂亚·森（Amartya Sen，1933— ）**和**安格斯·迪顿（Angus Stewart Deaton，1945— ）**。我们将通过对他们相关理论成果的学习探讨，解决“贫困陷阱”问题，解开“二元结构”之谜，探索发展中国家从贫困到富裕的转型路径。

拼图108 库兹涅茨——“发展经济学”的开创者

前文中，我们讲到了俄裔美国经济学家库兹涅茨，他在1955年的美国经济协会的演讲中提出了著名的“库兹涅茨曲线”，即经济发展与收入差距变化关系的倒U形曲线假说。他经过对18个国家经济增长与收入差距实证资料的分析，得出了收入分配的长期变动轨迹是“先恶化，后改进”，或用他自己的话说是“收入分配不平等的长期趋势可以假设为：在前工业文明向工业文明过渡的经济增长早期阶段迅速扩大，而后是短暂的稳定，然后在增长的后期阶段逐渐缩小”。并且他通过比较一些国家的横截面资料，得出处于发展早期的发展中国家比处于发展后期的发达国家有更高的收入不平等的结论，表现在图形上是一条先向上弯曲后向下弯曲的曲线，形似颠倒过来的“U”，故人们将其称之为“倒U曲线”。演说发表之后，在世界经济学界引起了热烈的讨论，有人称“倒U关系”“已经获得了经济规律的力量”，也有人称“经济发展中收入分配的轨迹并无什么自然的‘经济规律’可循”。根据后人的研究，几乎所有的国别横断面资料都支持倒 U 曲线。20 世纪 80 年代开始，中国进入国民经济持续增长的阶段，与此同时，居民的收入差距也进入了一个持续的扩大时期，而且有进一步扩大的趋势。到目前为止，从中国的经济增长与收入差距的相关性来看，与倒 U 曲线基本一致。

在收入分配库兹涅茨曲线的基础上，还可以引申出经济与社会发展的其他库兹涅茨曲线。第二次产业中相关“倒 U 曲线”，即在从农业社会向工业社会或从传统社会向现代社会转变过程中，第二次产业的产值比重和劳动力比重在工业社会初期呈现上升趋势，当人均 GDP 达到一定程度之后，第二次产业的产值比重和劳动力比重就会下降。根据工业化国家的一般经验，当人均 GDP 达到 1 000 美元左右，第二次产业的产值比重达到 50% 左右时，即达到了倒 U 曲线的拐点。新中国成立以来，第二次产业的产值比重不断上升，从 1952 年的 20.9% 上升到了 2003 年的 52.3%，在这一高位稳定一定时期以后会逐步降低，第三次产业的产值比重将会超过第二次产业。第二次产业的就业比重从 1952 年的 7.4% 上升到了 1997 年的 23.7%，随后的几年逐年呈现下降的趋势，2003 年为 21.6%。第二次产业的劳动力比重经过了驻点进入了倒 U 曲线的右侧，处于右侧偏上位置。

区域经济发展的“倒 U 曲线”，即在工业化的过程中，由于各个地区之间的区位优势不同，资源禀赋不同，经济基础差异甚大，各种生产要素必然向平均利润率高的地区转移和积聚，导致区域之间经济发展水平差距拉大。当发达地区的工业化水平达到一定程度之后，由于其滴落效应和扩散效应，由于发达地区生产要素价格的上涨，平均利润率下降，而欠发达地区的生产要素成本低的优势会逐步显现出来，加之政府的引导，生产要素会向欠发达地区转移，促进经济增长，缩小区域之间的发展差距。20 世纪 80 年代和 90 年代，中国区域之间特别是东部地区与西部地区之间在经济总量和经济增长率方面差距明显拉大了，明显地处于倒 U 曲线左侧。自西部大开发这一战略实施以来，西部地区经济增长加速，虽然总量仍然有拉大的趋势，但经济增长率有缩小的趋势，进入了倒U曲线的右侧。

环境污染的“倒U曲线”，即在工业化的过程中，随着人均GDP的增加，环境污染将呈现上升的趋势；随着人均GDP的进一步提高，环境污染会逐年呈现下降的趋势。从中国环境污染情况来看，根据统计资料，没有经过处理或不达标的废水、废气、废渣等“三废”的排放量一直呈现上升趋势。环境污染还处于倒U曲线的左侧，且离拐点还有一定距离。

拼图109　贸易有效和新贸易理论

贸易政策是指一国政府为了某种目的而制定的、对外贸活动进行管理的方针和原则。为了让生产要素能够充分利用，促进生产力的发展，在良好的国际经济、政治环境中创造更多的财富，于是贸易政策有了它存在的重要意义。对于“怎样的贸易政策才是有效的”这个话题，英国著名经济学家**詹姆斯·爱德华·米德**（James Edward Meade，1907—1995）提出了他的见解。第二次世界大战爆发后的第二年，英国政府已经开始考虑战后国内经济的重建问题。在所有的问题中，米德最为关注的是失业问题，因而他写了关于“防止普遍性失业的国内措施”的文章，希望对战后的就业政策有所帮助。然而，他的这些建议几乎全部石沉大海。1945年初，英国政府组织相关部门进行战后资产征税相关问题的研究，米德非常兴奋，很想抓住这一机会大展身手。然而，在该问题上，他却与凯恩斯意见相左，凯恩斯主张采用低利率降低国债消耗来保持较高投资，而米德则认为，应该采取反周期的短期利率或长期利率。最后，毫无疑问，拥有更多话语权的凯恩斯得到了多数人的支持，米德的意见再一次被搁置在一边。欧洲战争结束后，米德提醒英国政府战后首任财政长官道尔顿，如果不考虑价格稳定而单纯追求完全就业，政府将会面临严峻的通货膨胀。在同时代的经济学家中，除了米德之外还没有其他人对这一问题有过过多的关注，因而，道尔顿认为米德的担忧完全是多余的。一次又一次的失望，让米德承受了巨大的精神压力，很大程度地损害了他的身体健康，于是他接受了伦敦大学的聘任，重返学术界。在这个阶段，他完成了自己学术生涯最重要的著作《国际经济政策理论》。事后的实践也证明，米德关于大规模失业、通货膨胀等经济问题的担忧并不是多余的。

米德在他的著作《国际经济政策理论》中进行了一系列的纯经济分析，提出了有效的贸易政策。米德的《国际经济政策理论》一书大体上可分成两部分：第一部分主要提出了一国双重的政策目标，国内经济平衡和对外收支平衡。其中，“国内经济平衡”即国内经济的一种充分就业和物价稳定的状态，“对外收支平衡”即没有国际收支的逆差，也没有顺差的状态。他分析了实现双重目标的政策手段，并用大量篇幅阐明两大平衡及其政策手段往往会发生尖锐的冲突，应如何协调才能同时保持两大平衡。第二部分在福利经济学的基础上，论证了只有在一个修正的自由贸易体制下，才能使世界实际收入达到最大，并在各国间有较合理的分配，他认为只有这样的自由贸易体制，才能使世界经济福利臻于最大值。为此他用了大量篇幅逐一批驳了主张限制贸易和生产要素国际流动的保护主义。米德认为，贸易限制，包括对生产要素在国际间自由流动的限制，在经济理论上都是不可取的，因为保护主义政策不能真正使一国的国内经济和对外收支都保持平衡，也不能使世界资源得到充分有效的运用，创造最高的国民收入，并在各国间实现合理的分配。因而他在著作中重点强调自由贸易的重要性。在这样的自由经济秩序中，各国才能持久地维持他所提出的两大平衡，但是，“在现代世界上恢复一个自由的经济秩序，并不意味着仅仅是自由放任的一种消极行动，它需要国际经济组织的发展”。所以说，米德主张的也并不是无条件的自由放任，而是一种有监督的自由，也就是他在著作的第二部分所提出的“修正的自由贸易”。

米德的《国际经济政策理论》是第二次世界大战后国际经济学研究领域最重要的收获，由于米德等的研究为国际贸易理论与国际资本流动做出了前沿性的贡献。1977 年，米德与俄林共享了当年的诺贝尔经济学奖。

随着时代的变迁，新的贸易现象出现，穷国与富国之间的贸易也成为一个有待解开的谜团。前面提到的传统国际贸易理论——要素禀赋理论，揭示了穷国与富国之间产生贸易的原因，认为国际间贸易的产生主要是由于国与国之间在要素的多少上存在差异。第二次世界大战后，随着世界经济的发展和国际分工的不断深化，国际贸易更多地倾向于在发达国家之间产生：战后发达国家的出口约占世界贸易量的3/4，而其中的3/4是对发达国家的出口。发达国家都是资本充裕的国家，要素差异并不明显，显然这种新的贸易现象是要素禀赋理论无法解释的。

为了解释这一新的贸易现象，**保罗·罗宾·克鲁格曼（Paul R. Krugman，1953— ）**提出了新贸易理论，他认为，富国与穷国之间之所以产生如此大的贸易量，主要是基于规模报酬递增所带来的国际分工的不同。“规模报酬递增”是保罗·罗默于1986年在其《规模报酬递增与长期增长》论文中提出的经典概念。所谓规模报酬，就是指在其他条件不变的情况下，企业内部各种生产要素按相同比例变化时所带来的产量变化，产量增加的比例大于生产要素增加的比例的情形，叫作规模报酬递增。例如，生产5件衣服，需要投入10小时劳动；生产15件衣服，需要投入20小时劳动；当劳动投入增加1倍时，产出却增加了2倍，这时候产量增加的比例大于生产要素增加的比例，这就是规模报酬递增的表现。规模报酬递增会促使一国生产有限种类的商品，产出也会比较大。此外，消费者都希望自己能消费多样化的商品，一国国内有限的商品远远不能满足消费者的需求。于是，规模报酬递增和多样化消费之间就存在两难冲突。而发达国家之间的贸易由于具有互补性的关系，它们之间的往来更能促进其本身的发展，这样不仅解决了两难冲突，还实现了共赢，因此就有了国际贸易主要在富国与富国之间发生的现象。

克鲁格曼被称为“金融危机预言家”。一个经济学者最大的成就无疑是获得诺贝尔经济学奖，但是对未来的准确预测，同样也给克鲁格曼带来了非常大的成就感。1994年，亚洲经济快速崛起，从表面上看，这种繁荣似乎会永远持续下去。在对亚洲经济的一片看好声中，克鲁格曼却语出惊人，他认为“亚洲奇迹”是“建立在浮沙之上，迟早幻灭”，靠大投入而不进行技术创新的做法，容易形成泡沫经济，在高速发展的繁荣时期，就已潜伏着重大的危机，迟早要进入大规模的调整时期。克鲁格曼的论断在当时显得尤为尖锐刺耳。令人不可思议的是，1997 年，正如克鲁格曼预测的，金融风暴果然吹到了亚洲，之前的繁华景象都变成幻影。与传统意义上的经济学家相比，克鲁格曼有着值得骄傲的优势，他像一名优秀的文字魔法师，才华横溢，能用笔写出充满魔力的文章。他的文笔清新流畅、深入浅出，严肃的经济话题在他笔下风趣犀利、通俗易懂，被誉为凯恩斯以来文笔最好的经济学家。1988 年他的著作《期望减少的年代》一出版就在美国引起了轰动，他与另一位经济学家合著的《国际经济学》成为各大学和贸易公司的经典教材。克鲁格曼还发现了“经济地理学”这门有趣的课程，并在这个领域把自己的研究不断向前延伸，取得了一系列显著的成果，成为“经济地理学”的开拓者。当然，最令人瞩目的，还是克鲁格曼作为贸易理论家所做出的卓越学术贡献，他的主要学术贡献之一，便是对新贸易理论的贡献。因在“贸易模式上所做的分析工作和对经济活动的定位”，克鲁格曼于 2008 年获诺贝尔经济学奖。

拼图 110　解决“贫困陷阱”——从纳克斯贫困恶性循环论谈起

“发展经济学”面临的头号问题，是寻求贫困国家走出贫困的突破口和路径。温饱始终是第一位的，只有在此基础上，才能诞生高雅和文明、品质和创新，否则都是一句空话。就像一个穷困潦倒的天才，如果不解决温饱问题，就不可能去实现远大的抱负。这是“发展经济学”的使命。所有经济学家都承认：一国要从事生产，自然条件、劳动力和资本三者缺一不可。而发展中国家最缺的是资本，它的多寡和形成的快慢，才是促成或束缚经济增长的基本因素。

于是，众多的发展经济学家便把注意力集中在资本这个要素上。其中最有影响的是 20 世纪 50 年代初期，揭示了发展中国家为何经济滞后却又停滞不前的深层原因，并把其概括成一个鲜明的理论——“贫困恶性循环

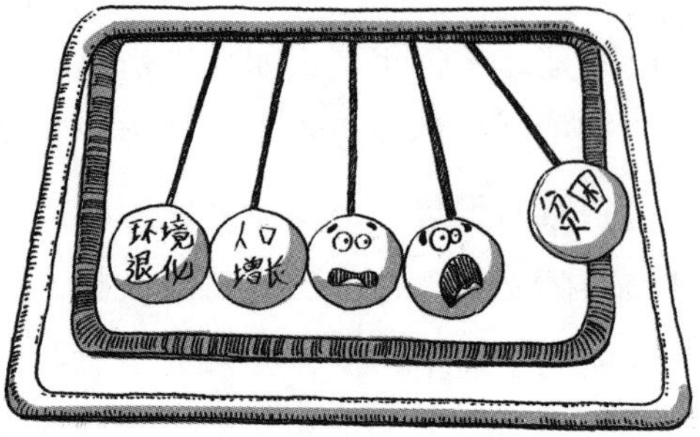

贫困恶性循环论

论”的美国经济学家**罗格纳·纳克斯**（Ragnar Nurkse，1907—1959），纳克斯先对不发达地区下了个定义：就是指它们的资本同它们的人口和自然资源比较起来相对不足的地区。这些地区之所以不发达，是因为存在着“贫困恶性循环论”：穷人之所以穷，因为收入少，收入少因为工作效率低，效率低因为吃不饱、身体差，吃不饱又因为穷，这便是一个恶性循环。就一个国家来说，也存在着上述这种“越穷就越差，而越差也就越穷”的“马太效应”。为什么会这样呢？因为收入低的国家在现实中存在着两个恶性循环：从资本供给方面看，国民收入低导致储蓄少，储蓄少造成资本缺少，资本缺乏导致生产率低，生产率低又造成收入少。这样，资本缺少、收入低下、储蓄少三者互为因果，形成了一个恶性循环。从资本需求方面看，国民收入低造成购买力低，购买力低对投资缺乏引诱力，缺乏投资引诱力又会导致投资不足，投资不足造成生产率低，生产率低又导致收入低。这样，收入低下、投资不足、购买力低三者又互为因果，形成另一个恶性循环。上述两个恶性循环相互制约、相互加强，任何一个循环都无法自行突破，转为良性循环。如果要想增加储蓄，以便增加投资，那么由于储蓄增加而引起的购买力缩减，又会降低投资的引诱力；若想提高购买力，以便增加投资引诱力，那势必会减少储蓄。即使投资引诱力增大，也会因储蓄减少而难以扩大投资。

然而，“办法总比困难多”，奥地利著名经济学家**保罗·罗森斯坦·罗丹**（Paul Rosenstein－Rodan，1902—1985）为解决贫困国家的恶性循环，提出了气势磅礴的工业化“大推进”理论。他认为，只有全面工业化，才能使发展中国家走出贫困的陷阱，因为工业化是用比富裕地区更快的速度来提高经济不振地区的收入，从而使世界各地区收入分配较为均等的唯一办法。而要迅速实现工业化，使停滞不前的经济有所发展，发展中国家就必须全面地、大规模地引进投资，特别是对基础设施的大幅度投入，以给经济巨大的推动，使国家从贫困的泥淖里爬出来。为此，罗丹提出了三种“不可分性”：第一种是基础设施的不可分性。例如，电站建成才能发电，道路不能半途而废……一气呵成、形成用途才能推动经济发展。第二种是储蓄的不可分性。储蓄也是有阶段性的，只有当收入的增长超过一定限度后，储蓄才能急剧上升，才会使更大规模的投资成为可能。第三种是需求的不可分性。如果投资只集中于某一部门或某一行业，则要使这一部门或行业的产出有相应的需求，就必须有充分的国内市场或有保证的国外市场，否则无购买，必失败。孤立的、小规模的投资无济于事。

“贫困陷阱”的问题涉及对贫困国家该采取何种国际援助，所以研究该问题有很强的现实意义。如果国际援助是鼓励贫困国家的经济增长，但增加的收入仍然无法使贫困国家的人们在营养摄入量方面得到明显增加，有观点指出此时应该将援助的方向调整为直接的食品救济。**安格斯·迪顿（Angus stewart Deaton，1945—　）**对于收入和营养摄入之间关系的研究对解决这个问题提供了重要见解：一方面，收入增加的确能使人们摄入更多营养；但另一方面，证据并不支持营养不良导致贫困的假说。换句话说，营养不良主要是收入低的结果，而并不是收入低的原因。迪顿的研究解决了在“贫困陷阱”假说方面的难题。

此外，迪顿进一步发展了莫迪利亚尼和弗里德曼关于消费与收入之间联系的研究，以试图理解收入变化如何驱动消费变化。他指出不要使用整个经济的汇总数据来为重要决策提供依据，而是应构建广泛的消费模式数据集，来理解贫困的决定因素。与以往的假设相反，他证明了提高人们的收入会带来更好的食物摄入。这意味着，没有什么实证理由支持某些机构的建议，即国际援助计划应当专注于提供食物，而非促进经济增长。迪顿反对富国对贫国的直接援助，认为外国援助会破坏本国能力的发展，穷国最需要建立起一个有效政府，国家能力的缺失是造成贫困的主要原因。

迪顿把自己描述为“一个担忧世界上贫穷群体和人们行为，并且关注什么才能给他们带来美好生活的人”，因对消费、贫困和福利的出色分析，他荣获了2015年诺贝尔经济学奖。

和迪顿一样，**阿马蒂亚·森（Amartya Sen，1933— ）**也是一位希望给贫穷的人们带来美好生活的经济学家。他曾为联合国开发计划署写过人类发展报告，当过联合国前秘书长加利的经济顾问。1981年，森的专著《贫困与饥荒：论权利与剥夺》出版，这本书被看作森科研生涯的里程碑。在著作中，森推翻了贫困与饥荒起因的传统观点，开篇开宗明义：“饥荒的特点表现为一部分人没有获得足够的粮食，然而却没有迹象表明，是粮食的短缺引致了饥荒。”森提出，饥荒并不是因为粮食短缺而爆发，问题更多是由分配不均引起的。森的研究表明，只有建立起平等、富有政治责任感的社会氛围，饥荒才能得到避免；同时要消灭非物质性匮乏，因为贫困与不自由、居无定所的确总是相伴出现的。他认为，国家应该建设一个能让人民充分实现个人目标的社会环境。森的关于饥荒的观点与迪顿对于贫困陷阱的看法可谓有着异曲同工之妙。

因在福利经济学、发展经济学和社会选择理论等领域做出的诸多原创性贡献及关于贫困和饥荒的成因等研究成果，森获得1998年诺贝尔经济学奖。他是第一位获得诺贝尔经济学奖的亚洲经济学者。在获得诺贝尔经济学奖之后，森感慨道：“经济学需要关注社会中的穷人、底层人群和受害者，这是我所热衷的事业。”当他获得诺贝尔奖的消息传至他的祖国——印度时，连总统和总理都向他发去贺电，称他是“印度的骄傲”。之后，森热心地将获得的奖金投入到两个基金会中去：第一个基金会设立在印度，用于推动教育，特别是女童的教育；第二个基金会设在孟加拉国，用于发展妇女的平等权益。

在现代社会，决定一个人是不是“穷人”，其实并不是根据他先天的物质条件，而是他的思维方式，先天资源——不管是地域的先天拥有富矿还是先天拥有好爸爸，对财富增长的作用都越来越小。在解决“贫困陷阱”问题中，观念因素和智慧因素的作用越来越大。

拼图111 赫希曼的“联系效应”——在平衡与不平衡之间

究竟应该选择全面的投资，实行平衡的发展战略，还是只对重点部门加大投资，实行不平衡的发展战略，来克服不发达国家所面临的困难。对此，西方“发展经济学”家众说纷纭、莫衷一是。提出“贫困恶性循环论”的纳克斯是平衡增长论的倡导者，鼓吹“大推进”的罗丹同样赞同平衡论的发展战略，主张按照同一投资率和增长率来全面发展工业，把既有资源均等地分配于一切工业，以便实现投资的最优格局。以**阿尔伯特·赫希曼（Albert Otto Hirschman，1915—2012）**为代表的一些经济学家反对平衡发展战略，因为发展中国家的经济发展是在以前的基础上开始的，而过去的发展是不平衡的，为使不平衡得以恢复平衡，新投资就应当是不平衡的，以便与原来的不平衡状况相衔接，最后达到平衡的目标。更何况，发展中国家缺乏资本和人才，不可能百废俱兴，只有重点利用有限的资本进行一些突破，才是合理的选择。

赫希曼在其《经济发展战略》一书中，系统地阐述了不平衡发展战略思想：发展就是一系列连续的不平衡，经济发展往往采取踩跷跷板的形式前进，从一种不平衡走向新的不平衡。资本有限就得先在工业生产上投入，取得收入后再去搞基础设施。这种政策遵循的是最优化的原则。为此，他提出了最著名的“联系效应”理论，就是我们现在应用的“前向联系”和“后向联系”的经济分析方法。在这本“发展经济学”的里程碑式的著作中，赫希曼不仅首次将“发展战略”运用于经济学诸领域，还为“发展经济学”奠定了“不平衡增长”的理论基础。他在这部著作中对政府计划的发展提出了批评，把经济发展的动力聚焦在“企业家”身上，而不是计划者。这同时也构成了对“专家们”能力的强力质疑。在该书的结尾，赫希曼告诉人们，传统社会（欠发达国家）最稀缺的东西并不是资本，也不是所谓的“中产阶级”，而是企业家精神，“而那也正是争取个人主义的文化基石”。赫希曼的《经济发展战略》对当时盛情的“发展经济学”理论的挑战，立即引起了当时国际经济学界的注意和关注，成了“发展经济学”的经典著作，也从而奠定了赫希曼在国际经济学界中的学术地位。

在哥伦比亚大学任教期间，赫希曼继续关注“发展经济学”尤其是拉丁美洲的发展问题，撰写了又一部在国际学术界引起轰动的经典著作——《迈向进步之旅》。在这部著作中，赫希曼主要探究了与发展中国家经济发展对应的政治发展过程。虽然赫希曼并不希望通过革命来实现发展中国家的发展和进步，但是他又强调：“如果改革落入了‘国家安全至上’的框架，那么即使避免了革命，也未必一定是‘不幸中之大幸’。”此外，赫希曼还在书中突出了社会科学家参与的重要作用。《迈向进步之旅》出版后，赫希曼本人获得了一个“改革贩子”的绰号。赫希曼坚持要通过改革来实现进步的观点，在美国也遭到了许多人的反对。他在哥伦比亚大学的好友塞缪尔·亨廷顿警告说，现代化和改革将使第三世界陷入剧烈的动荡；而历史学家和新马克思主义的重要代表人物伊曼纽尔·沃勒斯坦也曾认为，如果没有根本性的变革，发展就会陷入停滞状态，以往的成果也将毁于一旦。

1967年，赫希曼出版了他的“发展经济学”又一本重要著作《发展项目之观察》。一位巴西学者将《经济发展战略》《迈向进步之旅》和《发展项目之观察》称为“赫氏拉美发展三部曲”。之后，这一说法在国际学术界广为流传。在第一章，赫希曼还创造了一个术语“隐蔽之手”的隐喻，用来描摹那种隐藏在“跌跌撞撞地取得了成功”的过程背后难以捉摸的力量。赫希曼提醒读者，与亚当·斯密在《国富论》中所说“看不见的手”——即那种神秘莫测、总是躲在幕后的市场力量的作用不同，他所说的“隐藏之手”，强调人们在从事社会经济行为的过程中发挥作用的“主体性”和“能动性”，即有一只“手”遮蔽了各种实践过程的困难，导致无法事前看到非预期结果，这样反而促使人们勇于迈开探索实干的步伐，激励人们付诸行动，去做一些“如果早知道就肯定不会去做”的事情。

赫希曼的《经济发展战略》《迈向进步之旅》和《发展项目之观察》

这“发展经济学”的三部曲出版之后，虽然在经济学界和其他社会科学界乃至普通读者中都引起了轰动，产生了巨大反响，但他的一些政策建议却没有在现实中得到多少接受和实施，他的发展理论也曾遭到一些老派“发展经济学”家的冷漠对待和批评。因此，在 1968 年发表的一篇文章中，赫希曼感叹地说：“阻碍人们形成正确变革观念的那些东西变成了变革自身的重要阻碍。”对任何一个处在制度变迁中的社会而言，赫希曼的这句话又是多么正确和切中时弊啊！至今，平衡与不平衡还在争论不休，但都得根据自己的实际情况，从不平衡走向平衡，我们现在的大致方向，就是走向平衡的发展。

拼图 112　二元经济结构模型——刘易斯-费-拉尼斯模式

无论发展中国家选择怎样的发展战略，工业化道路都是绕不过去的坎。针对工业化问题的研究，“发展经济学”家提出了许多理论见解。其中，比较典型的是西蒙·库兹涅茨，他从资源转换角度解释工业化。按照库兹涅茨的定义，工业化过程就是“产品的来源和资源的去处从农业活动转向非农业生产活动”。在这个定义中，他便从资源配置的角度研究工业化的问题。

但是，发展中国家在工业化的发展过程中会出现这样的情况：在农业发展还比较落后的情况下，就超前进行了工业化，优先建立了现代工业部门，即发展中国家现代化的工业和技术落后的传统农业同时并存的经济结构（传统经济与现代经济并存），正如位于汪洋大海中的小岛一样，少数城市工业化部门，被大量的农村传统部门包围着，这就组成了发展中国家一般具有的“二元经济结构”：一个是以土著方法进行生产的传统农业部门；另一种是以现代方法进行生产的城市工业部门。这就是经济发展中所谓的“二元结构”。1954 年，著名的“发展经济学”家**威廉·阿瑟·刘易斯（William Arthur Lewis，1915—1991）**在《劳动无限供给条件下的经济发展》一文中提出了二元经济结构理论模式，他认为，由于发展中国家农业中存在着边际生产率为零的剩余劳动力，因此农业剩余劳动力的非农化转移能够促使二元经济结构逐步削减，即发展中国家的农村存在着大量的剩余劳动力，只要按照城市工业部门现有的工资水平给他们工资，他们就愿意转移到工业部门。所以，工业部门只要有资本就能雇佣劳动力并扩大生产，在这种工资不必提高的情况下，工业扩张意味着利润的增加。工业部门把利润再投入资本，就能利用剩余劳动力进一步扩张，经济就将快速增长。快速增长的过程一直会延续到农村剩余劳动力消失、工资水平开始提高为止。

刘易斯认为，劳动力从农村流向城市，本身即为经济发展的一个重要标志。劳动力从传统农业中释放出来，重新配置到城市工业部门，使城乡的产业有了明显分工，既促进了工业化，又促进了城市化，还解决了农村的“隐蔽性”失业问题。通过这种剩余劳动力转移，现代工业得到了扩大，而传统农业则相对缩水，由此便可使发展中国家的发展速度大大加快。

后来，美国学者拉尼斯和费景汉在刘易斯模式的基础上，又做了进一步的分析和推演，指出农业劳动力向工业流动必须有个先决条件，即农业由于生产率的提高而出现了剩余产品，可以为工业化的扩大提供必需的消费资料，从而发展了刘易斯模式。拉尼斯—费模式把二元经济结构演变为三个阶段：第一个阶段类似刘易斯模式，农业部门存在隐蔽性失业，劳动力供给是无限的。在第二和第三个阶段中，拉尼斯和费景汉注意到，农业部门逐渐出现了生产剩余，这些剩余可以满足非农业生产部门的消费，从而有助于劳动力由农业部门向工业部门转移。这种转移对工业现代化和农业现代化都具有深远意义。

正是因为“二元”经济发展理论，在经济发展方面就发展中国家在发展经济中应特别考虑的问题进行了开创性研究，刘易斯获得了1979年的诺贝尔经济学奖。然而，刘易斯的理论之所以值得纪念，更重要的是因为它给发展中国家指出了一条充满希望的道路。发展中国家农村存在大量劳动力，同样，只要有资本，发展中国家经济就会快速增长。过去的欧美国家、近年来的我国和印度都证明了这一点，非洲等地的发展中国家也正在为我们证明这一点。

上面提到了库兹涅茨，他的贡献不仅在于对工业化问题的研究，他还认为收入分配的倒U形现象是不可避免的。库兹涅茨认为，现在的欠发达国家面临着与发达国家实现工业化之前不同的经济现象。他的工作终结了“所有国家都会经历相同的线性过程”这一过于简单的观点，也正因此，他促成了“发展经济学”这门学科的确定。他指出：在贫穷国家，经济增长扩大贫富差距；而在富裕国家，经济增长缩小贫富差距。他认为，处在经济增长过程中的国家，贫富差距会经历一个先扩大、后缩小的过程。其中的原理是：为了实现经济发展，国家必须将经济重心从农业转向工业。农业社会里，人们的收入差距不大，工业化则导致了收入差距的扩大。继而随着经济发展，差距逐渐缩小，最后达到比较公平的收入分配状况。收入分配的倒U形现象在经济发展过程中是一种具有必然性的趋势，一般来说这种趋势是不能避免的。在追求富裕生活的过程中，有的人很快致富，而有的人还是一如既往地一贫如洗。社会财富的增长并不能自动地平均分配给每个人，甚至可能出现富者愈富、贫者愈贫的两极分化现象，幸福者是一样的幸福，贫困者却有着各自不同贫困的原因。那么，如何解决贫困问题，实现从贫困到富裕的转变？这既是当今政策的重点，也是学术研究的重点。

前面已经介绍了两位帮助发展中国家从贫困走向富裕的诺贝尔经济学奖获得者迪顿和森，迪顿对“贫困陷阱”问题的解决和森对饥荒问题的研究，在很大程度上解决了发展中国家存在的类似的现实问题。经济学在他们这里实现了“经世济民”。还有一位诺贝尔经济学奖获得者也给发展中国家指了一条从贫穷到富裕的明路，他就是人力资本理论的创造者之一——**西奥多·舒尔茨（Theodore W. Schulz，1902—1998）**。由于深入研究了发展中国家在经济发展中应特别考虑的问题，他与刘易斯同时获得了1979年诺贝尔经济学奖。舒尔茨在20世纪60年代就明确指出，人力资本的收益高于物质资本，经济发展的关键是增加人力资本投资。

按照舒尔茨的研究，在美国半个多世纪的经济增长中，物质资源投资增加45倍，收益增加35倍，但是，人力资本投资增加3.5倍，收益却增加了175倍。舒尔茨还指出，从1919年到1957年的38年中，美国的生产总值增长额的49%是人力资本投资的结果。人力资本投资的途径可以通过普及教育、职业教育、短期培训或各种形式的继续教育来进行。一个受过教育的穷人会通过接受新知识和新技术提高自己的生产率，靠自己的能力在市场上通过竞争实现脱贫致富。可见，人力资本的影响不容小觑。由舒尔茨和贝克尔等发展起来的人力资本理论，对学术界产生了极大的影响，20世纪70年代以来，有关人力资本和人力资源的论著大量出现，在这一领域做出贡献的经济学家频频被授予诺贝尔奖。

舒尔茨的人力资本理论对于发展中国家如何走出一条从贫困到富裕的道路有着极大的借鉴意义。国内外经验表明，政府应成为人力资本的首要投资者，政府对人力资本的投资具有多重功能，不仅能够直接形成人力资本，还可以拉动民间投资，调节私人投资方向，优化投资结构，等等。一是要加大教育投资力度，优化投资结构。要进一步提高教育投资比例，提高投资总量的同时调整投资方向，突出加大对基础教育和落后农村的教育投资，改变普通高等教育支出增长过快、基础教育资金不足和弱势群体受教育水平偏低的状况。二是要加大公共卫生医疗保健方面的投入，做好存量人力资本的维护。要完善重点人才津贴制度，扩大津贴发放面，提高发放标准，做好重点人力资本的差别化维护。三是要大力开展职业教育，培养多层次的农业、工业技术人才，提高农民和产业工人的总体素质，优化人力资本的内部结构，使之与国民经济发展的总体战略、区域战略、产业战略相适应。

拼图113　发展极与回波效应

1955年，法国经济学家**弗朗索瓦·佩鲁**（François Perroux，1903—1987）提出“发展极”理论。这一理论认为，经济发展在时间和空间上都不是均衡分布的。在一个国家的经济空间中，经济发展应当以非总量的方法来安排发展计划，经济增长不是在不同的部门、行业或地区按相同的速度平衡增长，相反，是在不同的部门、行业或地区按不同速度增长。一些主导部门和具有创新能力的行业集中于一些地区，以较快的速度优先得到发展，形成“发展极”，再通过其吸引力和扩散力不断增大自身规模并对所在部门和地区产生支配作用，从而不仅使所在部门和地区迅速发展，也可以带动其他部门和地区的发展。由于城市或发达地区都具有生产中心、贸易中心、金融中心、信息中心、交通中心等多种功能，它们好像一个“磁极”，能够对周围地区产生吸引和辐射作用：首先，“发展极”的大企业不断进行创新，推出新技术、新工艺、新产品，并能够把这些创新扩散到其他地区，同时还能吸收其他地区的新技术和人才，以加速本地区的发展；其次，“发展极”能够吸引和集中大量的资本，扩大生产，同时又能向周围地区扩散资本，并带动其发展；最后，由于大量企业集中在“发展极”，因此将促使一些共同使用的道路、通信、货栈等服务性企业建立，这会大大降低社会成本，产生巨大的规模经济效益。总之，“发展极”的作用是巨大的，它使人力、生产、技术、贸易等高度集中，形成“吸引中心”或“弥散中心”，以这些中心城市或经济区为核心，联系周围的农工商业，就会形成一个完整的经济网络。我们的“珠三角”“长三角”“京津冀”都是“发展极”。

当然，并不是每个部门、行业或地区都可以成为“发展极”，要建立“发展极”，必须具备以下条件 ：一是必须存在有创新能力的企业和企业家群体；二是必须具有规模经济效益；三是需要适当的周围环境 ，如一定的资金、技术、人力、机器设备等硬件环境和熟练的劳动力、良好的投资政策等软环境。“发展极”理论的政策含义是比较明确的，即经济落后的国家或地区要实现工业化和现代化的经济发展，必须建立“发展极”，通过“发展极”带动相邻地区的共同发展。而建立“发展极”有两条途径：一是由市场机制自发调节，自动产生“发展极”；二是由政府通过计划经济和重点投资主动建成“发展极”。

针对佩鲁理论中忽视“发展极”对落后地区经济所带来的消极作用这

一缺陷，**冈纳·缪尔达尔（Karl Gunnar Myrdal，1898—1987）**和赫希曼对增长极的运行机制作了补充。缪尔达尔在其《进退维谷的美国：黑人问题和现代民主》中提出“循环的或积累的因果关系”原理，即“累积的地区增长和下降”理论，并在《经济理论和不发达地区》（1957）和《亚洲戏剧：各国贫困问题考察》（1968）等著述中，使用“回波”的概念，说明经济发达地区（增长极）对其他落后地区的作用和影响，因此而形成的“地理上的二元经济结构”论以及相应的政策主张，丰富和发展了区域经济和增长极理论。所谓的“回波效应”是指经济活动正在扩张的地点和地区将会从其他地区吸引净人口流入、资本流入和贸易活动，从而加快自身发展，并使其周边地区发展速度降低。别国由于“溢出效应”所引起的国民收入增加，又会通过进口的增加使最初引起“溢出效应”的国家的国民收入再增加。

缪尔达尔认为，社会经济发展过程是一个动态的各种因素（其中包括产出和收入、生产和生活水平、制度和政策等六大因素）相互作用、互为因果、循环积累的非均衡发展过程。任何一个因素“起始的变化”都会引起其他因素发生相应变化，并促成初始因素的“第二级强化运动”。如此循环往复的累积，导致经济过程沿初始因素发展的方向发展，进而提出两种循环积累因果运动及其正负效应：一种是发达地区（增长极）对周围落后地区的阻碍作用或不利影响，即“回波效应”，促进各种生产要素向增长极回流和聚集，产生一种扩大两地区经济发展差距的运动趋势；另一种是扩散效应，即通过建立增长极，带动周边落后地区经济迅速发展，从而逐步缩小其与先进地区的差距。“增长极”在对落后地区有积极作用的同时，又有消极的“回报效应”，落后地区的人才、资本、资源被发达地区大量引走，从而给落后地区造成不良后果。要防止这种失衡，就要采取政策措施促进落后地区的发展，开辟园区、自贸区等。由于提出了著名的“回波效应”和“扩散效应”，缪尔达尔荣获了1974年诺贝尔经济学奖。

拼图114 罗斯托的“经济成长阶段论”与国际贸易理论的新发展

德国伟大的现实主义作家**托马斯·曼**（Thomas Mann，1875—1955），在他一本最著名的小说《布登勃洛克一家》中讲述了下面这段故事：19世纪中期，布登勃洛克一家迁到了德国卢卑克城，并在该地定居下来。这个家族的第一代人通过艰苦创业，拼命积累财富，终于从社会的底层挤入地方富户的行列。但第二代由于出生在有钱的家庭里，因此不再对追求金钱感兴趣，而去追求社会地位，后来当上了议员。当这个家族传到第三代的时候，这代人既有钱，又有社会地位，因此，既不对金钱感兴趣，也不对社会地位感兴趣，只是去追求精神生活，整天陶醉于音乐和艺术。结果，望族盛极而衰，最后走向没落。托马斯·曼绝不会想到，他在小说中安排的故事情节，以及写作时使用的心理分析法，竟会在70年后出现在经济教科书上。由书中主人翁的名字演变而来的“布登勃洛克式动力”，竟成为一个广为人知的经济学术语，由该术语所说明和解释的“经济成长阶段论”和“经济起飞论”也风靡一时，在东西方经济学界引起强烈反响。而这一切的创造者就是美国经济学家**华尔特·惠特曼·罗斯托**（Walt Whitman Rostow，1916—2003）。

罗斯托把托马斯·曼所讲的故事用到经济学研究上，主要是为了说明促进经济成长的动力问题。在这一思想基础上，罗斯托对经济增长和社会发展的论述独树一帜、自成体系。按照生产力的标准，罗斯托把人类社会划分为六个阶段：传统社会阶段，为“起飞”创造前提条件阶段，“起飞”阶段，向成熟推进阶段，高额群众消费阶段和对生活质量追求阶段。其中，“起飞”是社会发展最重要的“突变”，而对生活质量的追求是一切国家最终将会实现的目标。

从历史的演变过程来看，人类社会便是在这六个不同的经济状态中依次由低级向高级阶段过渡的。他认为，这种过渡具有必然性，而造成这种必然性的正是“布登勃洛克式动力”。在布登勃洛克一家中，前后几代人由于生活环境不同，因而追求的目标各异，欲望也不断更迭，从而使满足各自欲望的方式也不一样。罗斯托由此引申出一个结论：一个家庭的变化过程是这个“动力”作用的结果，一个社会的变化过程又何尝不是该“动力”作用的结果呢？事实上，在人类社会的每一个成长阶段，都会有一个与之相适应的主导部门，而每个主导部门的出现又与“新的人物”及其利益、兴趣和要求联系在一起，因此成长阶段的更替、主导部门的变化、“中心人物”的置换，这三者实际上是不能分开的。例如，历史上那些“为起飞阶段创造前提”阶段的新教徒，“起飞”阶段的企业家，向成熟推进阶段的钢铁大王、石油大亨、铁路大亨，直到“成熟”阶段完成之后管理着企业的专业经理人员，都是与他们各自所处时代相适应的“中心人物”。正是他们的欲望更替导致了主导部门序列的改变，从而导致了成长阶段的依次更迭，并最终形成了人类社会各个经济成长阶段的不同特征。

罗斯托将牛顿作为划分标志，把近代科技生产以前的社会称为传统社会。传统社会最基本的特点是：生产力发展缓慢，生产方式落后，生产水平低下，家庭和氏族关系在社会组织中起很大作用，社会观念以宿命论为基础，农业占据社会的主导位置。从传统社会阶段向“起飞”阶段发展的过程中，必须经历一个过渡时期，这便是为“起飞”创造前提条件的阶段。这一阶段，社会将发生一系列变化，以农业为主转变为以工业、交通、商业和服务业为主，自给自足的社会转变为开放的社会，农业和采掘业生产效率的提高为企业家提供了大量的资本来源，公路、铁路、学校和工厂成为新的投资方向，投资业与农矿业共同成为该阶段的主导性产业。

“起飞”阶段是一个社会历史进程中具有决定意义的时期，是近代社会生活的大分水岭，是经济成长中的关键性阶段。按照罗斯托的解释，所谓“起飞”就是突破传统经济的停滞状态，以及以发展和进步为目标的各种努力的解放，就像飞机一样，一旦升空，就能顺利地高速航行了。而经济“起飞”的必要条件有三个：第一，要有较高的资金积累率，使净投资占到国民收入的10%以上；第二，建立和发展一或多个制造业部门，从而培育和发展社会的主导部门，使它们能够吸收新技术，降低成本，提高增长率，并将利润转化为积累，扩大对其他一系列经济部门的产品需求，加大对地区经济成长的影响，进而带动整个国民经济的发展；第三，进行制度上的改革，建立一个能保证实现“起飞”的、有效的政治、社会和经济制度结构。他认为，一个国家具备了上述条件，经济就可以“起飞”，而一旦开始了“起飞”，经济自动持续的增长便成为社会的正常现象。

经济“起飞”后，社会开始进入向成熟推进阶段。所谓“成熟”是指技术上的成熟，向成熟推进阶段则是一个社会已经把当时的现代科学技术有效地应用于它的大部分资源配置。在这个阶段，工业朝着多样化的方向发展，主导部门交替重复，经济全面增长，社会对于工业化的奇迹开始感到厌倦。

当社会快达到成熟阶段，或者已达到成熟阶段时，高额群众消费阶段便正式拉开序幕。在这个阶段，社会的注意力从供给转到需求，从生产问题转到消费问题和福利问题，主导部门由制造业转移到耐用消费品和服务业，国家开始追求在领土外的势力和影响。在罗斯托看来，从 20 世纪 40 年代起，美国进入这一阶段，西欧和日本是到 50 年代才完全进入这个阶段的。他还进一步指出，到 50 年代中期，“高额群众消费”已达到它的逻辑终点，呈现出减速的趋势。

由“高额群众消费”向“追求生活质量”的过渡，被罗斯托称为“工业社会中人的生活的一个真正转变”。在这个阶段，主导部门已不再是以汽车为主的耐用消费品工业，而是以服务业为代表的提高居民生活品质的有关部门，它们的特点主要是提供劳务，而不是提供有形产品。而这些部门的发展除了起着带动经济增长作用之外，还可以使社会保持某种均衡，缓和冲突并平息青年人的不满情绪，让人们的精力和才能有适当的表现机会。而这些作用的实现，可以避免人们选择法西斯主义、无政府主义和暴力手段，而采取改良主义和渐进主义。罗斯托认为，像美国这样高度发达的工业社会所做出的选择就是这样一条道路。

随着贸易实践和贸易理论研究的不断深入，经济学家们开始构建新贸易理论来研究国际贸易问题。**马克·梅利茨（Marc Meliz，1968— ）**发展了异质企业假定下的新新贸易理论。也由于对“企业异质性及其国际贸易的开创性描述”，被评选为2016年度“引文桂冠奖”得主。**戴夫·唐纳森（Dave Donaldson，1978— ）**则开始用交叉视野看贸易活动，并在国内经济一体化、比较优势和气候变化等几个领域做出了突出的学术贡献，被美国经济学联合会授予2017年度“约翰·贝茨·克拉克奖”。

传统贸易理论和新贸易理论都是在简单理想假定的基础上进行延伸分析，它们都是先假定企业是同质化的，再进行均衡分析。这个便捷的假定虽然逐渐成为国际贸易理论的核心基础，但它实际上并不能还原现实情形。同样，正是因为这个简单而理想化的假定，宏观经济运行的理论和实际更加脱节。在现实生活中，企业在规模、资本密集度、所有权、人力资本、组织方式、技术选择等方面都存在着差异，这些可以综合地体现为企业生产率的差异，这就是所谓的“企业的异质性”。异质性因素的呈现与总量的宏观分析并不冲突，企业的这些特征因素和企业出口导向行为的关联，通过贸易影响，改变着宏观生产率。

为此，梅利茨进一步发展了异质企业假定下的新新贸易理论。该理论关于企业出口与生产率关系的结论认为：企业生产率的差异是决定出口贸易行为选择的主要因素，生产率相对高的企业会选择出口，而生产率相对低的企业选择只供应国内市场。几乎所有国家的企业数据分析结果都支持“出口企业具有更高生产率”的论断。然而，一系列的我国工业企业层面数据研究结果显示的却是“出口企业生产率显著低于内销企业”，这与异质性企业贸易理论的核心论断恰恰相反，这种现象被称为“出口—生产率之谜”。现实中，我国是全球第一大贸易国、最大的发展中经济体，我国企业的出口贸易行为选择更值得被重视。所以说，我国的这种特例不容小觑，对异质性企业贸易理论也提出了不小的挑战。我国特例的存在证明了我们需要给异质性企业贸易理论加上适当的注解和约束条件。但是，能否在理论上进一步发展，将普遍情形和特殊情形都包含在内，形成更加一般性的理论，还有待进一步研究。

随着全球贸易的不断发展和国际分工的不断深入，国际贸易和分工模式发生了巨大的变化，中国、巴西、俄罗斯、印度、南非“金砖五国”的不断崛起和美国贸易霸权地位的相对衰落都冲击着现有的贸易模式与贸易体系。因此，尽管我们并不期待一套理论能够囊括所有问题，但是对于这些新现象、新问题的研究，理应进入异质性企业假定下的新新贸易理论的视野。

而唐纳森的贡献是：通过研究新的数据，主要是微观经济数据，开创了贸易的全新时代。他将贸易和发展联系在一起，并将“发展经济学”引入以贸易视角看待基础设施等关键问题的新思路，由此也对“发展经济学”产生了巨大的影响。

例如，气候变化已经成为全球公共环境问题，反过来，气候变化对工农业生产也产生了重大影响。在农业经济发展过程中，气候变化对农业市场具有重要影响，气候变化问题一直以来也备受农业经济学者们的关注。在抑制气候变化的不利影响方面，如何充分发挥国际贸易和农作物比较优势的作用等问题的实证研究还很缺乏。唐纳森和他的合作者发表了《演化比较优势与气候变化对农业市场的影响：全球170万田地格网的证据》一文，探讨了在气候变化的影响下，农作物技术差异和国际贸易调整是如何影响资源配置以及收入分配的。唐纳森认为，如果气候变化以相同的方式影响所有国家的农作物，那么农民就没有任何调整自己种植的空间，国家也没有调整他们进出口的空间；如果气候变化对国家内部和国家之间的作物产量产生不同的影响，那么通过生产调整和贸易调整可能会显著抑制气候变化所带来的不利后果。受到气候变化影响，一个国家可能停止生产在国内产量下降的农作物，并通过进口来弥补。唐纳森得出的结论是：气候变化对世界上大多数国家的生产率有着巨大的负面冲击，如果没有做出真正的调整，世界总体福利将有实质性的下降。同时，负面冲击在不同区域有着明显的差异，如果根据比较优势重新分配生产，那么福利损失便会缩小。而且，不同国家不同领域的生产率也有很大的差别，通过国际贸易可以大大缩小气候变化所带来的福利损失。

另外，在国内市场一体化进程中，特别是在降低国内贸易成本方面，交通基础设施网络发挥着重大作用，但交通基础设施项目实际上降低了多少贸易成本，以及由此带来的国内贸易收益有多大等问题一直以来都缺乏严格论证。对此，唐纳森用他的实证研究给出了令我们满意的答案。唐纳森在《美国经济评论》中发表的《英属印度时期的铁路网格：交通基础设施影响的评估》一文，通过研究 19 世纪印度铁路的案例，分析了建设交通设施带来的经济效益。

总的来说，唐纳森的研究涉猎不太广泛，主要集中在国内经济一体化、比较优势和气候变化等少数几个领域，但是他把这些与贸易活动联系在一起进行研究，而且研究得非常深入。唐纳森不仅具有扎实的国际贸易理论功底，同时也使用了先进的研究方法，在实证工作上也非常细致。这让他的研究同其他学者相比，不仅在理论模型预测上，而且在实证分析结论上，都具有更高的可信度。作为借鉴，如何把当代我国经济发展和现代国际贸易理论相结合，做出既贴近现实，又具有理论深度的经济学分析，是一个值得深入思考的课题。

拼图 115　我国经济发展的“成绩单”

2021 年 7 月 1 日，在庆祝中国共产党成立 100 周年大会上，习近平总书记庄严宣告：“经过全党全国各族人民持续奋斗，我们实现了第一个百年奋斗目标，在中华大地上全面建成了小康社会，历史性地解决了绝对贫困问题，正在意气风发向着全面建成社会主义现代化强国的第二个百年奋斗目标迈进。”这是世界人口最多的国家在民族伟大复兴征程上的重要里程碑。中华民族的千年梦想，中国共产党的百年夙愿，在今日中国变成现实。庄严的宣告底气十足，底气来自当今中国亮眼的“成绩单”：经济总量超过 100 万亿元人民币，稳居世界第二位；人均国内生产总值连续两年超过 1 万美元，与高收入国家差距进一步缩小；城镇化率超过 60%，高于中等收入国家 52% 的平均水平。与此同时，我国对世界经济增长年均贡献率接近30%，成为带动世界经济增长的火车头。居民人均可支配收入增长率多年超过7%，如期实现了党的十八大确定的2020年城乡居民人均收入比2010年翻一番的目标。

改革开放之初，邓小平同志就提出到20世纪末在中国建立一个小康社会的奋斗目标。党的十八大以来，中国向深度贫困堡垒发起总攻，啃下了最难啃的“硬骨头”。1956年和1978年，全国居民人均可支配收入分别为98元和171元，居民人均消费支出分别为88元和151元；2020年，全国居民人均可支配收入32 189元，居民人均消费支出21 210元。中国现行标准下近1亿农村贫困人口全部脱贫，832个贫困县全部摘帽，12.8万个贫困村全部出列，区域性整体贫困得到解决。如今的脱贫地区，农村居民人均可支配收入2020年达到12 588元，年均增长11.6%，增速比全国农村高2.3个百分点。中国在减贫事业上取得的巨大成就，不仅改写了中国人权事业发展史，也创造了世界人权保障新奇迹，提前10年完成《联合国2030年可持续发展议程》减贫目标，显著缩小了世界贫困人口的版图，对全球减贫贡献率超过70%。

2020年，中国经济总量首次超过百万亿元，迈上新的大台阶。新改建农村公路110万公里，新增铁路里程3.5万公里，全国铁路营业里程达到14.63万公里，其中高铁3.8万公里。饮水、用电、出行、通信问题得到历史性解决。中国网民规模为9.04亿，互联网普及率达64.5%；手机网民规模为8.97亿，网民使用手机上网的比例达99.3%。光伏技术不断进步，2020年新增装机48.2GW，新增装机连续8年居全球首位，累计装机连续6年居全球首位，制造端四个主要环节实现两位数增长，组件出口量创历史新高，同比增长18.3%。光伏电价在越来越多的国家和地区已经低于火电电价，成为最具竞争力的电力产品。中国卫星导航与位置服务产业总体产值达到将近3 450亿元，其中与卫星导航技术研发和应用直接相关的产业核心产值为1 166亿元，在总产值中占比33.8%。在大众应用领域，北斗在电子商务、智能手机和智能可穿戴设备等领域应用更加广泛。国内智能手机市场总体出货量3.89亿部，智能手机已成为卫星导航系统最主要的应用领域之一。

基础研究和原始创新取得重要进展。化学、材料、物理、工程等学科整体水平明显提升。在量子信息、干细胞、脑科学等前沿方向上取得一批重大原创成果。成功组织了一批重大基础研究任务，“嫦娥五号”实现地外天体采样返回，“天问一号”开启火星探测，“怀柔一号”引力波暴高能电磁对应体全天监测器卫星成功发射，“慧眼号”直接测量到迄今宇宙最强磁场，500 米口径球面射电望远镜首次发现毫秒脉冲星，新一代“人造太阳”首次放电，“雪龙 2 号”首航南极，76 个光子的量子计算原型机“九章”、62 比特可编程超导量子计算原型机“祖冲之号”成功问世，散裂中子源等一批具有国际一流水平的重大科技基础设施通过验收。

战略高技术领域取得新跨越。在深海、深空、深地、深蓝等领域积极抢占科技制高点。“海斗一号”完成万米海试，“奋斗者”号成功坐底，北斗卫星导航系统全面开通，中国空间站天和核心舱成功发射，“长征五号”遥三运载火箭成功发射，世界最强流深地核天体物理加速器成功出束，“神威·太湖之光”超级计算机首次实现千万核心并行第一性原理计算模拟，“墨子号”实现无中继千公里级量子密钥分发，“天鲲号”首次试航成功，“国和一号”和“华龙一号”三代核电技术取得新突破。

高端产业取得新突破。C919 大飞机准备运营，时速 600 公里高速磁浮试验样车成功试跑，最大直径盾构机顺利始发。北京大兴国际机场正式投运，港珠澳大桥开通营运。智能制造取得长足进步，人工智能、数字经济蓬勃发展，图像识别、语音识别走在全球前列，5G 移动通信技术率先实现规模化应用。新能源汽车加快发展。消费级无人机占据一半以上的全球市场。甲醇制烯烃技术持续创新带动了我国煤制烯烃产业快速发展。

科技在新冠肺炎疫情防控中发挥了重要作用。成功分离出世界上首个新冠病毒毒株，完成病毒基因组测序，开发一批临床救治药物、检测设备和试剂，研发应用多款疫苗，科技在控制传染、病毒溯源、疾病救治、疫苗和药物研发、复工复产等方面提供了有力支撑。

民生科技领域取得显著成效。医用重离子加速器、磁共振、彩超、CT

等高端医疗装备国产化替代取得重大进展。运用科技手段构建精准扶贫新模式，为贫困地区培育科技产业、培养科技人才。煤炭清洁高效燃烧、钢铁多污染物超低排放控制等多项关键技术推广应用，促进了空气质量改善。

国防科技创新取得重大成就。国防科技有力支撑重大武器装备研制发展，首艘国产航母下水，第五代战机歼20正式服役。东风-17弹道导弹研制成功，我国在高超音速武器方面走在前列。

民生福祉持续改善，已经建成了包括养老、医疗保障、社会救助等在内的世界上最大的社会保障体系。截至2020年，基本医疗保险覆盖达13.6亿人，城镇基本医疗保险参保覆盖面稳定在95%以上。超过80%的居民15分钟内能够到达最近的医疗点，居民人均预期寿命达到77.3岁，形成了遍布全国的养老服务网络，主要健康指标优于中高收入国家平均水平。9年义务教育巩固率为95.2%，义务教育普及程度达到世界高收入国家的平均水平。中国人民的各项人权得到了全面发展，少数民族、妇女、儿童、老年人和残疾人的合法权益得到切实保障。

生态文明建设取得根本成效。全国重点城市PM2.5平均浓度比2013年下降54%。中国成为世界上治理大气污染最快的国家。森林覆盖率超过23%，新增绿化面积全球第一；城市人均公园绿地面积增长到14.8平方米；全国地表水优良水体比例达到83.4%；长江干流历史性实现全优水体；河长制、湖长制全面建立，以国家公园为主体的自然保护地体系加快建立。

全面建成小康社会，中国实现了第一个百年奋斗目标，中华民族迎来了从站起来、富起来到强起来的伟大飞跃。这是一个崭新的起点，中国共产党领导全国各族人民正在意气风发向着全面建成社会主义现代化强国的第二个百年奋斗目标迈进。

参考文献

[1]刘耀彬,温湖炜．诺奖经济学[M]．北京:科学出版社,2019.

[2]薛兆丰．薛兆丰经济学讲义[M]．北京:中心出版集团,2018.

[3]宋承先．西方经济学名著提要[M]．南昌:江西人民出版社,2007.

[4]CLARK J．The distribution of wealth: A theory of wages, interest and profit[M]. New York: The Macmillan Company, 2005.

[5] DOMINIC C. Facinguptotherisks – how financial institutions can survive and prosper[M]. Hoboken: John Wiley & SonsInc,1993.

[6]KEYNES J. M. The general theory of employment interest and money [M]. London: Palgrave Macmillan, 2007.

[7]PIGOU A. C. The Economics of welfare[M]. London: Palgrave Mac-Millan, 2013.

[8]RICARDO D. Principles of political economy and taxation[M]. New York: Dover Publications, 2004.

[9] ROSTOW W. W. The stages of economic growth [M]. Cambridge: Cambridge University Press, 1991.

[10]SAMUELSON P. A. Economics[M]. New York: McGraw – Hill Education, 2004.

[11]SCHUMPETER J. , BACKHAUS U. The theory of economic development[M]. Netherlands: Kluwer Academic Publishers, 2003.